主　编　王晓玉
副主编　仲富兰　赵抗卫

Papers of Dissemination Research

传播学
研究集刊

上海古籍出版社

华东师范大学传播学院　编

⑤

图书在版编目(CIP)数据

传播学研究集刊. 第5辑/华东师范大学传播学院编. ——上海:上海古籍出版社,2007.12
ISBN 978-7-5325-4855-2

Ⅰ.传… Ⅱ.华… Ⅲ.传播学-丛刊 Ⅳ.G206-55
中国版本图书馆 CIP 数据核字(2007)第 162033 号

传播学研究集刊(5)

华东师范大学传播学院 编
主编 王晓玉 副主编 仲富兰 赵抗卫

上海世纪出版股份有限公司
上海古籍出版社 出版、发行
(上海瑞金二路272号 邮政编码200020)

(1) 网址: www.guji.com.cn
(2) E-mail: guji1@guji.com.cn
(3) 易文网网址: www.ewen.cc

新华书店上海发行所发行经销 上海交大印务有限公司印刷
开本787×1092 1/16 印张16 插页2 字数303,000
2007年12月第1版 2007年12月第1次印刷
印数:1-1,300
ISBN 7-5325-4855-2
G·432 定价:38.00元
如发生质量问题,读者可向工厂调换

《传播学研究集刊》理事会名单
（按单位名称音序排列）

安徽师范大学新闻传播学院
复旦大学新闻学院
福建东南卫视广告公司
广西大学文化与传播学院
华东师范大学传播学院
华东师范大学传播学研究中心
华东师范大学纪录片研究中心
华东师范大学影视创编研究中心
华东师范大学出版社
吉林师范大学新闻传播学院
南京太阳海文化公司
青岛科技大学艺术学院
山西师范大学中文系
上海电视台纪实频道
上海人民广播电台文艺频率
上海外贸学院外语学院
上海新大陆文化传播公司
西南大学出版社
云南艺术学院电影电视艺术系

目　录

· 新闻业务研究 ·

"军事时评"及其文体特征辨析 ……………………………………… 仲富兰　1
改版前后：《深度105》的广度、深度分析 …………………………… 孙丽敏　11
试谈国内电视新闻评论的"博客化"趋势
　　——以《骆新发言》为例 …………………………………………… 吴　漾　19
新闻舆论报道与民众的日常生活
　　——以《新民晚报》关于社会诚信问题的报道为例 ……………… 谢文芳　25

· 媒介文化研究 ·

关于修改"龙"的英文翻译的再研究 …………………………………… 黄　佶　32
从"百家讲坛"的走红看传统文化的当代传播策略 …………………… 张　澈　46
非现实建筑的空间意指
　　——"超设计"双年展的诗学解读 ………………………………… 杨　子　55
大众教育时代的传媒责任 ………………………………………………… 王意香　68
"于丹走红现象"原因浅析 ………………………………………………… 黄　佳　72

· 新媒体研究 ·

试析手机传播的社会影响 ………………………………………………… 陈红梅　77
信息的协同过滤与网民的"群体极化"倾向 …………………………… 郭小平　84
播客：跨文化传播的新渠道 ……………………………………………… 李文光　91
写博真的可以随心所欲吗？
　　——对博客自由与责任之争的反思 ……………………………… 郭翠玲　97

站在街头看文化变迁
　　——读王笛《街头文化——成都公共空间、下层民众与地方政治》 … 黄　茜　103

· 电影学理论 ·

直接电影和真实电影(上) ………………………… 维尔海姆·诺特　聂欣如译　107
对电影表现手段的拓展
　　——第四代电影人的创作 ……………………………………… 冯　果　118
现实的渐近线　梦想的坐标轴
　　——浅谈中国"新生代"导演之电影美学流变 ………………… 杨海燕　125

· 传播语言与生态 ·

非物质文化遗产知识产权保护初探 …………………………………… 王光文　131
上海市学生语言使用情况调查分析 …………………………………… 蒋冰冰　141
WEB2.0时代下的媒介生态初探 ……………………………………… 翟瑛栋　152
视觉场域的互文性传达
　　——以2006上海双年展部分作品为例 ……………………… 刘　晶　157
从自明的宏大叙事到自觉的细节构建
　　——对外汉语教学传播观念的变迁 …………………………… 高奕兰　169
娱乐新闻标题用语的若干现象分析
　　——以大陆及香港地区的部分报纸为例 …………………… 郭书含等　176

· 媒介经营与广告 ·

广告的说服艺术与道德自律 …………………………………………… 崔银河　182
上海新华传媒运营模式初探 …………………………………………… 金　健　189

· 主持艺术与传播 ·

关于采访与倾听的随想
　　——由《可凡倾听》想到 ……………………………………… 沈嘉熤　195
分众化时代谈话节目主持人"可持续发展"策略 …………………… 马　力　202

· 传媒信息教育 ·

影视教育的基本任务:培养正确的视听思维观念……………………… 宋　杰 208
对传媒信息化教育的若干思考 ……………………………………… 刘　诚 214
市场化进程中我国高教出版取得的成就和存在的问题 ……………… 邓香莲 218
"读图时代"谈新闻传播及新闻摄影教育 …………………………… 陈小德 224
HDV 与低成本高清数字媒体制作系统 ……………………………… 洪登武 231
传播实验教学中心建设的研究与探讨 ……………………………… 张英岚 242

· 新闻业务研究 ·

"军事时评"及其文体特征辨析[*]

仲富兰

【内容提要】 本文对"军事时评"文体产生与兴起的背景、表达主体以及特质作出了约略的分析,还就"军事时评"体裁、媒介属性,最主要的是文体特征作出了辨析,认为"军事时评"在文体上具有的基本特征是新闻性、时效性、特指性、政论性和逻辑性。我国的"军事时评"目前还处于发展之中,逐步走向成熟。作为军事新闻的一种文体,刊发"军事时评"的媒体必须通过建章立制等手段,在保证国家机密、国家安全和满足公民知情权之间取得一种恰当的平衡。

【关键词】 军事时评　新闻评论　文体特征

【作者简介】 仲富兰,华东师范大学传播学院教授、博士生导师

  2003年伊拉克战争预示着战争正在告别传统进入"后现代",它以新的作战理念与游戏规则为军事新闻传播活动带来不同往昔的影响:军事新闻传播是以"事实第一性"还是"利益第一性"为原则?军事新闻的正义诉求与大众媒介的娱乐化消解构成何种关系?当国家利益在力量游戏中被合法化后,新闻自由以何种形式实现?这些不能不引起人们的深入思考。而公众思考的副产品之一,就是以世界走势、国际格局、国家防务、国家之间军力对比分析以及以跨国军事争端为主要话题的述评文章在媒体上令人惊叹的长足发展,各种以军事、武器、军力分析为主要诉求的网站、网页纷纷涌现,更保持着狂飙突进的发展势头,这种现象引人深思。我把这种文体概括为"军事时评",它既吸收了传统新闻评论的各种要素,又蕴含着信息时代下新的时代要求与特点,不仅拓展了军事舆论宣传阵地,也延伸了军事新闻传播的理论和实践空间。本文的撰作,就是试图从学理上分析信息时代条件下军事时评的兴起背景和文体特征,以此向军事新闻

---

[*] 本文系应邀参加中国人民解放军南京政治学院新闻传播学系为庆祝建军八十周年研讨会所作的论文。

评论方面的专家请教。

一、"军事时评"兴起背景及其定义分析

1. 军事时评应运而生

传统的新闻评论既包含着特定的事实信息,更多的是从事实信息出发,阐发作者的主观意见性信息,它是一种意见表达的文体。新中国成立以来,我军各级军队报纸的新闻评论事业取得令人瞩目的成就,为我国新闻事业取得了丰富的经验,也积累了数量可观的军事评论人才。但是,由于军队担负着特殊的职能,有着高度的组织纪律性和严格的保密规范传统,军事媒体,在新闻体裁上更多的是运用消息、通讯、人物专访和深度报道,对于阐发主观意见性信息为主的军事评论则必须仔细斟酌,慎之又慎。

如今,军事时评的应时而生和大量出现,打破了原有新闻评论的格局和平衡。军事时评不仅在网络五花八门的"博客"上铺天盖地,而且传统的纸媒——军内外报纸的时评也独树一帜,形式也是林林总总,百花争艳。甚至有一些广播电视评论专栏也开出了"军事时评"的栏目。军事时评越来越引起人们的关注。这样一种特殊的文体,已经成为媒体干预社会生活、吸引受众参与、引导社会舆论的特殊手段。它充分说明,我国社会主义民主政治的进程在不断进步,普通的公众有了表达自己意见的载体;更说明随着中国国力和军力的增强,人们更加关心国家的安危,"风声,雨声,读书声,声声入耳;家事,国事,天下事,事事在心",此之谓也。

军事时评应运而生的背后,其实就是社会的需要。随着社会发展的加快,世界日益缤纷多彩,同时也呈现出日益复杂的情势,信息爆炸令人目不暇接,人们不仅要掌握信息,更要了解看法和见解,以决定自己的态度和行为。社会的需要比十所大学更能把军事时评推向前进,它赋予了军事时评以旺盛的生命力和巨大的发展动力。

2. 军事时评表达主体分析

分析当今军事时评表达主体,军事时评的作者不外乎以下四种主体身分:

其一是国家防务机构的官员,例如国防部的将军通过类似"白皮书"等文件对国家军事问题所发表的权威表达;

其二是军队报纸的军事评论,例如《解放军报》和解放军各大军区报纸的军事评论,军内报纸领导者或专职评论员,或者军事领域的专家学者,他们所表达的也是极具影响力的权威评论;

其三,各领域专家学者,尤其是研究国际问题和军事问题的专家、教授,他们从各自研究的领域对当今世界形势和国家安全,发表主观意见和判断,这可以说是我国知识精

英层面的军事时评;

其四,人数上占绝对多数的则是以普通读者为代表的普通公众,他们借助于互联网,或者在自己的博客上发表看法,亮出观点。他们中的不少人可能是"军迷"——对军事和武器问题具有浓厚的兴趣,在总体上可以称之为"草根"一族的"军事时评"。

....

多种军事时评的交织,可以说是鱼龙混杂,参差不齐,良莠并存,但这并不妨碍整个军事时评广场的宏大声音。权威发言、军报评论、精英论说、草根呼声以及社论、专栏、来信、博客文章等诸多形式同时出现。诸多声音组合成庞大的时代强音,这就是关注祖国安全,珍惜当前来之不易的大好形势。

新闻媒体的职能就是传播信息,而传播信息的主要方式是新闻报道。然而,面对瞬息万变的社会,由于种种历史和现实的原因,传统的新闻报道方式,不能满足现代受众的需要。现代受众不仅需要在第一时间知道事情的发生,而且还需要随时随地了解事情的进展情况和发生背景。但是一些新闻用通稿的惯例,使得新闻报道变成了旧闻报道。一些重大事情在传统媒体报道时,早已是路人皆知了。网络媒体的出现打破了原有的游戏规则,网络既可以在事情发生的第一时间进行报道,也可以在事情发生的第一时间进行评论,不受时空的任何限制,既不用审查,又不用请示,甚至连记者编辑都不需要,真可谓"个个捋袖上阵,人人义薄云天",发愤疾书。网络媒体给了每个想说话人的说话权利。于是,对于我们生活的这个星球上的种种困扰和问题,特别是事关国家安危、事关公众利益的军事时评就义无反顾地应运而生。

3. 军事时评特质与定义分析

从另一个角度来分析,社会、政治、经济生活领域的巨大而深刻的变化,社会现象的复杂性和价值观念的多元化,世界格局的风云变幻,也使普通公民迫切需要了解军事新闻背后的缘由和体制因素,迫切希望媒体有一个普通公众和军事专家参与并发言的阵地,迫切希望媒体对新现象、新问题予以及时迅速的解读和干预,这些都是催生军事时评产生和发展的因素。

军事时评的兴起,关注军事新闻和当下现实,给军事新闻传播注入了新鲜活力,军事时评改变了传统新闻评论的格局,它强调评论来源的"广众性"。无论是刊载在报纸上,还是发布在网络上,一切由作者自己去发现、去议论。报纸或网络编辑的任务,就是在众多来稿中,努力去发现,自由自在地选择评述的话题,用行家的话来说,是"追求评论的独立价值"。当然军事时评属于新闻,但它不是一般的新闻复述,它与新闻的关系,是"不即不离","若即若离"。在一些时候,军事时评在说出新闻背后的事实真相,对一件刚刚发生的军事新闻作出事实判断或者价值判断。更多时候,时评的"时",是

"时事"的"时",但更是"时代"的"时"。成熟的时评作者由于对不少领域的长期观察,其独到的见地丝毫不亚于一些专家。由于作者不是专家,不受任何利益团体的制约,有时反而更能够做到"放言无忌"。在所有军事时评中,我更看好一般"草根"阶层所作的时评,"虽然政治参与进入中国普通民众的意识还是一个正在进行中的艰难历程,民众实现政治参与的途径远非多样、畅通,但变化已经出现,民主政治开始经由日常生活渗透在民众的意识和行为中。"[①]哈贝马斯在论述媒介作为公共领域的社会功能时,曾说:"当人们在不必屈从于强制高压的情况下处理有关普遍利益的事务时,也就是说能够在保证他们自由地集会和聚会,能够自由地表述和发表其观点时,公民也就起到了公众的作用。当公众集体较大时,这种沟通就要求有某些散布和影响的手段:在今天,报纸和期刊、电台和电视就是公共领域的媒介。"[②]显然,哈贝马斯关于报纸的普遍意义上的定位并不能简单地套用到中国的新闻评论事业上来,但其理论对于分析军事时评的社会功能同样具有解释力。

说到底,军事时评是人们对世界军事新闻事实知情权得不到满足时的一种渲泄,是受众对媒体的一次幽默:既然传统媒体做不了那么多新闻,那就由公众自己写作和评论了。我们孤立地看一篇时评,它也许只是猜测、追问,甚至是漫骂,但无数个猜测和追问,就逼近了事实的真相。当世界上一件与军事有关的新闻发生时,大多数媒体在追问,那就得有人站出来解释,许多草根一族的时评作者可以自豪地说,这是时评的力量,他们的观点未必正确,但在述评过程中,显现出中国传媒的力量。

对于军事时评的特征,其最令人激赏之处,就是传统新闻评论设置议题的功能日趋淡化,因为存在于网络上的大量军事时评,并不存在着一个固定的信息传授者的身份,"智慧存在于传播者和接受者的两端"。网络媒体也越来越多的改变着人们获取信息的形式。尽管我们仍然习惯于依赖传统媒体,但我们已经开始在寻找自己所需要的东西了,军事时评给我们展现出信息时代新闻评论最大的特色:传者与受者之间高度的互动性。

虽然,目前新闻学界与军队新闻专家对军事时评尚没有一个统一的定义,但要是给它下一个定义的话,我以为,可以这样表述:

军事时评是媒体(含网站)就最新发生的军事新闻或者军事事件相关的事实报道发议论、作解释、提批评、谈意见,并且经常伴随互动交流的一种评论文体,是有关军事新闻中各种议论(包括广播电视媒体直播的军事话题等)形式的总称。

二、"军事时评"文体的一般特征

那么,军事时评作为一种文体,它具有哪些特征呢?依笔者浅陋的见识,试图对这

一文体的一般特征,作如下概括:

1. 强烈的新闻性

用一句通俗的比喻来表达,军事时评是军事新闻的"伴侣",它最显著的特征在于它具有强烈的新闻性。军事时评是针对国内外军事活动新近发生的热点、焦点、现实的问题所发表的意见性信息。老一辈新闻工作者吴冷西先生曾经说过:"新闻应该按新闻的规律办事——让事实说话。""新闻所以有力量是靠事实说话,用事实宣传观点、思想、政策。这是因为,人们认识世界的规律,是从具体到抽象,从个别到一般。新闻要提供大量的事实,让受众从中得到概念、结论、判断。"③我理解吴冷西同志的这句"用事实说话"的含义,它包含着"事实"和"说话"两个要素,前者指的是信息含量,后者则是指思想含量。这个阐释,在军事时评中也是能够成立的。

"事实"的问题,它是军事时评第一和基本的要素,如同眼睛不能容忍沙子一样,新闻最不能容忍虚假。最有说服力的是事实。可以说军事时评写作的一切方法和技巧,都是运用事实的方法和技巧。新闻事实永远是军事新闻评论得以生存和取得受众信赖的的源泉。军事时评永远姓"军",它评述军队参与危机处置、制止社会动乱、平息武力暴乱、打击恐怖活动等行动的新闻报道,评述国际形势和国家安危。"报道"是它的"事实"部分;而评论则是它的"说话"所在。新闻的本源是事实,事实在前,新闻在后;新闻在前,评论在后。我国军事新闻传播向来都很重视这条新闻报道的基本规律,叫做"用事实说话"。军事时评就要忠实、客观的对新闻事实,作出实事求是的选择、表现、分析和解读,使我军指战员以及一般民众不仅了解事实,还能通过对深层信息的拓展,来了解与军事动态有关的背景,以及事实可能的发展趋势、影响等等。军事时评如果没有新闻性,所讲的是"虚构的故事",或者"明日黄花",那就没有军事时评存在的必要,它就失去了存在的基础和前提。所以,失去新闻性,或者没有时效性的话题,也就不成其为军事时评了。

2. 论述的时效性

时效性,是各种新闻体裁作品的共同属性。军事时评更要十分注重它的时效性。以时效性而言,广播电视新闻领先于报纸新闻,而网络新闻又快于广播电视。80年代末90年代初,新闻界的时效性竞争以天计算,90年代中期广播电视推出整点新闻后,其时效性以小时计算。今天随着通信技术的日新月异,军事时评的时效性又有了相当快速的进步。随着社会生活节奏的加快,人们已经不满足一般的从容的泛泛而谈式的评论,而更加大了对军事时评时效性的要求。军事时评的时效性有两个既有联系又有区别的侧面:一是时间,讲究尽可能缩短新闻评论与所反映的新闻事实之间的时间差,以最快的速度反映客观实际的发展变化;一为时机,即强调因时应势,增强对宏观实际的影响，而不单纯争一时之快慢。时效性的这两个侧面，一则注重绝对时间、一则讲究相对时间，两者之间存在着对立统一的辩证关系。

2007年4月4日晚，伊朗总统内贾德在谈笑间释放了15名被扣押的英国水兵，历时13天的"水兵事件"在达到高潮的同时走向尾声。从唇枪舌战、剑拔弩张到柳暗花明、拨云见日，这一切转变之快让所有准备观摩一场"持久战"的旁观者出乎意料。但在这场未见硝烟的"暗战"背后，仍有重重尚未拨开的疑云。4月5日《中国网》[④]以最快的速度发出军事评论《水兵事件戛然而止引悬疑 伊朗态度转变出人意料》，尽管文章还不是严格的军事评论，但是对英国与伊朗两国之间的军事博弈的台前幕后做了许多分析，这种速度与时效对新闻事件本身起到了一种呼应、解释和背景分析的作用。

从相对时效而言，军事时评的作者既可以是普通记者，也可以是某一领域的专家或负责人，对新闻事件进行点评。如北京军区某装甲旅12名下连只有一个月的大学生新兵当上了新型坦克的车长，这是该旅在推进机械化条件下军事训练向信息化条件下军事训练转变中，打破论资排辈观念而出现的新鲜事[⑤]。《解放军报》的时评指出："训练转变对每一位官兵提出了新要求，迎接转变、适应转变、主动转变是义不容辞的历史责任。每个人都应该找到'短板'，找准着力点，从本职岗位做起，从力所能及的事做起，在适应转变中推进转变。"[⑥]在新闻时效性不断被强调的今天，军事时评将会越来越多地呈现出新的形式，并成为一种重要的述评方式。

3. 评说的特指性

任何一篇新闻评论都有自己的评论对象。军事时评的评说对象，毫无例外地存在于我军内部和外部的客观现实之中，而且都与一定的时间、地点、条件不可分割地联系在一起。换句话说，作为军事评论对象的事物，都是在现在这一时间、地点、条件下存在的"这一个"客观事物，这就是所谓军事时评对象的特指性。

所谓军事时评的特指性，就是从实际出发，"为时而著"，"为事而作"，从个案挖掘出材料现象背后的深层内涵，抓住材料所揭示的思想意义，顺着材料内容寻因求果，找出材料表象背后内在的必然性，找出与此材料内在实质相同的材料做例证，证明观点。例如，国内主流媒体网站"千龙网•千龙军事"2007年4月6日发表《美国专家称解放军掌握反台独绝对优势》一文："美国国会的美中经济及安全审查委员会连日来举行了多场听证会，在近日下午一场专谈台海军力对比时，3位作证的美国著名军事专家——美国防大学柯尔教授、前美国驻北京海军武官麦维顿少将、国防部情报局高级分析员柯萨德一致认为，解放军目前已掌握'反台独'绝对优势，台军目前无论武器、人员等都远不如解放军。"[⑦]文章一针见血地指出，美国人得出这样的结论，其实质是为向台湾军售制造舆论。

军事时评的特指性还可以促使我们找出与正面事例相反的例子,从反面论证论点。例如2007年4月5日《解放军报》刊发《"比武状元"该不该弃权》(作者张涛),说的是"前不久,济南军区某通信总站三营一连四期士官、代理分队长刘存虎,在总站组织专业技术比武时,为让'弟子'试剑,自己主动提出弃权,推荐战士谢友俊参加比武且获得第一名。此事在该总站官兵中引来争议。"对于刘存虎的这一举动,官兵在总站局域网上展开的讨论意见不一:刘存虎甘为人梯,应该肯定;稳拿到手的第一不要,有点"傻帽",等等。总站领导在分析这一现象时认为,作为一名战士,刘存虎主动弃权,另荐他人参赛,舍弃个人名利、甘为人梯的精神难能可贵。但也应该看到,刘存虎不参加比武,一定程度上降低了冠军奖杯的成色。专业技术比武比的是真功夫,官兵只有在与顶尖人才的较量中,才能找到自身差距,实实在在地提高技术水平。当天的《解放军报》还以"编辑感言"的方式评论此事:"身怀绝技者登台打擂,不仅让比武活动精彩,也为其他参赛者提供了一个更为坚实的'磨刀石'。刘存虎放弃参加比武,虽然成全了'弟子',表面上看不图冠军之名,但却忽视了自己身为'磨刀石'的作用,让参与竞技者失去了与高手过招的机会。人梯精神可赞,放弃比武不妥。"结合军队现实中与材料相近的问题谈,有助于认识的深化,正反观点交锋,可以使评论的论点进一步深化,使观点更全面。

特指的时评总是比一般化的泛泛而谈有力,而且能产生更大的震撼力。观察分析任何事物,都只有把它与时间、地点和条件紧密联系起来,才能真正把握事物的现象和本质之间的必然联系,也才能准确、中肯地揭示事物的本质。如果无视时间、地点和条件的特殊性,那就如同把千变万化的事物活生生地放在一成不变的楔子里"模压",其结果不是为表面现象所迷惑,就是不着边际地空论,难以作出切合实际的具体分析,当然也难以洞察事物的本质。

4. 文体的政论性

所谓文体上的"政论性",即是指军事时评是隶属于论说文、政论文的范畴,它的政论性特征概括了两者的基本特点,其中主要有:(一)明确阐述对于事物——评论对象的看法;(二)以说理为主要手段;(三)着重从思想、政治或伦理的角度分析论述有关问题。前两项是包括政论文在内的所有论说文共有的待点,后一项则是一切政论文包括军事时评的基本属性之一。综合起来,军事时评的政论性,就是从思想、政治或伦理的角度阐明对于所论述的事物的看法。

军事时评为什么非从思想、政治或伦理的角度分析论述问题不可呢?因为军事时评只有坚持政论体裁观察、分析事物的这个共同视角,才能形成完善的体裁特征。文体政论性这一性质决定它必须善于从政治上辨别事物,在论述中体现鲜明的倾向性。军事时评面向广大受众,它所分析的事物、所论述的问题,都是受众关心或需要引起受众关心的军事或与军事有关的问题。至于能否真正吸引多数受众,则在很大程度上取决于是否善于寻求适合多数受众的视角,寻求互相之间的共同语言,建立沟通思想与情感的桥梁。从思想、政治或伦理角度分析事物、阐述问题,无疑更有利于唤起多数受众的接受兴趣,更容易为多数人所理解。例如 2005 年 5 月,上海市在全市中小学生中开展反法西斯专题教育活动。无独有偶,几乎同时在英国伦敦举办了《儿童的战争》展览,以儿童的视角审视二战对英国百姓的影响。新华社不失时机地播发了时评《60 年前的胜利是什么样的胜利》,指出:"那场胜利是光明战胜黑暗的胜利。曾几何时,发动战争的纳粹德国和日本帝国不可一世。但是,在人类的良知、勇气和理性面前,在生命的尊严、价值和力量面前,在捍卫主权、家园和自由的钢铁般意志面前,邪恶被历史的车轮碾得粉碎,发动战争的元凶被押上历史的审判台;那场胜利是被压迫民族对帝国主义、殖民主义的胜利。二战之前,帝国主义列强在世界上进行势力划分。德国和日本发动二战,狂妄地想重新瓜分世界。战争中,众多殖民地、半殖民地国家的人民英勇不屈,在战后赢得全世界的尊敬,也得到了独立。中国从一个半殖民地国家一跃而成为五大战胜国之一,在联合国获得了常任理事国的席位;"[⑧]这就是一篇相当不错的军事时评。世界反法西斯战争的胜利,具有多方面的含义。我们纪念胜利,就要充分认识胜利的意义,真正从多个角度拥有胜利。这是政论文的如椽之笔,读来令人快慰不已。

5. 论证的逻辑性

军事时评,既然是政论性的论说文,就必然具备一般说理文章的构成要素。在论点、论据、论证之间,要求作者不能自相矛盾,驴唇不对马嘴,必须具有严密的逻辑性。从材料到观点,从个别到一般,从对许多个别事物的分析和研究中归纳出一个共同的结论的推理形式,这种结构的方法,比较符合人们的思维认识规律。枚举个别事实又称典型例证,这在逻辑上称为不完全归纳法或简单枚举法。它是根据某类事物的一部分事物具有某种性质,从而推出该类事物都具有该种性质,其前提与结论之间的联系不是必然的,只有在没有遇到反例的情况下才能成立。增强这种论证方式的途径是尽可能寻找有代表性的典型事例,例如,近期有关中国军力的传闻不断,如"中国潜艇巧遇美国航母","中国陆基激光射盲美国卫星","中国歼 10 战机性能堪比美 F16"。2007 年 4 月初美国海军情报办公室又出最新报告,称中国正在进行装备远程弹道导弹的核潜艇试验,这将使中国核潜艇在海中潜伏的时间延长,"为中国提供现代化的、强有力的海基核威慑力"。这些传闻涉及的领域无所不包,从太空到天空再到海洋,从导弹到潜艇再到航母,再加上对中国军费说来说去,这些话题总体上在西方对华报道中占据了相当比重,无形中增加了中国形象的"军事色彩"。我国《环球时报》的记者在一篇军事时评中,就抓住了美军参谋长联席会议主席和美近日自相矛盾的表述,3月23日佩斯访华发表观感称:"美国和中国的军队都有很强的能力。两国没有攻击对方的意图。因此我们都不是对方的威胁。"而美国新任太平洋司令部司令基廷在3月24日说:"中国作为一个军事大国要赶上美国还差得很远……他们在有限的领域里提供了战斗效率,但论总体地位,他们想要和美国相当还有很远的路要走。"⑨记者评论道:"这样一会说中国军力有威胁,一会又说中国军事'小儿科',全世界跟着一头雾水。"文章还援引中国一位军事专家对《环球时报》记者表示,"中国军事传闻之所以这么多,主要有三个原因。第一,有很多人对中国军事确实不了解,而中国作为一个高速发展的崛起中大国,关于它的一切都能引起人的兴趣,军事就更不用提了,任何一个关于中国的军事传闻都会引人注目,所以关于中国军事的传闻才会一直'高烧不退'。第二,一些人乱评乱传中国军事,是出于他们在本国的政治需要。需要迎合本国反华派或把国内矛盾引向国外时,就把中国说成青面獠牙,把中国当作靶子;不需要中国这个议题时,就把中国说得不堪一击。第三,还有一些人对中国的发展和国防现代化建设看不顺眼。他们放出各种传闻,制造'中国威胁论',破坏中国的国际形象,这样来牵制中国发展。"这位军事专家的话语逻辑严密、论证有力,可谓一语破的。

在重视"论证的逻辑性"方面,必须保证事实材料的真实性和可靠性。所举的事例必须是确有其事,不能夸张歪曲,叙述要准确,就是细节也不能失真。运用枚举法时,要注意可能存在反例,所以在表述上要有分寸感,避免陷入绝对化,避免以偏概全。一般来说,对众所周知的事实,可以比较随意地列举,对比较生僻的事实,就要注意其可靠性,同时,也要避免被事实所驾驭而转移论题。事实总是多侧面多含义的,引用事实并不是引用它的全部内容,而往往只是其中的一个侧面或一个部分,即事例与论点相一致的那个切点,其他方面在引述或分析时就要舍弃。

三、结　语

军事时评还处于发展之中。作为军事新闻的一种文体,刊发军事时评的媒体必须通过建章立制等手段,在保证国家机密、国家安全和满足公民知情权之间取得一种恰当的平衡。传媒的价值取向,是建立在受众本位思想基础上的。受众本位,是指大众传播媒介在信息传播活动中,以受众为中心,以最大程度地维护受众的根本利益为出发点,满足受众获取信息的需要。军事时评要在激烈的媒体竞争中存活下去,必须有内容。这个内容就是思想。"没有思想,是走不远的。"作为对国家、对民众负责任的军事时评,是应该而且可以远离炒作、远离商业化侵蚀的。它应该避免偏激,也不追求或者为了制造"轰动效应"、"吸引眼球"而失去分寸感；它在商业化的侵蚀面前，要永远坚守自己的宗旨、理念与责任。

---

① 哈贝马斯，转引自魏斐德《市民社会和公共领域问题的论争——西方人对当代中国政治文化的思考》，《国家与市民社会》，邓正来、J·C·亚历山大/编，中央编译出版社 2002 年版。
② 同上。
③ 转引自仲富兰《广播评论——功能、选题与语言艺术》，复旦大学出版社 1997 年版，第 8 页。
④ 2007 年 4 月 5 日《中国网》http://news.china.com。
⑤《解放军报》2007 年 3 月 30 日第 2 版。
⑥《解放军报》2007 年 1 月 24 日第 2 版。
⑦ 2007 年 4 月 6 日《千龙网·千龙军事》http://mil.qianlong.com/。
⑧ 新华社北京 2005 年 5 月 13 日电，载《人民网》2005 年 05 月 13 日。
⑨《中国军事时评（二）》转引自华北电力大学网 http://party.ncepu.edu.cn。

改版前后:《深度 105》的广度、深度分析*

孙丽敏

【内容提要】 深度报道在电视新闻中扮演着日趋重要的角色。《深度 105》无疑是上海文广新闻传媒集团深度报道的代表性节目。2007 年新年伊始,《深度 105》全新改版,那么,改版前后的节目有何不同之处呢,改版前的节目呈现什么样的特点,有何优点与不足,改版后又有何变化,本文主要是通过对改版前后节目在广度和深度上的特点变化,来探索深度报道节目的发展轨迹。

【关键词】《深度 105》 改版 广度 深度

【作者简介】 孙丽敏,太平洋汽车网网管

一、《深度 105》节目概况

《深度 105》栏目之命名是因为 105 米是资料显示的目前人类徒手潜水的极限深度,其体现的主旨就是栏目会竭尽所能地进行深度报道,也显示了栏目在选题和制作上既立足于当前的社会现实,又挑战极限的追求[①]。《深度 105》有着得天独厚的优势,一方面,它有着广阔的信息渠道,新华社在国内 31 个省区市设有分社并常驻有专职电视记者,十几个城市设有支社、记者站。另一方面,它有着良好的播出平台,目前东方卫视已经在全国所有的直辖市、省会城市、计划单列市落地,其他地级市的覆盖率也达到 90%,全国共有 5 亿人口可以收看到东方卫视。

---

* 电视新闻深度报道是新闻报道深入与发展的核心课题,上海东方卫视作为一家地方台,在这方面作了重要的、持久的探索,并由此成为该台的一个极富特色的栏目。华东师范大学传播学院的研究生们对此作了长达两年的跟踪研究,在此期间得到了东方卫视编辑记者们的热诚帮助、指导。本期《传播学研究集刊》发表的是其中两位同学的研究心得。孙丽敏的文章就"深度 105"改版前后的变化作了比较,就新闻"选材、背景、评论、理性"等涉及深度问题的方面提出了进一步的看法;吴漾则就"骆新发言"这一新的电视评论栏目表达了强烈的关注,特别提出电视节目的尖锐性与个性化是电视新闻评论发展与深化的关键要素,并预言了"电视博客"这一新的传播形式的出现,也许在未来几年里它将成为一个新的电视节目形态。我们真诚地希望广大读者对这两篇文章及由此提出的问题作深入讨论。

——华东师范大学传播学院教授 黄文达

《深度105》改版前后基本情况归纳如下表所示：

要素 节目	播出频道	播出时间	播出状态	时长	类型定位	节目样式
改版前	东方卫视	每周六21:30	录播	30分钟	题材广泛、挖掘深度、体现海派文化的新闻专题	较为固定的节目样式，每期反映一个主题。
改版后	东方卫视	每周一20:00	录播	60分钟	大型电视评论杂志,新闻的深度,思想的深度,历史的深度。	每期分为三个板块：天下事——追求最权威的解读；非常道——捕捉最新锐的观点；说旧闻——探寻最值得追忆的历史。

二、《深度105》改版前后的内容分析

本文主要用内容分析法对栏目改版前后的内容进行分析研究。内容分析是以测量变量为目的，对传播进行系统、客观和定量分析研究的一种方法[2]，这种研究方法需要采集一定的样本进行研究。由于栏目改版之后的样本还比较少，因此，样本搜集主要是针对改版之前，抽取2005年5月到2005年10月半年时间内的26期节目作为研究样本，而对于07年改版之后的内容，则拿刚刚推出的4期节目的内容特点来与改版前作比较。

一、广度分析

（1）选题性质：正面选题、反面选题、中性选题

正面选题的报道是关于社会光明面的报道，其报道对象多为值得弘扬的人物、事件或者现象。反面选题是关于社会消极面的报道，如制假贩假、贪污受贿、产品质量问题等。中性选题没有明显的性质偏向。

选题性质	正面	反面	中性	总计
深度105	0	9	3	12
比率	0.00%	75.00%	25.00%	100.00%

《深度105》改版前的一个明显特点是基本没有正面选题，在抽样样本中正面选题数为0，而反面选题占了四分之三，而且多为重大的案件，中性选题集中在文娱、财经等非政治性的领域。

改版之后，由于栏目分为了三个板块，基本上每期的"天下事"板块承袭了原来节目的内容风格，题材还是以反面为主，不过，"非常道"和"说旧闻"则不会受这样的限

制,人物可以是正面的,如周总理,也可以是有争议的,如营养专家林常华,这样,在选题性质上,改版后的节目显得更加丰富一些。

(2) 选题视角:社会热点、社会盲点、疑点难点、党和政府工作重点

社会热点包括范围较广,是指在一定时间内在社会上引起较大反响,观众普遍关心的问题。社会盲点是指平时容易被忽视,但是实际上对人们的工作生活等具有重大影响的问题或事件。社会疑点主要是指一些让人感到奇怪或疑惑不解的事物或现象。难点是指大家能够看到但是却久而未决的问题。

选题视角	社会热点	盲点	疑点难点	党和政府工作重点	总计
深度 105	10	0	2	0	12
比率	83.33%	0.00%	16.67%	0.00%	100.00%

《深度105》改版前在选题的视角上有比较明显的特点,就是大多选择某一时期的社会热点,在样本中,社会热点的选题占到了83.33%,其余的则是属于难点的社会问题,虽然是在一个时期内长时间存在的,但是仍然有一个触发点引起了公众的关注。比如《贩卖亲骨肉》和《高考移民的背后》,无论是遗弃亲生孩子还是高考学生向边远地区的移民,都已经是由来已久的事情,但是,节目所关注的止是在此类事件中比较典型、给人留下深刻印象的事例,经过多方媒体的报道,自然也就成了社会热点。

改版后,"天下事"板块报道的依然是社会热点话题,但是,时效性仍然不强,而"非常道"和"说旧闻"两个板块固然不需要有很强的时效性,但依然需要是当时社会热点人物。旧闻也要与播出时间有所关联,在热点人物的选择上,节目选材较好,但是,"说旧闻"这个板块,基本是依靠时问上与旧闻的联系,如周总理逝世31年纪念日,上海甲肝流行的19年纪念,虽然给了节目以新闻由头,但是,如果能够更好的结合当下的实际,应该会有更多的现实意义。

(3) 选题类别:事件性、非事件性、人物

事件性新闻是指新近发生的,有相对明确完整的事物运动轨迹的新闻。由于故事性比较强,因此比较容易吸引观众的目光。

非事件性新闻不是以一个独立的事件为中心,而是由许多事实或者是由一件事实为主,经过综合、归纳、概括、提炼而成的,它具有鲜明的主题、思想性和指导性。

人物在这里被单列出来,这是因为改革开放以来,"人"的概念更加突出,注重以人为本。

选题类别	事件性	非事件性	人物	总计
深度 105	9	3	0	12
比率	75.00%	25.00%	0.00%	100.00%

《深度105》改版前在选材上的特点非常鲜明。在样本中,75%的选题都是事件性的,联系选题视角,就是选择在某一时期的社会热点事件,特别是重大的案件,挖掘背后的原因和真相。非事件性的选题是某一段时期受到广泛关注的社会现象,如《高考移民的背后》揭示了高考移民这一已经见怪不怪的现象背后的深层原因,《焦虑的夏天》带观众感受了2005年5月股权分置改革之后股市状况,《球霸·幕后》在足球赛场的一幕幕闹剧中虽然第一次出现"球霸"一次,但是其形成却并非一日之功。

改版之后,三种选题类别平分秋色,"天下事"板块报道事件性题材,"非常道"报道的是热点人物,这跟改版之前非常不同,说明《深度105》在挖掘特大社会事件深度的同时,也更加注重了"人"的因素,这也和社会总体的突出人文关怀的趋势相吻合。"说旧闻"属于非事件性报道,因为选题历经的时间较久,既有原来事件的回顾,又有新的内容的增加,而像上海甲肝流行这种报道本来就是属于非事件性的。

(4) 报道方式:解释性报道、调查性报道

《中国新闻实用大词典》中解释性报道的定义为:报道并解释新闻事实的本质、新闻价值或有关知识的新闻。解释性报道通常是非事件性新闻或者重大的事件性新闻。调查性报道是对某一新闻事件、某种社会现象和社会问题作较为系统的深入调查剖析,揭示事实的真相和本质的报道形式。

报道方式	解释性报道	调查性报道	总计
深度105	8	4	12
比率	66.67%	33.33%	100.00%

对于深度报道节目来说,特别是对于以追求深度为目标的《深度105》来说,调查性报道是必不可少的。但是,我们看到,改版之前节目所用的调查性手法并不多。改版之后,由于板块增多使得节目表现更加丰富,调查性报道在每期的节目中都有,解释性报道主要是存在于"非常道"和"说旧闻"板块,不过实际上,在"说旧闻"中,调查性报道也是必不可少的,不然,旧事重提,完全没有更多拓展,就失去了重提的意义。

(5) 地域界限:上海、全国、国际

地域界限是指节目的选题所基于的地域,从栏目对报道地域的选择可以看出栏目的受众定位和整体的视野定位,是要走全国路线甚至国际路线,还是更多地注重当地观众的收视需求。

涉及地域	上海	全国	国际	总计
深度105	2	10	0	12
比率	16.67%	83.33%	0.00%	100.00%

《深度105》由于栏目本身运作和定位上的原因,走的是全国路线,因此,地域视线也主要是在全国,全国性的题材占了样本总量的75.00%,其选题地域基本上是在全国范围内的,上海的选题仅占了16.67%,而国际方面的选题则鲜有涉及。改版之后,这方面的特点依旧保留,仍然以全国性题材为主,这是《深度105》节目的宗旨所决定的。

(6) 涉及领域:时政、法制、财经、科教、社会、生活、文娱

报道领域	时政	法制	财经	科教	社会	生活	文娱	总计
深度105	1	4	2	0	3	0	2	12
比率	8.33%	33.33%	16.67%	0.00%	25.00%	0.00%	16.67%	100.00%

《深度105》改版前在法制、社会领域的报道属于多数,另外就是对财经和文娱领域投入了更多的关注,特别是在体育方面。

改版之后,"天下事"板块关注的依然是重大案件,对其他方面的关注内容则更加广泛,文娱、财经、生活等各方面都有涉及,相信随着节目的增多,选题所涉及的内容会更加广泛。

二、深度分析

对于一档深度报道栏目来说,"深度"是衡量节目优劣的一项重要指标,但是,由于"深度"也是一个较为主观的因素,因此,本文在测量深度时就用尽可能量化的指标来进行分析,大致有这样几个指标:有无专家访谈、有无背景报道、有无前景的预测、主持人(或出镜记者)评论方式、理性思辨。

专家访谈	有	无	总计
深度105	0	12	12
比率	0.00%	100.00%	100.00%
背景报道	有	无	总计
深度105	8	4	12
比率	66.67%	33.33%	100.00%

1. 专家访谈。无论是调查研究还是解疑释惑,援引专家和权威人士的意见都是至关重要的。一方面,他是第三者的声音,代表了中立的立场,符合新闻要客观的要求。另一方面,受众在心理上比较认同权威人士的意见,比较科学和有说服力。

《深度105》一般都是对事件进行较为完整、客观的报道,而不在事件之外过多加入评论。改版之后对事件性新闻的报道依然沿袭了这样的一种风格,但从整体上来说还是增加了专家观点这一不可少的元素。

2. 背景报道。深度报道以今日之事态置于昨日的新闻背景之下,进而指出对于明天的意义。它要揭示事实背后的真相,做出深度,背景资料必不可少。无论改版前后,

《深度105》都有较多的背景报道。毕竟,这是深度报道不可缺少的元素。

3. 评论方式:定论式、开放式、无

主持人的精彩评论不但能为节目增色,也是提高观众对栏目和媒体认可度的关键。就目前电视新闻深度报道栏目来说,一般形式都是事实+评论,基本上或多或少都会有所评论,进行点题或者结尾,也体现了媒体新闻立场。

主持人评论	定论式	开放式	无	总计
深度105	4	7	1	12
比率	33.33%	58.33%	8.33%	100.00%

《深度105》相对于其每期30分钟的篇幅来讲,其评论所占的比重微乎其微。栏目所报道的事件是全国范围内的,播出平台东方卫视也是全国性平台,但是,我们可以看出,其评论做得并不到位,既不能像评价本地事件那样做到贴切到位,又无法体现出全国性的大气。在这方面,该版之后并没有太大的变化。

4. 理性思辨:

《深度105》的宗旨就是挖掘要有深度。在对事实深度的挖掘上,栏目能够较为详尽和完整地揭露出隐藏在事件背后的本质和原因,但只是将事件的前因后果较为完整地呈现在观众面前,并不过多地进行评论。虽然栏目已经明确提出"掌握事实就是掌握了深度"的口号,但是,在进行了细致缜密的采访调查之后,如果能够从更广阔的背景、更高的视角出发,对所报道的事件进行点评,进而将事实提升到理性的层面,揭示出它对社会的现实意义,应该能够体现出更大的价值。当然,改版之前的节目每期也都有一定的评论,但相对于30分钟的篇幅来说,几句话的评论显得有点微不足道,隔靴搔痒。

改版之后,从单个题材来说,节目的理性思辨色彩并未见浓厚。但是,由于"非常道"和"说旧闻"这种节目形式,报道对象要么是争议人物要么是旧事重提,这注定了内容会有更多的理性思辨色彩,所以使得节目从整体上来说有了更多的思考。

三、《深度105》改版前后变化综述

东方卫视与新华社联合制作,卫星播出平台使得《深度105》无疑需要具有大气、硬气,需要有全国的视角。栏目意图做成一个综述性的电视节目,"根据一个新闻事件综述一类社会问题,不是曝光而是讨论社会问题的内涵。③"在很多电视新闻深度报道节目都侧重于软性的社会题材和人生情感故事的背景下,《深度105》通过新华社和东方卫视的信息触角,充分发挥传媒的社会守望功能,制作的节目题材重大,有极高的关注

度。

应该说《深度105》是个非常成功的策划,蔚蓝色的海洋、潜水的刻度、不断上升的气泡,这些充满浪漫情调和神秘幻想的意象最大程度地刺激着观众的视觉快感。105米,人类徒手潜水的极限深度,"我们竭尽所能,让事实浮出水面",理性而深刻的声音,冷静而饱含力量的宣言,可以说,一开始,《深度105》就显出很大的气魄,在选题上也表现出了前所未有的大气和高度。

改版前的《深度105》在选题的广度上,有着独特之处,或者说其特点是广度不广。75%都是反面选题,83.33%都是社会热点,75%都是事件性选题,在领域上主要关注法制、社会领域,即重大案件、重大社会问题。在地域上,全国选题占了绝大多数。从这样的情况来看,一方面,节目有着明显的特色,较符合栏目的定位并且较好地扮演了社会守望者的角色,关注社会热点,关注重大新闻事件,视角也较为广阔。但是,也可以看到,其所关注的事件并不像栏目所追求的那样题材广泛,基本上都是重大案件,这样的选题在样本中占了一半。而且,这些选题虽然案情重大,也具有较广泛的社会意义,但视角却不独特。一方面,其选题比较大众化,一般是已经在其他媒体上有所曝光,另一方面,一般的媒体也都会从这样的角度、用这样的形式去报道,只不过可能由于资源等条件的限制,无法做到象《深度105》那样掌握大量的事实,跨越比较大的地域。而且,作为卫视频道的栏目,作为一个给全国观众看的栏目,《深度105》的眼界似乎需要更加开阔,不但走向全国,更要跨出国门,走向国际,不但给中国的观众带来海外的事件和信息,也能够更好地将节目推向海外。

挖掘深度是《深度105》的旨意所在,是否有深度事关栏目的生死存亡。栏目较少引用专家的评论,对背景的介绍比重很小,评论较多,但并不是坚强有力的,理性思辨上,并没有明显的表现,而是着力于事实本身的背景或者前因后果的挖掘。虽然栏目宗旨就是挖掘事实的深度,不追求过多评论,主张"获得的有效事实越多,报道就越有深度",但是,在一档长达30分钟的栏目中,仅仅讲清楚事情的前因后果,在节目的结尾作几句总结性的评论,其深度和能够对观众产生的影响力并不能很好地体现出来。深度报道的确需要占有大量的有效事实,但是,深度报道深度的关键应该并不在于讲述了多少事实,讲述的事实多么细致周到,而在于从这种事实中看出一种对于整个社会有普遍意义的趋向或者某种道理。从目前的情况来看,节目特点是重视对事实的讲述,特别是对于案件类的选题,仍然仅仅停留在讲述事实的层面,内容较为平铺直叙,即使有深入的原因背景调查,也只是常规性的,也就是说仍然缺乏一种锐气和魄力。

那么在栏目作出重大改版后有什么变化呢?

1. 节目板块设置丰富而且各有侧重,每期三个板块:大卜争——追求最权威的解读；非常道——捕捉最新锐的观点；说旧闻——探寻最值得追忆的历史。这样就能够最大程度的吸引观众注意，不管是对哪个板块感兴趣，大家都会有所关注。而且，节目的定位更加明确，原来只是定位为新闻专题，主旨在于追求深度，而改版之后明确为大型电视杂志节目。

但是，美中不足的是，此种节目样式在文广的深度报道中已经有过运用，就是本就跟《深度105》题材定位比较相象的杂志节目《七分之一》，同样也是分为不同的三个板块。据了解，《七分之一》目前在这方面并无改版的变化，节目样式有些雷同，不免有抄袭之嫌。当然，长江后浪推前浪，在三个板块的定位上，《深度105》要比《七分之一》成功一些，因为板块之间有着较大的区别，不会像《七分之一》一样让人感觉只是三个故事的叠加。

2. 无论选题还是制作，都可以看出，节目显得更加沉稳。改版之前的《深度105》似乎一直都在努力的做到大气，硬气，立意高。但是实际制作效果比较粗糙，反而产生了相反的播出效果。改版之后，节目似乎更加沉稳了，虽然说仍然是侧重全国选题，但是可以看到，其题材并不全都是比较硬的题材，如贩毒、拐卖婴儿、股票之类，现在会更有社会气息，比较容易被普通观众所接受的，如小学生中毒事件、虐待保姆这种相对软化的题材。"非常道"和"说旧闻"也是那种并不很容易跟风的题材，这些是需要静下心来做一些调查和学问才能够有所发挥的。

当然，凡事都有两面性，改版后选题制作确实更加丰富，也更能被观众接受了，但是，实际上，这在一定程度上又弱化了原来节目所追求的硬气，大气，立志追求深度这样的鲜明特点。

3. 从表现形式上，注入了更多比较现代化或者时尚的元素，比较注重打磨细节。从电视画面剪辑到片头、音响，从演播室的主导到声音介入式采访，都体现了东方卫视的深厚功底，以及上海媒体所应该表现出来的现代化表现手法。"天下事"、"说旧闻"在屏幕右下角二维转动显示的LOGO，非常精致，有点打造名牌的味道。栏目中间插播的广告时间也比较能够接受，这比较好。

一切事物的发展都是在摸索中前进的，总体来说，节目的改版让人感觉耳目一新，也能够改变《深度105》给观众们留下的不好印象，但是，问题总是存在的，我们希望节目能够办得更好！

---

① 以上四档栏目的介绍参考上海文广新闻传媒集团网站。
②③ 李本乾：《描述传播内容特征　检验传播研究假设——内容分析法简介》，《当代传播》，1999年第6期。

试谈国内电视新闻评论的"博客化"趋势
——以《骆新发言》为例

吴 漾

【内容提要】中国大陆的电视新闻评论节目从上世纪80年代发展至今已进入了一个瓶颈阶段。在探索和实践过程中,我们似乎可以从当前迅速崛起的网络博客中得到启示,用"电视博客"的概念来引领电视新闻评论,突出节目观点尖锐化和视角个性化的特点。当前有凤凰卫视的多个栏目与东方卫视的《骆新发言》为我们提供了较为成功的范例。可以预见"电视博客"将成为今后一段时期被广泛采用并迅速发展的电视节目形态。

【关键词】电视新闻评论 电视博客 《骆新发言》

【作者简介】吴漾,华东师范大学传播学院05级硕士生

我每天只问自己三个问题:今天什么是最重要的,我将如何解读,它会给你带来什么价值。这也许构成了国内目前唯一的、带有极强个人色彩的电视时评。

——摘自《骆新发言》博客

2007年1月1日,正当人们怀着满心期待步入新年之时,一场盘点2006年重大新闻事件的重头戏在各大媒体开始上演。从时政新闻到娱乐八卦,从当红明星到网络"草根",报纸、电视、网络上一时间呈现出一派热闹景象,大有将一切能够被挖掘的新闻点一网打尽之势。在对这一当日最重要新闻话题的讨论中,却有一个不同的声音引起了人们的关注。

东方卫视新闻评论员骆新以一篇题为《2006年,缺乏"英雄"的一年?》的言论为新一年的《骆新发言》做了开篇。"2006年,我们所面对的'现实英雄',真的是少得可怜……没有英雄,不代表我们都是平庸;没有英雄,或许代表我们每个人都可能成为英雄。"骆新以他一贯的冷峻和尖锐,令这档栏目在众多新闻言论中独树一帜。

作为一个诞生仅有一年的电视新闻评论栏目,《骆新发言》在探索中不断前行,主

持人骆新每天用极富个性化的语言逐一评点热点新闻事件,形成了个性化的风格。如今的电视新闻评论节目如何才能做到常办常新,这是令广大电视人感到无比困惑的问题,而《骆新发言》用它在形式和内容上的创新给大家带来了无尽的思考和启发。

近年来,国内涌现出了不少新兴的电视节目形态,其中尤以各种大型选秀节目为甚。它们在掀起收视热潮的同时,还缔造了荧屏下一场场全民的狂欢。这边电视娱乐节目热火朝天,可另一边传统的电视新闻评论节目似乎正无奈地走着下坡路:不但收视率无法与从前的鼎盛时期相比,社会影响力也日渐衰微。

在此消彼长分化之时,我们却从来不能否认,新闻评论节目质量的好坏始终是衡量一个电视台节目竞争力的重要标尺。在此背景下,广大新闻工作者们正力图求变,探索适合电视新闻评论节目的发展之路。然而电视新闻评论发展至今模式已趋于稳固,想要变革谈何容易!

从新闻史上看,中国大陆的新闻评论最早是从传统的报纸媒体发展起来的,自上世纪80年代开始被移植到电视节目中。如今,以中央电视台《焦点访谈》、《新闻调查》、《面对面》、《新闻会客厅》等为代表的一大批节目为中国的电视新闻评论树立了风向标,各地方电视台运用类似模式开办的新闻评论节目已不计其数。

可表面的繁荣难掩其背后存在的问题,造成当前电视新闻评论节目影响力下降的原因究竟在何处?

(一) 节目形式难以创新

新闻评论节目诞生之初与电视观众有过一段"蜜月期",各种新鲜的节目制作技巧屡试不爽,一次又一次造成轰动效应。但随着时间的推移,大量节目在具体操作中已不可避免地呈现出了这样的事实——"重论轻评",即在面对一个新闻事件或现象时,媒体过于注重事件性的描述,而弱化了对事件或现象做出带有落点性质的定位评价。[①]

比如典型的《焦点访谈》模式,主持人的开场白引出记者拍摄的短片,播完后再由主持人的几句点评作为总结。在这里评论虽然是有了,但是通常它们都过于程式化,蜻蜓点水式的寥寥几笔,让人觉得不痛不痒。就拿经常出现的一些批评性报道的结束语来说,观众已经习惯于听到"希望有关部门对这种现象引起重视,尽快制定相关的法律法规……",诸如此类的字眼。虽然道理句句属实,但任何一个由普通人都能得出的结论无法使节目产生原本应具备的冲击力。况且天长日久,节目不可避免地会产生题材上的雷同倾向,这更加剧了观众的"审美疲劳"。

(二) 平面媒体回归强势

新闻评论对于电视这样一个善于直观呈现事物的媒体来说,先天就不是强项。报刊才是新闻评论最易于开展的阵地,其在文字内容上的深入性和制作发布上的低成本性是电视所无法比拟的。

近几年来,《新京报》和《东方早报》之类的都市大报纷纷在醒目位置辟出了专门的言论版面,大篇幅刊登报社社论或是知名学者的署名文章。这些评论具备一些共同的特点:吸引眼球的标题、简短的事件背景、明确犀利的观点、事理结合的论证、留有思考的结尾……没有了一味的大唱赞歌,没有了简单的人云亦云或是喊口号式的号召,真正做到了从具体事件出发,寻求解决实际问题的对策,这样就使各种新闻评论的整体档次得到了大幅度提升。一篇评论刊出,通常第二天就会有不同意见跟进,形成观点交锋,带动读者参与到对相应事件的关注中来。

新闻评论的活力在较为理性的报纸中得到回归,这对平面媒体来说无疑是个喜讯,但它们同时也让多年来无力创新的电视新闻评论相形见绌。

(三)受众正在失去"耐心"

媒体自身固然要想法提高收视率、阅读率,但也有些事实令他们无能为力:随着生活节奏的加快和获取信息渠道的多样化,受众对媒介的选择余地增加了,但他们的"耐心"却以飞快的速度减退。

有人说,现在的新闻事件从开始被关注到成为大家茶余饭后的谈资,再到被忽视,往往不会超过一两天。一有重大新闻发生,一些大型门户网站在几分钟内就能建立起专题页面,事件经过、背景资料、各方反应、专家意见等等一应俱全,而且图文声画并茂,大量的信息轰炸迅速把每一个新闻点都挖尽了。

等到电视新闻评论登场时,观众早就对所发生的事件和相关背景了如指掌。这时如果还想沿用以前的模式来考验观众的耐心,那几乎是不可能的。如果他们看到的还是冗长的画面,听到的还是不紧不慢的解说,却没有丝毫新的"猛料",他们能做的就只剩下按动手中的遥控器了。

联想到电视新闻评论存在的缺乏个性的问题,结合当前一些频道为新闻评论所做的实践,笔者以为,互联网上迅速崛起的博客力量或许可以给电视新闻评论提供些许启示。

网络博客尚属新生事物,它是在上世纪90年代末才诞生的一种新型传播载体。对于博客用途的理解可谓众说纷纭,普通网友和博客研究者在实际应用过程中给出了这样三种定义:一是新的个人人际交流方式;二是以个人为中心的信息过滤和知识管理;三是以个人为中心的传播出版[②]。综合对博客的这些不同描述,我们得到一个关键词,即"个人化"。那么电视新闻评论是否具有朝"个人化"或者说"博客化"转变的可能性呢?

2006年初,东方卫视在每晚十点播出的《东方夜新闻》中设立了《骆新发言》的版块，评论员骆新结合当天的重大新闻来一段五六分钟的"脱口秀"快评。乍一看这又是对之前读报节目的拷贝，因为骆新曾先后主持过东方卫视其他时段新闻节目中的《读家新闻》和《外滩新世说》栏目，它们在形式上都是对当日各报刊精彩新闻的集束式介绍。但是《骆新发言》的推出在形式上进行了较大的突破，它不再是单纯的读报评报栏目，从它以评论员的名字来命名就可以看出，骆新试图实现用其个人化的视角来观察和评论身边的世界。栏目创办至今已形成了一种类似于网络博客的电视节目形态，观众渐渐习惯于每晚看看骆新又在说什么，有什么新鲜的观点，听他梳理完一天的新闻后心满意足地休息。

其实对于这样的"电视博客"，凤凰卫视早几年就已经开始了尝试，《一虎一席谈》、《李敖有话说》、《新闻骇客赵少康》、《解码陈文茜》等等一系列节目的推出，为凤凰卫视的新闻评论打上了深深的个人化烙印。尽管同样的新闻事件可能会重复出现在不同评论员的节目中，但每个人都以自己独特的风格进行截然不同的解读，这样的评论形式受到了不少观众尤其是高学历人士的欢迎。

笔者认为，以《骆新发言》为代表的"电视博客"是对电视、报纸以及网络博客等多种传播媒介进行的一次综合运用，它包含了传统电视新闻评论所不具备的诸多特点：

（一）信息来源广泛

《骆新发言》的视野相当开阔，信息来源也变得异常广泛，它打破了以往电视新闻评论只能依靠本台记者先期拍摄短片引出点评的局限，但凡一切具有新闻意义的话题都能被引用进行评论。

例如2006年10月12日的节目中如此开篇："今天的《南方周末》，大声地为中国女足鸣不平。说队里最好的国脚，每月工资也不过才1500块钱，更遑论地方上的各类俱乐部了……"再如2006年10月25日关于"求职难"的探讨："前两天，南京安德门民工市场，竟特意开出了一个'大学生求职窗口'……"

从具有时效性的热门事件出发揭示引人深思的内涵，这样的做法是顺应社会需求的。当前受众获取信息的渠道已趋多样化，他们非常乐于并且善于接受来自不同领域的信息，所以电视人只有增加自己每天的信息阅读量，扩大新闻评论关注的视野，让自己走在受众之前，这样才能使受众产生认同，让他们觉得通过看电视的确能够把握住时代跳动的脉搏。

（二）观点独到尖锐

以往新闻评论节目的语言无法做到一针见血，很大程度上是因为过分强调了用画面来叙事的作用。而如果我们把每一期《骆新发言》的内容整理成文，会发现这些文字的视象性并不强，但它们绝对都能成为报纸上阅读率极高的言论稿。由此回到上文曾提到的当下电视新闻评论节目中存在的"重论轻评"的现象,可以说《骆新发言》在这一点上对国内同类节目的通病予以了彻底反击。

例如2006年6月6日,骆新对当日在全国举行的高考进行了点评:"今天这个社会,为什么全体人民都会都得了'恐高症'?恐怕还是社会整体的公平制度没有被完善,所以对人才的判断也未免显得过分简单和苛刻。所以,老百姓对公平性相对有保障的'高考'就寄予了太多的希望!直到高考被各种压力压得变了形!"老百姓对高考的重视折射出他们对社会公平制度的渴求,这并不是每个人都仔细思考过的,但骆新正是用这样鲜明的观点将事件背后的深层次原因一语点破。

观众已经了解到了太多的新闻事实,他们不再希望得到任何冗余的信息。新闻评论有了鲜明的观点,不但能起到提纲挈领的作用,更重要的是它能吸引观众的注意力。所以说"抛观点"应当成为当下电视新闻评论最需要养成的习惯。但是观点的尖锐必须要建立在客观、公正的新闻原则基础之上,绝不能为了哗众取宠而信口开河地"胡说"。

(三)直播形式灵活

《骆新发言》在整台《东方夜新闻》节目中占的篇幅在五六分钟左右,虽然时间不长而且它基本还是以评论员骆新正襟危坐进行"脱口秀"的方式出现,但既然这个节目属于"电视博客",其可塑性就变得非常强,形式完全可以灵活多变、掌控自如。

首先由于节目是直播进行,直播本身就给观众营造了真实、高效、可交流性的氛围,而且直播节目语言风格的处理与在画面上配解说词完全不同,主持人骆新可以通过态势语言的运用加强信息的传递效果。在目前的节目中,照片、漫画、视频、实物等各种视觉化元素也经常被引入,它们随着骆新谈话内容的展开,同步地呈现在电视屏幕上,对有可能单一的画面起到辅助作用。电视屏幕能将平时不被注意的细节放大,例如在引用某些来源于报纸的信息时,立刻切入登载该报道的版面的照片,让观众清晰地看到被放大了的文字标题,这就对观众造成了强大的视觉冲击。

如果再做一下发散性思维,新闻人物采访同期声、观众评论等更具互动性的辅助元素也完全有可能出现在节目中,甚至骆新身处的场所是否还是局限在电视台演播室内,这些都有待节目主创人员进一步探索和尝试,寻找合适的切入点和介入方式。

(四)制作成本降低

这些年国内电视媒体正处于进一步市场化的过程中,降低节目制作成本成为了一个非常现实的问题。

和以往的大型新闻评论或深度报道节目相比,类似《骆新发言》的"电视博客"显然是一种经济型的节目形态,它几乎不需要复杂漫长的采访和编辑过程。但要保证节目的顺利运行,它对主创人员自身素质的要求却很高。新闻评论员最重要的任务变成撰写一篇演说稿,再搜集部分辅助素材,这些就能保证节目最基本的运行。

凤凰卫视在低成本运作方面的经验则更为丰富:通常一个新闻事件发生后,《时事直通车》、《凤凰早班车》等新闻资讯类节目首先进行报道;《小莉看时事》、《时事开讲》等节目接着做深度评析,而到了《锵锵三人行》中,它们又能成为窦文涛谈天说地的"引子",实现信息的再利用。③

总体上说,与凤凰卫视诸多名牌节目相比,以《骆新发言》为代表的中国大陆的博客式电视新闻评论节目还处于起步阶段,从形式、内容到风格、视角上都有待进一步改进,但我们还是可以大胆地预见,在今后一段时期内,它作为一种新兴的电视节目形态将被国内各大电视媒体广泛采用。尽管在不断的探索和实践中,一定会有大量新的问题涌现,但是从长远角度来看,这样一种发展为中国电视新闻评论节目注入的活力却是不可低估的。

参 考 文 献

[1] 涂光晋:《从"自己走路"到"走自己的路"——电视评论类节目的演变、发展与未来走向》,原载《新闻事业的辉煌——新中国新闻事业五十年优秀论文集》,江西人民出版社,2000 年 3 月。

[2] 方兴东、刘双桂、姜旭平、王俊秀:《博客与传统媒体的竞争、共生、问题和对策——以博客为代表的个人出版的传播学意义初论》,《现代传播》,2004 年第 2 期。

[3] 李启军:《中国电视新闻评论发展透视》,《经济与社会发展》,2004 年 4 月。

[4] 唐宁:《电视新闻评论栏目:如何在困境中生存与发展》,《现代传播》,2004 年第 4 期。

[5] 钱庆义:《电视新闻传播的新卖点——兼议凤凰卫视的新闻评论节目形态》,中国新闻研究中心,2004 年 11 月。

[6] 李琦:《困惑与突围:中国电视新闻评论节目的现状与前瞻》,《湖南大学学报(社会科学版)》,2005 年 11 月。

[7] 柯根松、陈栋:《电视新闻评论"重论轻评"现象解析》,《武汉化工学院学报》,2005 年 11 月。

[8] 张矛矛、高欣:《主观形式下客观主义的延伸——关于读报类电视新闻评论节目的几点思考》,《徐州工程学院学报》,2006 年 1 月。

[9] 骆新:《骆新发言》新浪博客(http://blog.sina.com.cn/m/luoxinfayan)。

---

① 参照柯根松、陈栋,《电视新闻评论"重论轻评"现象解析》,《武汉化工学院学报》,2005 年 11 月。

② 方兴东、刘双桂、姜旭平、王俊秀:《博客与传统媒体的竞争、共生、问题和对策——以博客为代表的个人出版的传播学意义初论》,《现代传播》,2004 年第 2 期。

③ 参照钱庆义,《电视新闻传播的新卖点——兼议凤凰卫视的新闻评论节目形态》,中国新闻研究中心,2004 年 11 月。

新闻舆论报道与民众的日常生活
——以《新民晚报》关于社会诚信问题的报道为例

谢文芳

【内容提要】本文以从1985年、1995年、2005年三个年份中随机抽取的若干份《新民晚报》为样本,通过该报关于社会诚信问题报道的比较研究,分析媒体在这一问题上如何介入民众生活,从中我们也可以看到中国社会经济文化在三个十年中的发展和变化。

【关键词】社会新闻　诚信　监督　引导

【作者简介】华东师范大学传播学院2005级硕士研究生

　　作为构筑社会价值体系的基本组成部分,诚信在社会生活中占有主要的位置。政府失去诚信会导致公权的滥用,政府威信降低;企业失去诚信就会失去市场,消费者权益无法保障;公民失去诚信就会违法,侵犯他人合法权益;学术失去诚信会导致学术水平下降。然而作为一种社会关系的病态体征,信任危机已经成为我们社会生活中值得关注的一种病症,社会生活底线的频频失守和精神家园的沦落,已经严重影响到社会秩序的良性运行,形成构建社会主义和谐社会的障碍性因素。而对于社会上存在的种种诚信问题,不同于行政、司法等具有强制力公权部门的是,被誉为"第四种权力"的媒介权力主要是通过媒体的公共性职能反映公众诉求、影响社会舆论、对被曝光者产生社会压力,达到引起有关部门重视、促进问题解决、改善社会风气、优化社会环境的目的。诚信的问题在当今社会如此重要,媒体在这个过程中有何作为呢?近二十年来,中国社会发生了巨大的变化,在这一变化过程中,媒体对于社会诚信问题是如何介入的,其效率又如何呢?

　　本文选择了《新民晚报》作为研究对象,抽取了1985年、1995年、2005年三个年份的若干份报纸,对其社会新闻版进行比较研究,通过对这些新闻报道的比较分析来呈现这三个十年间社会和普通民众生活的发展变化情况。《新民晚报》是中共上海市委宣传部直接领导的、面向广大市民的综合性都市晚纸,有广大的固定读者群。建报七十多年来,已经"飞入寻常百姓家",为广大读者所喜闻乐见,报纸发行量已连续多年位居全国晚报之首。①作为定位为市民化的报纸,《新民晚报》在内容上力求可亲性、可近性、可信性、可读性,所以其中的社会新闻应该最能反映市民心声和民众关心的焦点。而选择十年为一个跨度,是由于改革开放以来中国社会经济文化和民众生活方式均发生了显著的变化,以1985年、1995年和2005年来代表二十世纪八十年代、九十年代和二十一世纪初的社会状况,这种时间上的大跨度更能豁显出社会问题的差异性。

  1985年的《新民晚报》只有对开中夹页6版,对比今天动辄百版的都市报,翻看那时的报纸真是让人感慨。1985年2月13日《新民晚报》的第四版是社会新闻版,总共有11篇报道。其中关涉到社会信任问题的有2篇,标题分别为:"许多外地人花钱买一场空欢喜,管一管外滩的'摄影师'吧"和"丢失车子事件不断发生,请管好你的自行车"。②1995年5月2日第三版社会新闻版共有报道8篇,涉及到社会信任问题的有3篇,标题分别为"缺斤少两,鸡鸭注水,毛蚶出笼,农贸市场不法行为在抬头"、"真丝衬衣淋雨,货主递上状纸,法院公开审理一起巨额索赔案"、"'双休日'的苦难旅程——两批旅游市民来本报投诉记"。③而2005年1月3日令人寒心的社会新闻标题则成倍增多了:"对虚假教育宣传不能一'怒'了之"、"'美女医托'渐成'职业新军'"、"特卖会上擦亮眼睛再付钱"、"肉类食品抽查仅三成合格"、"阜阳奶粉事件追踪"、"频频骗取熟人手机,转手变卖为过毒瘾"、"警惕'黑心'小贩'黑'手段——两次遭遇'缩水'螃蟹,'黑心'棉鞋败絮其中"④等将近十篇之多。

  改革开放后,中国经济由计划经济走向市场经济。随着社会经济的迅速发展,人民生活水平普遍提高,城乡居民开始重视和关注自己的生活质量,于是度假、休闲等旅游需求急剧增加,国内旅游业发展如火如荼。在旅游热的大背景下,大批外地游客来沪旅游,毋庸置疑,外滩是游客们的必到之处,游玩的过程中当然少不了拍照留念。而上文提到的1985年2月13日《新民晚报》关于外地游客在外滩照相遭遇取相难的报道,⑤反映的主要是游客在外滩照完相后迟迟没收到摄影社寄回家的照片或者虽然收到了但张冠李戴寄错了的情况。造成"取相难"的原因是由照相业的特殊性决定的,尤其是对于外地游客而言,这种先付钱、后拿货的"一锤子"买卖消费方式在消费时空上的异质性本身就需要消费者承担很高的风险,需要对服务提供者的行业素质和个人品质表现出极大的信任,同时也要求服务行业从业人员有较高的道德水准和极强的责任感。而造成这种失误的主要原因也是工作不力、管理不善和工作人员责任心的缺失。在这种大的时代背景下应运而生的"先付钱、后拿货"的新消费方式冲击了传统"一手交钱一手交货"的消费方式,给游客带来便利的同时新的问题也随之而来。造成"取相难"问题的客观原因是当时照相技术相对落后,还达不到"即拍即取"的效果。为什么在今天没有这种问题见诸报端呢？一是由于照相技术的发展，现在的旅游景点要么提供的照相服务是即拍即取式的，要么是游客自备数码相机，十分便捷，报道中所呈现的问题在今天已经基本不复存在了；二是即使由于工作人员的疏忽，有类似问题存在，但在今天看来也不过是小事一桩，不值一提，没什么新闻性，不会引起人们的重视。而且现在的行业立法更加完善，针对照相行业就出台了《关于照相行业服务质量管理办法》⑥相关规定。

进入20世纪90年代以来，随着人民群众生活水平的提高，消费方式也发生了变化，中国国内旅游业得到了空前迅速的发展。由于改革开放政策极大地解放和发展了生产力，经过十多年的积累城乡居民收入大大提高，不管是城镇居民还是农村居民，旅游需求都急剧增长。从1995年开始实施每周五天的工作制，大大增加了人们的闲暇时间，尤其是1999年后又增加了法定节假日，加上调整的双休日，在中国开始形成每年三个七天长假，即春节、"五一"、"十一"三个旅游"黄金周"，这样人们就可以集中使用较长时段的休闲时间，有力促进了旅游经济的发展。但在旅游经济发展的同时，也同样存在着服务质量问题，比如在1995年5月2日的《新民晚报》就有一篇类似问题的报道。这篇题为"'双休日'的苦难旅程——两批旅游市民来本报投诉记"的报道中反映出的状况比前一篇恶劣很多。两批游客分别投诉了五一黄金周期间参加两家旅行社组织的三日游的苦难旅程。⑦投诉中不仅提到导游服务态度奇差，擅自取消游程，而且吃饭住宿完全没有安排妥当，旅行社均不管不顾（由宾馆换到没有卫生间的招待所；由于客房已满让游客在车上过夜），吃饭基本靠游客自理，卫生条件极差（游客上吐下泻），整个旅程简直花钱买罪受，成了噩梦般的经历。90年代中期，利用节假日跟团外出游玩的人数越来越多，旅游行业的竞争也逐渐由产品、服务、特色的竞争完全转变为单纯的价格竞争。因此服务质量一路下滑，消费者权利受到侵害，旅游行业形象严重受损，这也是在当时的社会环境和商业环境下出现的新问题。报道中提到的服务质量下降问题已经不仅是让消费者花了很多冤枉钱，而且关涉到游客的生命健康权；不再是由于服务提供方的玩忽职守、一时大意，而是从业人员道德水准的下滑，是对他们衣食父母的侮辱和不敬，对行程食宿的安排没有事先做足工作导致了最后无法向游客交待，对其负责。而导游完全不惧怕旅客投诉的态度也说明行业内部存在着严重的监管不严问题。

世纪交替之时中国加入WTO，推动了改革进程，加速了社会主义市场经济的成熟和新秩序的尽快建立。对外开放程度进一步扩大，很多实力强劲的国外企业和商品涌入我国市场，市场竞争越来越激烈。普通消费者的消费观念也发生了较大的变化，消费质量意识越来越强。入世后增强了普通民众的购买力，提升了人们的生活品质。对于消费者来说,商品的多样化选择固然是好事,但同时商家铤而走险的劣迹败行也增多了。新闻报道中涉及的社会信任问题也随着社会、经济的发展而不断"更新换代"。与前两篇报道不同的是,05年的社会新闻报道中颇让读者担忧的不再是服务行业从业人员的"无所作为"、"态度冷淡",而是防不胜防的热情服务态度背后的"有所作为"——明目张胆地施行骗术。当然这比前者更可怕,危害也更大。如2005年1月3日"焦点"版面整版聚焦的是时下风行的特卖会,但标题同样不忘好心提醒读者"特卖会上擦亮眼睛再付钱"。⑧报道中提到有些特卖会打折化妆品"早产"大半年,有些国产商品冒称国际名牌。作为近年来才兴起的流行时尚风潮,名牌商品"特卖会"是物质极大丰富的产物。正如波德里亚在《消费社会》一书中指出的,在消费社会中,消费与人的真实需求没有关系,被符号化的商品及其形象不断地刺激人的欲望并驱动人的行为选择,进而使消费成为一种非理性的狂欢。在奢侈品消费中,人们追求的核心价值已不在商品本身上了,而是依附在商品使用价值之中的"符号象征价值"。因此,消费不仅仅是一种满足人类物质需要的行为,它所起的也不仅仅是一种享受功能。消费是一个系统、一种道德、一种沟通体系和交换结构,它所起的是一种社会组织的功能。⑨而各种商品在高度发达的媒体中不断曝光,加上其吸引人的包装和极具诱惑力的广告,品牌形象已经超越了商品本身,物质性的消费被精神性的消费所取代。在品牌效应被无限放大的同时,即使是普通百姓在特卖会上也能用较实惠的价格买到平时望而却步价格不菲的商品,所以特卖会的火爆程度也就可想而知了。在打着打折特卖旗号的名牌商品令人们趋之若鹜的同时,某些不法奸商也开始利用人们贪图便宜的心理浑水摸鱼、以次充好。假名牌假进口商品层出不穷,乱标价、印假的生产日期也是奸商蒙骗消费者的重要手段。同日28版则用一半版面图文并茂地刊登了题为"美女医托"渐成"职业新军"的报道。报道称在广州多家大医院出现了一些打扮时髦、"职业素养"高的"美女医托",她们面容姣好,精通医学专业术语,而且相当有耐心,极具迷惑性。医护人员提醒患者留意这些新式"糖衣炮弹"。⑩

从以上报道内容中我们不难发现,社会信任危机已经从单纯的行业道德规范发展到纯粹的行骗,手段越发"高明"、"专业",呈现出一些新形势、新特点,稍不留心就会上当受骗,越来越让人难以防范。虽然经济在不断发展,但是个人的安全感反而降低了,社会信誉度在下降,社会赖以存在最基础的信任结构开始瓦解。

大众传媒承担着引领时代进步、传播精神文明、促进社会发展的使命。新闻媒体作为社会的捍卫者,是热情维护自由人民精神的喉舌和鞭挞假恶丑的利剑,社会新闻更是直接反映社会现状的明镜。新闻舆论监督在构建和谐社会中的作用越来越重要。在新的媒介生态环境中,由于大众文化的盛行,晚报也随着时代的变迁、社会的发展而有所发展变化。从人文关怀角度对比三个不同时期的新闻报道，我们发现报道越来越趋市民化口吻，报道语言越来越富亲和力。第一篇1985年的"管一管外滩的'摄影师'吧"是放在读者来访专栏，通过两则读者来信引出问题，然后经过记者的走访调查分析了原因，最后作者对外滩摄影工作的改善提出了一点建议，希望有关部门"重视服务质量，讲究商业信誉"。[11]第二篇1995年的"'双休日'的苦难旅程——两批旅游市民来本报投诉记"则放在投诉角板块，对两批旅客投诉内容的描写更加细致具体，全文只涉及投诉具体内容，没有对事件发表任何评论。而2005年的"特卖会上擦亮眼睛再付钱"和另一篇"美女医托"渐成"职业新军"分别用了整版和半版的篇幅进行报道，不仅标题醒目，图文并茂，先声夺人，具有强烈的警示作用，而且报道内容生动翔实，分析深入细致，说服力强。文章注重从受众心理角度考虑，以平民的视角反映生活，以具有亲和力的语言感染受众。在报道形式上活泼生动，新颖别致，由文章小标题就可见一斑。两篇报道的小标题也极富特色。前一篇的小标题分别为"买衣服还是买'便宜'？"、"打折化妆品'早产'大半年"、"询问丝巾牌子遭到'鄙视'"、"好的特卖会受市民欢迎"、"特卖会不能'糊弄'顾客"。标题制作中出现引号十分新颖，标题用语新奇有趣，引发读者好奇心，吸引读者继续读下去。文后还附有"相关链接"，教你如何鉴别特卖会的真伪。后一篇的小标题分别为"面容姣好，语言专业"、"天天早起，准时上班"、"另有'组织'，逃离迅速"、"药费提成，月薪不菲"，四组短语简洁明快，准确地反映出了"美女医托"们的特点及这一行骗"新职业"的"生存之道"。两篇报道都是采取深度报道的方式，有现象描述，有跟踪采访，有多方位多角度多层次的深入调查，有对专业人士的采访，有分析现象背后的深层原因，关于"特卖会"的报道最后还有教你辨别真伪的防骗支招。不仅报道内容十分贴近市民生活，关注时下热点话题，表达受众的愿望和需求，而且贴心提醒，具有亲和力，既实用又富有人文关怀。纵观三个年代对社会信任问题的报道方式，前两篇报道都是以读者投诉方式见诸报端的，编辑的态度分别采取了提醒相关部门注意和仅叙述事情经过不加评论的方式。而在2005年的报道中，通过记者的明察暗访，描写了与"骗子"们打交道的经历，不仅惟妙惟肖地刻画出了"骗子"们行骗过程中的丑恶嘴脸，而且表现了他们被拆穿后仍一副振振有词的模样，好似没人奈何得了他们。虽然语言较平和写实，但从报道中我们还是能读出作者对"骗子"的谴责。与前两篇报道相比，文章更多的是揭露骗术，让读者们提高警惕，不要轻易上当受骗。从以上对比我们可以看出，三个时期新闻导向由警醒市民变为寻找耸人听闻的新闻卖点。新闻媒体是社会道德良知的最后底线，但是通过对比可以发现新闻媒体所能接受的道德底线在日益后退。

如今社会上存在的信任危机，一方面是假冒伪劣、坑蒙拐骗和贪赃枉法的泛滥，即我们生活中那些本身可信度就很低、不值得信任的人或物；另一方面则是不信任心态的普遍化，即对一些本来值得信任的人或物也持怀疑态度。传统社会中人们基本上生活在熟人圈子中，单靠人际信任和朴素的道德规范就可以维持社会的良性运行。在推行市场经济的现代社会中，靠榜样示范来建立道德性的社会信任的方式已经遇到了严峻的挑战，商品生产和服务提供的社会化程度很高，个人化色彩很淡，对它们的信任也不可能以人际信任为基础，而必须依赖于标准化的管理和严格的监督。在今天，人们同样注重生产经营者的信誉，企业也力图创造名牌，但是，建立信誉的方式与传统社会不同，靠的主要是制度因素，如比行业标准更高更严的管理和监督。值得欣慰的是，目前许多企业正在用诚信捍卫自己的企业形象，出了问题敢于承认错误，如索尼公司召回问题相机，宝洁公司召回问题化妆品等。

当然作为"第四种权力"的新闻舆论监督在社会生活中也起着不可或缺的作用。在中国市场经济飞速发展的今天，本着对生命质量的真诚关怀，为了监督和打造一个更加成熟、更为安全的消费环境，为了打击与商品经济和体制改革同时出现的种种负面市场行为，新闻报道对社会假恶丑的揭露本无可厚非，但是一系列"揭黑"报道的"新闻轰炸"过后，容易导致受众草木皆兵，人人自危，将社会上存在的个别案例放大为普遍现象，无形中将怀疑的心态扩展到生活中的方方面面。直接面对的现实环境实在是太庞杂、太短暂了，我们并没有做好准备去应付如此奥妙、如此多样、有着如此频繁变化与组合的环境。虽然我们不得不在这个环境中活动，但又不得不在能够驾御它之前使用比较简单的办法去对它进行重构。这个"简单的方法"就是利用媒介重构世界。从历史角度看，大众媒介从诞生起就开始起到监测社会环境、引导舆论、普及知识、树立价值观等作用。媒介已经越来越成为人们接触、了解外界的直接途径，人们对外部环境的判断也越来越依赖新闻报道。因此，受众对媒介信息的虚拟化认同使得大众面对的除了现实世界还有由大众传媒所建构的虚拟世界。与现实世界相比，大众传播媒介提供的关于世界的图景却常常是不完整的和扭曲的。

在我们提出构建和谐社会的今天，和谐与否的心理感知常常来源于大众传媒提供的各种报道素材，这些构成了我们认识世界的基础。因此，大众媒介在构建和谐社会中必须自觉能动地发挥自身的作用，在报道过程中尽量做到报道力度的平衡，多些正面报道，也使之形成强烈的舆论，使受众在心理上更易接受，并形成自己的判断。同时如果受众盲目认同于媒介建构的"媒介现实"，价值和行为选择都要从媒介中寻找依据，那也将会形成一种误导作用。所以受众也应该增强自身的媒介素养，培养解读媒介信息的正确视角和不被媒介牵制的能力，成为积极的信息使用者。

① 《飞入寻常百姓家：新民报——新民晚报七十年史》，文汇出版社 2004 年版，第 1 页。
② 参见 1985 年 2 月 13 日《新民晚报》第 4 版相关报道。
③ 参见 1995 年 5 月 2 日《新民晚报》第 3 版相关报道。
④ 参见 2005 年 1 月 3 日《新民晚报》第 23 版、26 版、28 版、32 版相关报道。
⑤ 同②。
⑥ 来源：http://www.gz315.gov.cn/Article/ShowArticle.asp?ArticleID=291。
⑦ 同③。
⑧ 参见 2005 年 1 月 3 日《新民晚报》第 32 版相关报道。
⑨ 参见[法]波德里亚著《消费社会》，南京大学出版社 2000 年版。
⑩ 参见 2005 年 1 月 3 日《新民晚报》第 28 版相关报道。
⑪ 同②。

· 媒介文化研究 ·

关于修改"龙"的英文翻译的再研究

黄 佶

【内容提要】新发现的资料表明：在二战期间的政治宣传中，dragon 被用来象征德国法西斯，而德国法西斯的宣传海报也用 dragon 来象征反对它的力量。西方媒介用 dragon 象征黑社会势力、财政赤字、政治麻烦和火灾等等，并把 dragon 和外国恶魔类人物相联系。西方媒介至今仍把 dragon 和龙混为一谈。正确翻译龙和其它中国事物，是保护和传播中国文化的基础性工作。"水不在深，有龙则灵"中的龙如果翻译成 dragon，那么原诗句中的意境就全被破坏了。本文讨论了几种龙的新翻译方案。翻译也存在"性价比"，意译或音译是有规律可循的。建议建设一部"中国事物配图网上辞海"，收词从宽，以便外国人士在了解中国文化和事物时查阅。

【关键词】龙 翻译 dragon 中国文化 保护

【作者简介】黄佶，工学博士，华东师范大学传播学院副教授，广告专业委员会主任

有分析家指出："良好的国家形象可以将（不同国家的利益之间的）巨大摩擦产生的成本降低到很小，而负面的国家形象则能使小冲突的成本放大好几倍。"[1]龙是中国的象征，把龙翻译成 dragon——有翼喷火巨兽，恶魔的象征——损害了中国的国家形象。由于龙被翻译成 dragon，西方媒介在用龙象征中国时，采用的往往是 dragon 的形象。这样的杂志封面、插图、政治漫画和海报，在西方读者心目中留下的中国形象显然是非常负面的。

笔者于 2006 年 11 月在《社会科学》杂志上发表了"关于'龙'的英译名修改问题"[2]一文，指出龙和 dragon 有着本质上的区别；在西方的神话和传说中，在西方的主要宗教基督教里，dragon 是恶魔的象征；西方媒介用 dragon 来象征恐怖主义势力；在电影里，dragon 被描绘为未来世界的毁灭者；dragon 还是各种电子游戏中的恶魔，是游戏者攻击和斩杀的重要对象。把龙翻译为 dragon 不利于中国树立正面的国际形象；建议把龙翻译为 loong。该文发表之后，笔者又发现了一些新的资料，对龙的英译等问题也

有了一些新的认识和观点。本文可以视为该文的续篇。

一、新近发现的资料:dragon 被用来象征法西斯、黑社会势力等

1. 二战双方在政治宣传中都用 dragon 来象征对方

第二次世界大战期间,波兰和美国等国的艺术家在政治海报和漫画中,用 dragon 象征德国法西斯。

图 1 是波兰艺术家为波兰战争救助基金(Polish War Relief)创作的反法西斯海报[3]。海报的标题是 Poland fights Nazi Dragon(波兰勇斗纳粹恶魔)。海报中 dragon 的身上缀有法西斯的符号,象征德国法西斯。美国的漫画家也把德国法西斯描绘成 dragon[4][5]。

图1

与此同时,在德国法西斯眼里,反法西斯势力也是恶魔 dragon⑥。图 2 中的 dragon 有三个头,分别戴着不同式样的帽子,代表德国法西斯的不同敌人。头戴五角星的可能代表苏联,脖子上有六角大卫星的显然代表犹太人。Dragon 身上的文字和符号:KPD 是德国共产党的缩写,SPD 是德国社会民主党的缩写,RF 未知,六角大卫星代表犹太人。

图 2

值得注意的是,在纳粹军人身后站着古代武士的身影,后者的左手搭在纳粹军人肩上,右手拿着宝剑直刺 dragon。武士头部后面的光环,表示他是一位圣人,胸前的十字架则表示他代表着基督教。这张海报显然是想说明:德国法西斯势力和其敌人的斗争完全是正义的,并得到了上帝的支持。这和 dragon 在西方神话和基督教中代表恶魔、上帝最终要战胜 dragon 等观念是完全一致的。

敌对双方都把对方视为 dragon,说明虽然意识形态、政治立场和民族利益截然不同,但并不妨碍西方人都把 dragon 视为恶魔。

除了用 dragon 象征德国法西斯,美国艺术家还把日本军国主义比喻成 dragon。在一张政治漫画中,作者把日本列岛的形状修改为一头 dragon 的形状(图 3)⑦,以此表明日本是一个恶魔。

图 3

2. dragon 被用来象征其它令人不愉快的事物

在西方媒介的政治漫画中,dragon 还被用来象征黑社会势力、财政赤字、政治麻烦、火灾等等。

图 4 中喷着火的 Dragon 被用来代表菲律宾的非法赌博集团"花档"(Jueteng)。它手里的钱袋上写着"贪污"(Corruption)。左下角三人前的文字是"政府"(Government)。他们三人分别做着"不说"、"不听"、"不看"的姿势。意思是政府对官员勾结花档贪污腐败视而不见,包庇纵容[⑧]。

图 4

图 5 的标题是:Congress Slays Tail Of Deficit Dragon[⑨]（众议院砍掉赤字巨兽的尾巴)。图中武士的盾牌上写着"众议院",为首者拿着"预算"旗帜,庞大的 dragon 身上写着"赤字",只被砍掉了很小一截尾巴,上面写着:"削减。"漫画在讽刺众议院虚张声势,费了很大的力气,却仍然不能消灭庞大的赤字,只能减少一点点,做做样子。

图 6 的标题:Hawaii Governor Ben Cayetano faces four unions at once![⑩]（夏威夷州长 Ben Cayetano 同时面对四个工会!)图中美国夏威夷州的州长穿戴着古代武士的装束,面对有四个头的喷火 dragon

图 6

图 6

束手无策。Dragon 的身上写着"工会开支增加"。Dragon 的四个头颈上分别写着夏威夷州四个工会名称的缩写。

图 7 中的 dragon 代表火灾,武士象征消防队员。这个消防队员说:"训练?！为什么要训练?！我一年只需要和一头 dragon 战斗啊！"意思是因为火灾的频度低,所以他不重视平时的消防训练,结果火灾来了,他措手不及。[11]

图 7

3. 西方媒介把 dragon 和恶魔型人物联系在一起

伊拉克前总统萨达姆的长子乌代以凶暴出名。西方人在介绍他时居然牵强附会地与他出生于中国的龙年(1964 年)联系在一起[12]:Uday was born in 1964, the Year of the Dragon in the Chinese zodiac, which means he ought to be "energetic, excitable, short-tempered, eccentric and stubborn." Add sadistic, mysogenistic, ultraviolent and totally deranged to that list, and you've just about got it. Uday, and his brother, Qusay, were killed in a firefight in Northern Iraq on 22 July 2003. (乌代出生于 1964 年——中国的龙年,这意味着他应该是"精力充沛的、敏感的、急性子、行为古怪的、固执的"。……)

新闻媒介报道美国军队炸死基地组织首领 Zarqawi 的新闻的标题是:"Death of Zarqawi: George gets his dragon"[13](扎卡维之死:乔治逮到了他的恶魔)。这里的 George 是指美国总统乔治·布什。这里用 George 而不用 Bush,是为了借用一个西方神话的典故来表明美国打击基地组织的战争是正义的。在西方神话中,有一位被称为 St. George(圣乔治)的英雄杀死了一头恶魔 dragon,拯救了一个村庄的百姓。

4. 西方儿童从小受到教育: dragon 是恶魔

在西方神话中,杀死 dragon 是武士的最高成就。"Everyone has a dragon to slay"(每个人都有一头 dragon 等着他去杀死),是西方父母激励孩子克服困难时说的话。一个帮助残疾儿童恢复健康的网站就取名为"Dragon Slayers"(屠"龙"勇士,www.dragon-slayers.org)。

Dragon Lady 在英语中的含义是"恶毒的妇人"。图 8 是"Revenge of The Dragon Lady"一书的封面[14](书名可以中译为"魔鬼老太的复仇")。戴着珠宝、抹着口红的 Dragon 显然代表着"Dragon Lady"。在她的追逐下,孩

图 8

子惊恐万分,拼命奔逃。

需要说明的是:在很多儿童读物或影视作品中,dragon 被描绘成可爱的正面形象。但是即便如此,我们仍然不应该把龙翻译为 dragon。就好像人们不可能因为米老鼠的可爱而彻底改变对老鼠的印象。更何况在这些作品中,dragon 的外形和龙仍然有着巨大的差异。

5. 西方媒介仍然把 dragon 和龙混为一谈

很多中国人认为西方人对中国的龙和西方的 dragon 之间的差异是了解的,因此没有必要重新翻译龙。但事实证明这种观点过于乐观了。2007 年 1 月中国宣布用导弹摧毁了一颗报废卫星之后,西方媒介表现这一事件的政治漫画仍然用 dragon——身躯庞大、口吐烈火——来象征中国[15](图9)。显然,漫画作者和媒介编辑仍然把 dragon 当作龙。指望外国人有耐心、有胃口仔细区分龙(Chinese Dragon)和 dragon 之间的区别,显然是不现实的。

图 9

图中 dragon 身上的文字是:中国反卫星导弹试验。象征美国的山姆大叔想的是:"休斯敦(美国航天中心),我们有麻烦了……"

龙 Loong 网收集了很多关于 dragon 和西方媒介误解龙的资料,可以参考。[16]

二、不应该再把"龙"翻译为 dragon

孔子曰:"名不正则言不顺。"中国要赢得世界各国人民的理解和热爱,就应该抹去 dragon 这个恶名,重新翻译龙。就好像一个名叫"钱光光"的人要开公司,首先应该改掉自己的名字,否则不会有人愿和他谈生意。

1. 龙被翻译成 dragon 的可能原因

把龙和 dragon 互译,目前最早可以溯源到十五世纪由罗明坚与利玛窦于 1583 – 1588 年间编纂的《葡汉词典》[17]。外国人把"龙"翻译成"Dragon",可能是因为两者之间在外形上有相似之处,其次是中国的庞大和强大,再次是中国皇帝自称"龙",而中国皇帝又和 dragon 很相似,威严而凶残——一字写得不妥就要灭九族,恐怕在世界上是独一无二的。其中原因之三应该是最主要的:当时的"龙"和 dragon 之间存在内在的相似之处。

2. 龙已经回到人民手里

不少中国学者认为龙代表中国皇帝,龙和 dragon 在本质上是一样的:凶残、暴虐,因此没有必要重新翻译,甚至建议中国人彻底抛弃龙[18][19]。

这些观点显然是错误的。很多中国企业的名称或产品商标中包含"龙"字,难道这些企业和产品都和皇室有关?很多父母为孩子取的名字里有"龙"字,几乎每个家长都在"望子成龙",难道他们都在希望自己的孩子成为皇帝?显然不是。现在,龙已经回到了人民手里,除了在涉及历史时,龙已经和皇帝无关,不再代表皇权。龙现在主要是吉祥和力量的象征,是中国的象征,是连结海内外华人心灵的精神纽带。因此继续把龙翻译为 dragon 是不合适的。

3. 把龙翻译为 dragon 影响了对中国文学作品的翻译

有人把诗句"水不在深,有龙则灵"翻译成:a harborage for dragons (aka loong) deepens the water.[20] 翻译者为"龙"提供了两个方案:dragon 和 loong。另一个人评论道:"龙必定不是 dragon 了,而是 Loong。"

为什么这里不能把"龙"翻译为 dragon 呢? 道理很简单:dragon 是一种身躯庞大、形象丑陋的喷火兽,需要用巨大的蝙蝠式翅膀用力扇动空气而飞行,一般都住在山洞里,它不仅不能住在水里,也和"灵"这种感觉毫无联系。如果把"水不在深,有龙则灵"中的"龙"翻译为 dragon,西方读者显然无法理解中文诗句原来的韵味。龙在中国文化中有着重要的地位,只有正确地翻译了中国的龙,才能很好地翻译和传播中国的文化。中国作家长期和诺贝尔文学奖无缘,很多人士认为问题在于翻译。从上述例子可见一斑。

中国龙的生存和飞翔不需要依赖自然界的空气,可以住在任何地方。"龙宫"是建造在大海深处的,如果把"龙宫"翻译成"Dragon Palace",那么"龙宫"本来的意境和背后的典故就全部没有了。所以"龙宫"应该翻译成"Loong Palace"。"龙潭"则应该翻译成"Loong Pool"。中国很多景区里瀑布重重,涛声震天,水雾弥漫,但景点的介绍牌上往往都有 dragon 的字眼,熟悉 dragon 喷火习性的外国游客一定会觉得非常滑稽。

4. 龙和 dragon"水火不相容"

中国企业喜欢在名称和商标里用个"龙"字,原因之一是龙主水,而水意味着"财"。

但如果在翻译企业名称或商标时,把这个"龙"翻译成"dragon",那就南辕北辙了。所以,为了保留原来的意义,这里的"龙"也不应该翻译为 dragon。有些企业家为企业取名使用"龙"字,是因为算命先生根据他的生辰八字说他命里缺水,于是需要增加"水",例如在办公室里放个大鱼缸、企业或商标名称中含有"龙"字等等。但如果在把企业名或商标名翻译成英文时,使用 dragon,那么不仅不能补水,反而要更缺水了。因为 dragon 是喷火恶兽。虽然这是"迷信",但毕竟也是中国文化的一部分。

上述例子说明:存在本质差异的事物应该用独立的词汇进行翻译和表述。单纯地加个地域名称做定语(例如 Chinese Dragon)并不能解决翻译背后的文化问题。

三、"龙"的新英译和 dragon 的新汉译

在翻译时,如果目标语言所属的文化中没有完全对应的事物,采取音译是最合适的做法。大多数人主张采取音译的方法作为龙的新英译和 dragon 的新汉译。

1. 对"龙"的几种英译方案的分析

(1) Loong

Loong 方案具有较好的使用基础。早在 1940 年代,中国生产的"龙凤牌香烟"英文名称就是 Loong Voong Cigarette[21]。很多海外华人姓名中的"龙"字也是音译为"Loong"的,例如著名武术家李小龙(Lee Siu Loong,他的另一个英文名字是 Bruce Lee);新加坡总理李显龙(Lee Hsien Loong)等等。在澳大利亚等地,中国人舞龙灯时所使用的龙灯(长的龙形道具)也被称为 loong[22]。国外一些网上商店把龙形玩具称为 loong[23]。

曾有研究者指出:英文可能最初也是一种象形文字[24][25],例如:eye(眼睛),bed(床)。Loong 的两个"o"字母,就像龙的两只大眼睛(人们往往把 look 中的两个 o 字母解释为两只眼睛);Loong 在文字结构上又和"long"相近,给人"长"的感觉(很多西方人的确有意把"long long ago"写成"loong loong ago"),因此 loong 还具有象形文字的特点,和中文汉字有暗合之妙。

英文辞典中现在没有 loong 这个单词,因此把龙翻译成 loong,不会引发歧义。

Loong 方案的很多支持者已经付诸实际行动,例如使用 loong 作为自己在网络上的名字;创造新词组;重新翻译景点名称;注册包含 loong 的域名;为企业或产品取名时用 loong 代替 dragon。2006 年 11 月,中国第一块具有完全自主知识产权的电脑 CPU 芯片"龙芯"的英文名由 Godson 改为 Loongson,这是中国官方机构第一次公开把龙翻译为 loong[26]。

龙有了自己独立的英文名之后,表述时方便多了。中国网的英语记者在报道 2006 年底关于龙的争论时,文章标题是 "To Slay the Dragon, But Not for Loong"[27](杀死 dragon,但别杀死龙)。如果仍然把龙翻译为 dragon,这句话就只能写成:"To Slay the Dragon, But Not for Chinese Dragon",就会显得很奇怪。

一些反对重新翻译龙的人认为:dragon 是凶猛的,而威严、勇猛正是龙的特征之一。这种观点没有错,但是 dragon 在凶猛的同时也是凶残、凶恶、凶暴的,而龙不应该具有这些特征。另一方面,龙翻译为 loong,那么 loong 就具有了和龙一样的特征。Loong 也完全可以是威严的、勇猛的。

Loong 方案的缺点是字形和发音相近的几个单词的含义都不理想:loo 来自法语"水"(l'eau),英国人把厕所雅称为 loo。Loon 在英语里的意思是"懒人、笨蛋",loony 的意思是"发狂的、疯子"。汉字里也有类似的情况,例如"屋"这个字拆开来看是"尸"、"至"。但没有人认为"屋"是个不吉祥的字。人们也不会把"家"字理解成"这家人全是猪(豕)"、"这户人家屋顶下住的生物都是猪",而会自觉地理解为"屋顶下有一头猪"、"这户人家养着一头猪",虽然现在连养猪专业户都不会把猪养在家里了。

(2) Liong

这一建议[28]的依据是:1,Liong 是龙的古音,现在中国一些地区的人以及韩国人仍然把龙读作 liong;2,Lion 在英文中意为"狮子",也是力量和尊贵的象征。这一方案的缺点是没有应用基础,读音也和普通话的龙发音不同。

(3) Long

Long 是汉字"龙"的拼音字母,一些学者主张把龙翻译为 long。但是,long 在英文中是一个使用非常普遍的常用词,把龙翻译成 long 会造成意义上的混乱。下面这篇英语短文充分表明了把龙翻译为 long 会造成很大的理解困难(括号中是中文译文):

It's a long story about long(这是一个关于龙的漫长故事)

Long long ago, there is a long; the long has a long body, long whiskers and long tail. The long lives beside a long river, It sleeps for long time everyday,…(很久很久以前,有一条龙。这条龙有着长长的身体,长长的胡须和长长的尾巴。这条龙住在一条很长的河边上,它每天要睡很长时间,……)

另一方面,long 的英文发音和龙完全两样,相当于中文的"狼",并非真正的音译。

第三,龙是全世界华人共同的精神财富,在确定它的外文名时,不能只考虑中国大陆地区的规定和习惯。如果大陆把龙音译为 long,而台湾地区把龙音译为 lung("龙"的威妥玛拼音法。大陆已经废弃该拼音法),那么台湾海峡两岸将有两条不同的"龙",显然这是不利于中国统一事业的。台北的蒙天祥先生在 2004 年就撰文提出应该把"龙"翻译成"Loong"[29],说明 loong 是台湾地区的人也能够接受的方案。

(4) Lung

Lung 是龙的威妥玛拼音。中国大陆已经取消了该拼音法。另一方面，lung 在英语中意思是"肺"，也是一个常用词，把龙翻译成 lung 也会造成意义的混乱。例如：Why lung has no lung? Because it is Lung! 这句话本来的意思是"为什么龙没有肺？因为它是龙！"但是会被误读为"为什么肺没有肺？因为它是肺！"

2. Dragon 的几种新汉译

重新翻译龙的同时，也应该改变 dragon 的汉译。日文把 dragon 音译为ドラゴン（发音近似为"多拉贡"），我们可以借鉴，把 dragon 音译为"杜拉根"、"劫更"[30]等。

在1986年出版的中文版《简明不列颠百科全书》第五卷中，有两个"龙"条目。第一个是"龙 dragon"；第二个是"龙 long (dragon)"[31]。前者的内容实际上是在说 dragon，即一种邪恶的喷火有翼巨兽，后者说的才是我们中国人熟悉的龙。虽然龙和 dragon 这两种截然不同的事物被分开在两个条目中，但因为龙被翻译成 dragon，而 dragon 被翻译成龙，两者之间仍然没有彻底划清界限。如果重新翻译龙和 dragon，就非常清楚了，两个对应条目应该分别是："杜拉根 dragon"，"龙 loong"。

四、几个具体的问题

1. Loong 的英语解释

虽然辞典里现在还没有 loong，但它已经不能算是一个新造单词了。从龙凤（Loong Voong）香烟算起，它至少已经有了六十余年的历史。因此，英汉词典完全可以把 loong 收入进去。Qigong（气功）的拼写方法和英语的拼写规范、发音规则都相去甚远，但已经于最近被收入了英语的权威词典《韦氏大词典》[32]。以下是笔者参考众多资料后撰写的 Loong 这个新英文单词的解释，以作引玉之砖：

Loong [lu:ŋ]

The word loong was created on the base of the pronunciation of its counterpart character in Chinese at least 60 years ago. (Loong 这个单词是根据它在中文里的对应汉字"龙"的发音创造出来的，时间至少是六十年前。)

Loong is a mythological creature, with the head of a camel or horse or snake, the horns of a deer, the eyes of a rabbit, the ears of a cow, the neck and body of a snake, the belly of a kind of huge clam, the scales of a carp, the claws of a hawk, the palm of a tiger, and with whiskers and a beard. (龙是一种想象出来的生物，头部似骆驼或马或蛇，角似鹿，眼似兔子，耳似牛，脖子和身体似蛇，腹似蜃，鳞似鲤鱼，爪似鹰，掌似虎，还有着胡须和腮须。)

Loong has not wings. But Ying Loong has wings. Loong will become Ying Loong after a one – thousand – year's self – tempering.（龙没有翅膀。但是应龙有翅膀。龙经过一千年的修炼可以变成应龙。）

Loong is generally regarded as benevolent, powerful, worshipful and lucky. It is thought the source of wind and rain.（龙一般被认为是瑞兽,拥有巨大的力量,尊贵,吉祥。龙被认为是风和雨的制造者。）

The earliest artwork of loong ever discovered was built in China about 6,000 years ago. It is a sculpture of loong made by heaping shells of clam.（迄今为止所发现的龙的艺术品中,最早的是六千年前在中国建造的一座用蚌壳堆造而成的堆塑。）

Loong used to be the symbol of Chinese emperors. Now it stands for luck, happiness and power by ordinary Chinese people.（龙曾经被中国皇帝用作自己的象征。现在它被普通中国人作为吉祥、幸福和力量的象征。）

It is wrong to translate loong as dragon in English. In fact, loong is so different in nature from dragons that it may be more reasonable to consider them as dissimilar creatures, rather than as the same creature interpreted differently.（把龙翻译为 dragon 是错误的。实际上,龙和 dragon 在性质上的差异非常大,把它们理解成不同的生物,更加合理。它们不是相同的生物的两种不同解释。）

Loong is a part of the Chinese culture. It is the symbol of the Chinese nation. Loong is a spiritual tie linking the Chinese people all over the world. Chinese people are proud to call themselves "the offspring of the Loong".（龙是中国文化的一部分。它是中国的象征。龙是连接全世界华人的精神纽带。中国人自豪地称自己是"龙的传人"。）

The famous Chinese Kung Fu star Bruce Lee's Chinese name is Lee Sui Loong, written in English. "Siu Loong" is the pronunciation of "a little loong" in Chinese, and means a strong and smart boy.（著名的华裔功夫明星李小龙的名字翻译成英文时,其中的"龙"字被写为 Loong。"小龙"的意思是"健壮机灵的孩子"。）

2. 翻译经济学

随着中国经济的发展,中国文化也在走向世界,大量中国特有的事物都存在如何进行翻译的问题。笔者认为意译和音译可以同时并举,具体是意译还是音译,取决于含义是否准确、能否避免歧义、使用和记忆是否方便,即翻译也要考虑其"经济性"或"性能/代价比"[33]。

例如 laser 最初被音译为"莱塞",但后来被"激光"取而代之。因为同样使用两个汉字,后者还能够表达 laser 的内涵(受激辐射发光),即在"代价"(字数)一样的情况下,"性能"(承载的含义)比较多,因而"激光"的"性价比"比"莱塞"高。

把 pizza 翻译成"意大利馅饼"虽然能够说明事物的内涵,但是字数太多,所以最终被音译"批萨"所取代。虽然第一次遇到"批萨"这个词的时候需要学习一次,但以后在使用时每次可以少说或少写三个汉字,在总体上仍然是"合算"的。这些规律都有助于我们在把中文词汇翻译成外语时选择最合适的译法。

3. "中国事物配图网上辞海"

我们还可以建设一部取辞从宽的网上辞典,把不稳定的、尚未被广泛使用的、尚未被学术界和官方正式认可的单词(例如 Loong)、或只有极少数人在倡议使用的单词(例如 Liong)都收进去。这对于中外交流,是非常有价值的。这种词典和传统词典的不同在于:它体现的不是权威性,它不是在单词成熟以后再收入,即它不是"事后型"的,而是体现了方便性,是在单词刚出现时,就收入了,是"进行式"的。

传统的印刷式纸质词典是无法这样做的。因为从宽取词的话,词汇量是惊人的。这样一本词典将非常厚重,有很多词被查阅的可能性非常小,因此很不经济。但是网络版就没有这个问题了。服务器(网站内容所在的电脑)的容量几乎就是无限的。再多的词也能够容纳,而且使用仍然很方便。配合搜索引擎,就更方便了。

有了这样一部"网上辞海",外国人在遇到这些陌生的词汇时就能够在网上方便地了解其含义了,这不仅有助于外国人了解中国,也有助于在使用中选择最合适的翻译方案。

结 束 语

为了实现中国"和平崛起"的目标,树立正面的中国国家形象、向世界传播中国文化,是非常重要的。这些工作的意义绝不亚于建设中国的经济和国防。为了使外国民众能够正确认识和理解中国文化,首先要正确翻译中国文化中的大量概念。这要求我们自己能够正确理解中国文化,对祖国的文化财富树立正确的心态,既不能自我陶醉、夜郎自大,也不能妄自菲薄、随意贬低。这是一项综合工程,不仅仅是外语专业学者的事情。

---

① 雷默:淡色中国,《中国形象——外国学者眼里的中国》,社会科学文献出版社,2006 年 12 月第一版,p25。

② 黄佶:关于"龙"的英译名修改问题,《社会科学》,2006 年 11 月号,总第 315 期,p161—169。

③ http://www.loc.gov/rr/print/swann/szyk/images/02752ju.jpg.

④ http://orpheus.ucsd.edu/speccoll/dspolitic/pm/10602cs.jpg.

⑤ http://orpheus.ucsd.edu/speccoll/dspolitic/pm/10813cs.jpg.
⑥ http://www.loong.cn/faxis_2.htm.
⑦ http://www.m-creates.co.jp/ryukoku/history.html.
⑧ http://www.inq7.net/opi/2004/jul/19/opi_editorial-1.htm.
⑨ http://www.sitnews.us/Cartoonists/050405/cartoons.html.
⑩ http://www.pritchettcartoons.com/dragon.htm.
⑪ http://cms.firehouse.com/content/article/article.jsp?id=47534&sectionId=54.
⑫ http://www.rotten.com/library/bio/black-sheep/uday-hussein/.
⑬ http://www.atimes.com/atimes/Middle_East/HF09Ak03.html.
⑭ http://www.amazon.com/gp/reader/0448431092.
⑮ http://www.cww2.net/bbs/read.php?tid-126442.html.
⑯ http://www.loong.cn/cartoon.htm.
⑰ 罗明坚、利玛窦《葡汉辞典》,魏若望序,里斯本,2001年,第85页(摘自Daxiyang文:"Drakōn"最早汉译小考,http://www.loong.cn/xiaokao.htm)。
⑱ 朱鸿:龙与皇帝之融合或一个幽灵的游荡,2007年1月27日。http://blog.sina.com.cn/u/4b08f1ba010006ah。
⑲ 上外教授力挺弃龙论,称龙是帝王属性。http://news.sina.com.cn/c/2006—12—14/082311786764.shtml。
⑳ http://www.proz.com/post/358487?print=1.
㉑ 资料来源:全国文化信息资源共享工程 http://www.ndcnc.gov.cn/datalib/2002/SmokeMark/DL/DL—164310。
㉒ http://203.219.57.198/dragons.html.
㉓ http://www.bbtoystore.com/ty-beanie-yugioh-BB_loong.html.
㉔ 袁立:English 说文解字,北京,中国世界语出版社,2000年。
㉕ 张用生:英文是象形文字的探索&英语单词的记忆 http://www.bigear.cn/Newshtml/Memory/index.htm。
㉖ 新浪新闻:龙芯处理器英文品牌定名 Loongson,2006年11月20日,http://tech.sina.com.cn/it/2006—11—20/00141245061.shtml。
㉗ Wind Gu: To Slay the Dragon, But Not for Loong, www.china.org.cn, December 15, 2006. http://www.china.org.cn/english/culture/192617.htm.
㉘ http://www.loong.cn/liong_index.htm.
㉙ 蒙天祥:为"龙"正视听是我们的责任,《广西文献》(台北市广西同乡会编辑出版),2004年1月10日出版。
㉚ 庞进:呼吁:中国龙凤不是外国龙凤,应译为 Loong Feng,新浪文化,2006年3月15日,http://cul.sina.com.cn/o/2006—03—15/1049155356.html。
㉛ 简明不列颠百科全书(第五卷),中国大百科全书出版社,1995年第二版。
㉜ http://www.m-w.com/dictionary/qigong.
㉝ 黄佶:翻译经济学及龙的英文翻译 http://www.loong.cn/jingjixue.htm。

从"百家讲坛"的走红看传统文化的当代传播策略

张 澎

【内容提要】传统文化要借助于大众传播媒介进行传播,首先要遵循的就是大众传播的基本原则。如何在更大层面上满足普通大众对传统文化知识的好奇向往,满足他们的审美欲求和娱乐消遣要求,是当今传统文化传播者要面对解决的重要课题。这就必须在学术与大众之间找准定位,在高雅与通俗之间获取平衡。以电视讲坛形式出现的"百家讲坛"的走红,为我们提供了在当代利用电视这一大众传播媒介传播传统文化的成功范例。雅俗兼具的传播内容,通俗谐趣的传播形式,以及多种媒体联动追求传统文化最好的传播效果的努力,为研究传统文化在当代的传播策略作了有益的探索。本文试图通过对"百家讲坛"走红现象的分析,引发出对现代社会中传统文化传播策略的思考探讨。

【关键词】传统文化 大众传播媒介 百家讲坛

【作者简介】张澎,华东师范大学传播学院传播学系副教授

  盘点近两年的文化现象,"百家讲坛"是个值得关注的话题,谁也不曾想到,一档学术味和文化味很浓的电视"讲坛"栏目会突然火爆起来,从阎崇年主讲《清十二帝疑案》到刘心武"揭密《红楼梦》",再到易中天"品三国",高潮连连,带动了影视媒体和图书市场的持续火爆。在2006年"十一"长假期间,北京师范大学教授于丹在"百家讲坛"连续七天解读《论语》心得,好评如潮。中华书局出版的图书《于丹〈论语〉心得》首印60万册,在短短十天中首印全部卖出,加印20万册,订货10万册,总计销量达90万册,大大超过了之前易中天《品三国》的55万册单行本最高起印纪录。2007年3月3日于丹的新作《于丹〈庄子〉心得》出版,在北京单日签售12600册,再创国内作者单日签售的最高纪录。电视媒体的造势功能和图书出版业的畅销书效应把"百家讲坛"和易中天、于丹等学术文化"明星"以及他们的"天量"畅销读物连接成热闹的文化景象。

  面对这一波来势强劲的文化热潮,有人欢呼有人质疑,但不可否认的一点是,中国传统文化的生命力和吸引力并没有衰退,借助于现代化的大众传播媒介平台,传统文化正以一种新鲜的、平易的面貌出现在当下人们的视野中,客观上引发了整个社会对中国传统文化的关注。"百家讲坛"走红现象并非偶然,它在一定程度上契合了当下大众传

播受众的接受心理,也符合文化传播的特点规律。这一栏目的走红现象,可以引发出我们对现代社会中传统文化的传播策略的思考探讨。

雅俗兼具:传统文化的现代传播要素

"媒介即讯息"是加拿大历史学家及文学批评家马歇尔·麦克卢汉提出的传播学著名命题:"任何媒介(即人的延伸)对个人和社会的任何影响,都是由于新的尺度产生的;我们的任何一种延伸(或曰任何一种新技术),都要在我们的事务中引进一种新的尺度。"①他认为:"一切传播媒介都在彻底地改造我们,它们对私人生活、政治、经济、美学、心理、道德、伦理和社会各方面影响是如此普遍深入,以至我们的一切都与之接触,受其影响,为其改变。媒介即讯息。"②强调了不是媒介的具体内容而是媒介本身的性质对社会文化产生着极其重要的作用,并进而影响着我们的生活。从19世纪的电报、电话、电影到20世纪的广播、电视、卫星通讯、电脑网络,大众传播媒介在不知不觉中成为我们生活的一部分,无形中改变着社会的文化形态。

传统文化要借助于大众传播媒介进行传播,首先要遵循的就是大众传播的基本原则,"传播是个分享信息符号的过程,在这个过程中,传者和受者双方共享那些代表信息和导致一种彼此的了解会聚到一起的符号。传播过程中,传受双方行为具有内在联系。传者的讯息传递和受者的讯息接受相互依存,形成互动。传者只有提供那些符合受众实际需要或趣味的信息才会被受众接受,取得好的传播效果。"③大众传播媒介的受众定位是各阶层的大众,"大众定位"必然对传播内容产生很重要的制约作用,大众传播中的受众,数量巨大,广布社会各阶层,具有广泛性和多样性,千差万别,对传统文化的理解和需求各有不同。另一方面,媒介的特性也在很大程度上决定了传播的内容。电视传播作为最常见的大众传播媒介,其媒介特性决定了它比较适合传播简单的、容易理解的、常识性的内容,而不是经典中复杂精妙、深奥理性的方面。如何在更大层面上满足普通大众对传统文化知识的好奇向往,满足他们的审美欲求和娱乐消遣要求,是当今传统文化传播者要面对和解决的重要课题。

2001年7月9日,一档汇集专家、学者讲演的"百家讲坛"在央视10套正式开播。作为一档"以中国传统历史文化为内容定位,让那些没法在大学课堂听课的观众得到知识的享受"的知识性讲座节目,"百家讲坛"从开播之日起就面临着如何解决包括传统文化在内的专业知识的讲授和受众接受之间的问题。在节目创办之初,讲坛曾试图以精英文化的姿态出现,坚持高雅的学术品位,走"阳春白雪"道路,结果未能获得广大观众的认同,没有产生预期的传播效果,收视率一度处于央视末位淘汰的边缘。在对栏目的不断研究探索中,编创者们意识到知识性节目的特色之一就是它的贴近性和实用性,这是由其内容与受众的密切关系所决定的。节目内容只有贴近大众、贴近生活、贴近实际,才能达到良好的传播效果。中华文化宝库博大精深,有取之不尽的精神养分,但时间的阻隔,使经典变得佶屈聱牙,拒大众于千里之外,可敬而不可近……作为传统文化的传播者,电视讲座的主讲人虽以专家的面目出现在受众面前,但必须在学术与大众之间找准定位,在高雅与通俗之间获取平衡。"平面化,是电视信息的基本特征。观众们把请进电视的教授们视为一种无所不知的权威,人们期望没有什么知识复杂到无法解释给普通人听。这样,权威们只有当他显示出拥有'普通'知识时,才能得到完全的尊重。"④易中天说:"学术与传媒也需要对接。学术,天下之公器也,本来是属于人民大众的,不是少数人的专利。大众传媒传播信息最直接、最迅速,覆盖面最广,学术思想可以也完全应该通过大众传媒来传播。"⑤

2006年"十一"长假期间,北京师范大学教授于丹在"百家讲坛"连续七天解读《论语》心得,一炮而红,引起观众强烈反响,引发了新一轮的"百家讲坛"热。于丹的成功,在很大程度上可以归结为她对于传统文化传播中雅俗兼具的现代传播要素的把握。

孔子的《论语》本是孔子的弟子对孔子言行的记录,是儒家最经典的著作,其中不少是孔子在对学生进行教导交流过程中对人生的思考和体悟,是为人处世经验的总结。两千多年来各个时代各个学派研究孔子和儒家学说的著作可谓汗牛充栋,要借助电视讲坛的媒介对这样一部经典进行解说,并非易事。首先,要在专业研究和大众解说之间找准定位。于丹认为"百家讲坛"不同于大学课堂,"大学是一种学理的讲法,讲究严谨的考据,学术的系统,思想的深远"。"我在'百家讲坛'是另外一种讲法,它是传播的讲法,感悟的讲法,心得的讲法。'百家讲坛'对于所有的讲者有一个要求,你要让15岁的中学生愿意听,而且还要听得有兴趣,这个要求是符合大众传媒的定位的。在'百家讲坛'讲《论语》从一开始就不追求学问上的深刻,而是一种放散性的,关乎人们生活自身的讲法。""做《论语》的考据,我没有资格和水平。我做的不是学术的解读,而是大众传播。""从一开始,我就不在大众传播的平台上追求学术的水平。我们在不同的平台上有不同的考量标准,如果在大学讲坛上我这样讲,那我是渎职的,我是对专业的学生不负责任。但是如果在电视上以一个大学讲堂上的严谨,讲求考据的话,我也是对大众的不负责任。"⑥

其次,要找准古今转换的契机通道,古为今用。中国传统文化一方面有强烈的历史性、遗传性,另一方面又具有现实性、变异性。一部中国文化史,就是一部中国文化不断扬弃、更新和再生的历史。中国传统文化历史悠久、绵延不绝而又不断推陈出新。传统文化并非静止不变,它既具有流动性,但同时又有恒常性的一面,它的合理内核不会随着时代的变迁而消解,而是随着历史的发展被融入到现代的文化生活中,不断自我更新,生生不息。"传统文化的生命力不是取决于该传统曾经拥有怎样辉煌的历史和迷人的魅力,而是取决于它所含有的意义和价值怎样帮助人们应付了当时的环境(物质生活环境和精神生活环境)。"⑦《论语》的政治学术内涵是历代的学者讲解的重点,有"半部《论语》治天下"之说。于丹的"《论语》心得"则另辟蹊径,以"修自身"作为解读《论语》的关键词,"要把《论语》当做一种生活方式,而不是学术内容",从《天地人之道》、《心灵之道》、《处世之道》,到《君子之道》、《交友之道》、《理想之道》和《人生之道》,是实实在在的人生哲理、处世之道,与人们的生活息息相关。丁月意在用这部经典来给今人、尤其是工作压力巨大的年轻人做一番"心理按摩",让他们在传统文化中寻找"心灵鸡汤",抚慰在现代生活中烦躁枯槁的心灵。"每个人在现实生活中都会遭遇到的各种困境和问题,把它说出来,在《论语》中找到一种朴素的化解方式,让人们的生活更自信,提升大家的幸福感,这就是我讲《〈论语〉心得》的目的。"⑧正是"《论语》心得"中这种似乎"非专业化"的、更加偏向于"心理医生"式的讲解,将孔夫子和当代人的生存际遇相衔接,完成了经典作品的当代解读,并引发社会的强烈关注和收视阅读的热潮,也为我们提供了一个传统文化在当代传播的成功范例。

通俗谐趣:传统文化的现代阐释方式

在当今资讯发达、知识爆炸的时代,传统文化要冲破历史的雾障、时间的阻隔,获得自身的传播空间和良好的传播效果,不仅需要在传播内容上下功夫,还要结合大众传播的特点,深入研究分析受众的心理需求,选择适合有效的传播手段。在当今文化传播领域中,电视有其无可争议的优势,吸引着越来越多的观众接受电视文化的消费。丹尼尔·贝尔说:"电视作为世界的窗口,首先起到改革文化的作用。"⑨电视的文化生产与传播创造着与之相适应的社会文化形态,深刻地影响着大众的文化生活。

电视的优势是视听兼备,具有形象感、现场感强,生动、及时,但内容往往比较肤浅,一瞬即逝,观众参与程度较低,不易选择。正如法国社会学家布尔迪厄所说的:"电视并不太有利于思维的表达……它是一种极少有独立自主性的交流工具,电视只赋予一部分快思手(fast-thinkers)以特权,让他们去提供文化快餐,提供预先已形成的思想……"⑩而"印刷品则始终在保存事实、思想和图片方面拥有极大的优越性"。⑪相对于印刷媒介而言,电视在传播学术思想的丰富深邃,表达思维的抽象理性、严谨缜密方面确实是弱项,要突破这一瓶颈,就需要在传播手段上下功夫,用主动有效、生动活泼的传播手段去克服劣势,化劣势为优势,并进而形成自身的传播特色。

2001年开播的"百家讲坛"起初兼顾自然科学、人文科学等各方面知识,收视效果并不理想。而到2006年它已在央视十套位居收视第一。在娱乐化盛行的今天,这个"以中国传统历史文化为内容定位"的节目所取得的成功让很多人欢欣鼓舞,这其中传播手段的运用得当对这一电视讲坛类节目起了至关重要的作用。作为一档以传授知识为主的知识性社教节目,不仅要求节目能准确地传播科学历史文化知识,而且还要注重趣味性,寓教于乐,使受众在吸收知识养分的同时也能愉悦身心。"百家讲坛"在节目形态上并没有很大的突破,它的贡献在于改变了讲座节目的讲述方式,用通俗谐趣、引人入胜的方式来阐释传统文化,有人将其称为"文化评书"、"百家说书道场",正是在某种意义上点出了节目的特点,以及受欢迎的原因。

一、讲述姿态的平民化、趣味化、个性化

"百家讲坛"将自己定位于"一所汇集了名家名师的开放式的大学"。这样一档汇集了名家名师的社教讲坛类节目,其主讲人往往是某学科领域的专家学者,他们在学术界的声望可以赢得受众对他们的仰慕,但也容易使他们与普通受众之间产生疏离感。2004年底,"百家讲坛"栏目曾做过一个受众调查,发现其收视群体主要集中在拥有初、高中学历的成年人。这部分受众没有受过高等教育,知识结构不完善,但他们有很强烈的求知欲望,渴望获得各个领域的知识。针对这样的受众群体,经过几次改版后,"百家讲坛"对专家学者的讲授作了不少"软性"处理,在知识性、欣赏性和趣味性的有机结合上做了颇为成功的尝试。毛佩琦在"百家讲坛"主讲《明十七帝疑案》,虽是著名的明史专家,但毛佩琦的讲座去掉了专业研究艰涩的外壳,用了一种平易通俗的言说方式展现内容,做到了既尊重历史、逻辑严谨,又生动有趣、深入浅出,播出后深受好评。从阎崇年主讲《清十二帝疑案》到刘心武揭密《红楼梦》,再到易中天"品三国",都延续了这样一种平民化、趣味化的讲述风格。正如易中天自己总结的:"在表述方法上,我对自己的要求是:表情是丰富的,态度是严肃的,也就是外松内紧、亦庄亦谐。我在表述的时候虽然有些无厘头的语言,但建立在尊重历史真实性的前提下,目的是为了使观众更易于理解,更有兴趣。我追求的传播效果就9个字,让观众'喜欢听、听得懂、记得住',这样就有可能实现我所追求的结果——'让历史成为大众的历史'。"[12]正是凭借着通俗浅显、声情并茂、幽默机智的讲述方式,易中天的"品三国"成为"百家讲坛"最受观众欢迎的讲座,他也成为"百家讲坛"最具人气的"明星"专家。

二、叙述方式的戏剧化、故事化、悬念化

经过几次改版后的"百家讲坛"在题材选择上,偏重故事性和趣味性较强的历史文学类选题。这类选题往往有经典的历史文学作品作为铺垫,或者是热门影视剧的素材来源,加上民间广泛流行的故事传说,容易引发热点,便于一般受众喜爱接受。在叙述方式上一反以往学术讲座节目平板直叙的方式,吸收了评书和电视剧的戏剧化的叙事技巧,突出故事和悬念,将历史事件悬念化,将宏大叙事细节化,将历史故事与逻辑归纳推理相联系,用有趣的叙述引导观众去了解未认知的带有几分神秘感的历史奥秘,勾起观众无限的好奇和浓厚的兴趣,从而欲听不止,欲罢不能。阎崇年的《清朝十二帝疑案》之所以成功,很大程度上就在于节目针对近年热播的清宫戏的剧情和人物关系进行释疑,层层设置悬念,又一个个解开,牢牢吸引住观众的眼球。刘心武的《红楼梦》解读,连续十几讲,不断地探秘解密,所有观点都辅之以《红楼梦》中的具体故事情节,仿佛是电视连续剧一般。"百家讲坛"的系列讲座每期节目既独立成篇,又由同一主题互相关联生发,散中有整,同时也借助讲座的连续性形成了稳固的收视群体。

此外,"百家讲坛"还在节目的"可观性"上化功夫,充分体现电视媒介传播的特点,调动利用电视制作手段,依托现代电视技术传播知识。"百家讲坛"在有限的讲座式的既定格局中,通过节目的后期合成制作,大量插入了与讲座内容有关的影视剧片断作为画面资料,补充背景知识,拓展观众的视野。按照讲座的节奏,在各章节间利用画外音和画面不断设置悬念、提出疑问、提领要点。同时还针对讲解的需要灵活运用图片、flash、三维动画、图表等突出重点,以扣人心弦的背景音乐丰富观众的视听感受,使原本单调的讲座变得既好听,也好看,丰富了节目的表现力。

多种媒体联动:传统文化的最佳传播途径

随着信息技术的发展,报刊、出版、广播、电视、电影、电脑网络等文化传播媒介结合成了新的信息传播媒介,为受众提供多媒介的服务。技术的发展和媒介实体的聚合为当代文化的多层面聚合传播提供了坚实的物质基础。多种媒体联动的态势,既是当前大众传播媒介互促共赢的需要,符合媒体市场化运作的规律,也是传统文化获取最大传播效应的上佳途径。

"百家讲坛"在传统文化传播的多种媒体联动,获取最大传播效应方面做了可贵的尝试。首先,在讲座内容的选择安排上紧紧抓住当下社会的文化热点,争取媒体联动,善于借力助势收到事半功倍的传播效果。《雍正王朝》、《康熙微服私访》、《铁齿铜牙纪晓岚》等清宫戏在各大电视台热播之时,2004年5月"百家讲坛"趁势推出了"清十二帝疑案"系列,阎崇年用了37期节目把有关清王朝十二帝的民间猜想和正史考证以及答疑从容不迫地讲述了一遍,妙趣横生,酣畅淋漓,使得"百家讲坛"坐上了央视10套收视率的头把"交椅",最高收视率为0.57%。易中天主讲"汉代风云人物"正好是电视剧《汉武大帝》在各地热播之时,凭借着通俗电视剧的力量,又在一定层面上为电视剧答疑解惑,自然获得了良好的收视回报。

其次,运用跨媒体传播形式,获得更持久深入的传播效应。荧屏热播的"百家讲坛"带动了图书市场,成为了出版社的经济增长点。随着"百家讲坛"刘心武"揭开秦可卿身世之谜"以及他的有关"红楼秦学"讲座的热播,《刘心武揭秘红楼梦》成为了2005年度超级畅销书,为图书出版界投入了一枚重磅炸弹。此后,"百家讲坛"成了出版业的"聚宝盆",系列图书持续畅销,《易中天品读汉代风云人物》、《毛佩琦细解明朝十七帝》、阎崇年《正说清朝十二帝》……都成了各出版社的畅销读物。阎崇年的《清十二帝疑案》销售35万册;易中天《品三国》首印55万册;2006年底《于丹〈论语〉心得》首印60万册,在短短十天中首印全部卖出,加印20万册,订货10万册,总计销量90万册,再次掀起阅读热潮。2007年3月于丹的新作《于丹〈庄子〉心得》出版,首印100万册。……"百家讲坛"的持续热播,也使得大众历史读物成为这两年图书市场的宠儿,当年明月的《明朝那些事》(中国友谊出版社)、樊树志的《国史十六讲》(中华书局)都曾登上各大畅销书排行榜。针对刘心武的"草根红学",一系列以正统"红学"研究面目出现的诸如"名家解读《红楼梦》"系列、"红楼人物百家言"系列(中华书局)、"红楼大家丛书"(团结出版社)纷纷借着"东风"出炉,形成了"红学"出版的高潮。"百家讲坛"的"蝴蝶"效应还使得山西古籍出版社的《中国家庭基本藏书》中的《论语》一册的发行突破10万册。这样的联动,无疑促进了传统文化的持久深度传播。

再次,运用先进的电脑网络媒介,增加讲坛节目的观众互动和社会辐射面。"百家讲坛"在主讲人的选择上,遵循了名家、名人、名流的原则,突出展现主讲人的个人魅力风采和研究成果,在受众中培养稳固忠诚的收视群体。运用网络等现代化媒介渠道与观众联谊互动,让这些在普通大众眼里的学者专家名人不再高高在上、陌生遥远。在"百度贴吧"里有个"易中天吧",易中天的拥趸者们自称"意粉"(易粉)、"乙醚"(易迷),称他是"超级教授"。毛佩琦也有一批"毛线"拥趸,对他推崇备至。尽管这样的"粉丝"群体的出现使学术讲座带上了娱乐化色彩,主讲人也由此被称为"明星学者"、"学术超男"、"学术超女",难免遭人非议,甚至被学界打入另册,但不可否认的是栏目由此获得了更广泛的社会知名度和吸引力,尤其在当下的青少年收视群体中。

中国传统文化是中华民族在长期的历史发展中形成的、具有独特价值的文化形态,它建立在一定的经济基础之上,与人们的生产生活方式、思维习惯等密切相关。中国传统文化所蕴含的价值观念、思维方式、行为准则长久以来一直浸润影响着我们,积淀成中华民族独特的文化心理定势,时刻制约影响着中国人的社会生活。但随着外来流行文化的进逼,往往以精英面目出现的传统文化似乎离人们的生活渐行渐远……以电视讲坛形式出现的"百家讲坛"的走红，为我们提供了在当代利用电视这一大众传播媒介传播传统文化的成功范例，雅俗兼具的传播内容，通俗谐趣的传播形式，以及多种媒体联动追求最好的传播效果的努力，为研究传统文化在当代的传播策略作了有益的探索。

但是也应该看到将大众传播媒介当作传统文化的现代寄生之所，也一定会面临许多问题，需要冷静地思考应对：首先是如何解决学术性与娱乐化的问题。电视本来是最为娱乐化的一种大众媒介，与学术研究的严谨慎密恰成比照。易中天说："通过电视传媒讲述历史文化，不可避免要碰到这样一个问题，那就是学术成果的趣味化，但趣味化不等于娱乐化。要防止娱乐化，我想其中的关键在于目的，正确的目的是为了使文化得到传承、学术得到传播。如果目的只是为了趣味而趣味，就会把幽默变成搞笑或者滑稽。不失信、不失真、不伤害历史是我坚持的原则。"[13]他认为："学者和电视台的对接，做好了是'双赢'，学术扩大了传播范围，电视提高了文化品位；做坏了就是'双输'，学术失去了自身品质，电视失去了广大观众。"[14]在当下"娱乐至上"的媒介环境下，要使传统文化在传播过程中既保持其纯正性经典性，又能与大众的审美需求相一致，确实需要进一步的探索努力。其次，如何维护传统文化传播的科学性，避免个人化解读取代专业化的学术研究。无庸讳言，个人化的解读因其观点的鲜明新颖、匠心独具往往能眩人耳目，给受众带来新鲜感，从而制造热点。"百家讲坛"——"刘心武揭秘《红楼梦》"一出，引起"红学家"们一片哗然，认为他创出的"秦学"纯属旁门左道，但在争议声中，刘心武主讲节目的收视率却节节高升。应该看到传统文化研究需要严谨科学的学理思路，有严格的学术规范，并非个人化的解读所能取代。过于"个人心得式"的解读很有可能造成对原著误读，引导读者进入理解误区。再次，如何应对大众传播媒介所必需的批量生产模式所造成的审美疲劳，形成传统文化的持久良性传播模式。易中天、于丹等学术明星走红速度之快，支持"粉丝"之多，社会影响之大，让人们充分见识了当今大众传播媒介的巨大造势作用。在令人惊讶欣喜之余，也使人担忧如此铺天盖地的媒介造势是否会造成审美疲劳，从而大大缩短传播"寿命"。栏目的相对单一重复的选题又能在多长时间段里吸引住受众。……由此可见，要使传统文化与当代社会的时代文化特点相融合，就要在传统文化传播的开放性、兼容性和多元化上做进一步的探索，"路漫漫其修远兮，吾将上下而求索"，我们有理由期待传统文化在未来将获得更广阔的传播空间。

---

① 马歇尔·麦克卢汉：《理解媒介》，何道宽译，北京商务印书馆 2000 版，P33。

② 马歇尔·麦克卢汉：《媒介即按摩》，李彬《传播学引论》转引，新华出版社 1993 版，P161。

③ 胡正荣：《传播学总论》，北京广播学院出版社 1997 版，P263。

④ 李明伟、陈力丹:《教授走进电视直播间的学理追问》,《当代传播》2004年第二期。
⑤ 蒋升阳、陈杰:《三问易中天:要给大众怎样的学术》,《人民日报》2006—6—26。
⑥ 刘玮:《于丹:在大学这么讲〈论语〉是渎职》,《新京报》2006—11—28。
⑦ 蒋原伦:《传统的界限——符号、话语与传统文化》,北京师范大学出版社1998版,P105。
⑧ 刘玮:《于丹:在大学这么讲〈论语〉是渎职》,《新京报》2006—11—28。
⑨ 丹尼尔·贝尔:《资本主义文化矛盾》,北京三联书店1997版,P115。
⑩ 参见:李明伟、陈力丹《教授走进电视直播间的学理追问》,《当代传播》2004年第二期。
⑪ 威尔伯·施拉姆:《传播学概论》,新华出版社1984版,P128。
⑫ 蒋升阳、陈杰:《三问易中天:要给大众怎样的学术》,《人民日报》2006—6—26。
⑬ 同上。
⑭ 张英:《易中天写历史书:我不是余秋雨》,《南方周末》2005—12—12。

非现实建筑的空间意指
——"超设计"双年展的诗学解读

杨 子

【内容提要】 全球化、现代化成为现时代最重要的特征之一,如何以中国经验来影响全球化,正是中国现代性研究的题中之义。本文在此观照下,假借2006年上海超设计双年展颇具代表性的两个建筑空间为例,通过对展览的诗学的解读和思考,对本土化和现代性及其之间的关系作一次探索和想象。

【关键词】 建筑意　诗学　超设计　现代性　本土化

【作者简介】 杨子,华东师范大学传播学院05级硕士研究生

　　对艺术来说,美的探求是一种决斗,岂能掉以轻心。

　　　　　　　　　　　　　　　　　　　——(法)波德莱尔

　　全球化和现代化在中国都处于现在进行时态中,在全球一体化进程日益加快的背景下,不同文化的接触交流已成为人们普遍关注的焦点。不可否认,在这个充满冲突和碰撞、交往与对话的时代,当全球化成为人们聚焦的关键词时,本土化、现代性及其之间的关系,也成为人们日益关注的问题,其中之一,即是中国在现代化过程中如何开掘和保存传统资源、展现民族文化的独特性问题。

　　毋庸讳言,全球化、现代化对中国和世界的历史进程发生着越来越深刻的影响,成为我们时代最重要的特征之一。如何看待全球化,如何以中国经验来影响全球化,正是中国现代性研究的题中之义。本文在此观照下,假借2006年上海超设计双年展颇具代表性的两个非现实建筑空间为例——苏州灵岩寺大殿等中国古建筑模型和埃尔卡·哈尔索(芬兰)的"自然之馆",通过对双年展的诗学的解读和思考,对本土化和现代性及其之间的关系作一次探索和想象。

一

以"超设计"(Hyper Design)为主题概念,2006年第六届上海双年展①超越设计表象,"针对'设计'这一当代视觉文化和消费产业中极为鲜活的重要元素,探索'设计'现象背后复杂、交错的社会牵连和文化内蕴"②,从而指向一系列生活方式、社会理想和历史计划。

本文对双年展的批评基于一种构成主义表征观,用符号学的观点和语言建构、传达意义的方式来分析展览创造文化表象的方法,通过细审意义被建构和生产的方式关注展览的符号学或诗学,并在此基础上探讨双年展的神话结构的表征,即展览用来取得、保护、展示物品的方式与一种独特的世界观相一致③。在这个意义上,超设计双年展并不只是公开展示物品,更重要的是展示一种观念,因此,与其说是通过展示物品反映世界,不如说是用被展示的物品来调动过去、当前和未来世界的各种表象。

关于诗学/符号学,罗兰·巴特认为,符号是由能指和所指构成,能指的实体始终是物质材料,而所指不是一件物,而是物的一个心理表象。对巴特来说,符号在各系统中运作,这些系统影响着不同级次的意识的产生:直接意指涉及意义的第一个层次,它来自能指和所指间的一种描绘关系,含蓄意指涉及意义的第二个层次,它引导人们注意物品(形象)在一个宽泛、较多联想性的意义水平上被理解的方式④。由此产生物品的"可意象性",即"有形物体中蕴含的,对于任何观察者都很有可能唤起强烈意象的特性。形状、颜色或是布局都有助于创造个性生动、结构鲜明、高度实用的环境意象,这也可以称作'可读性',或是更高意义上的'可见性',物体不只是被看见,而且是清晰、强烈地被感知。"⑤在这个层面上,对诗学/符号学的解读迈向内在意蕴表达的重要一步。

关于建筑的可意象性,1932年,梁思成、林徽音在《平郊建筑杂录》中提出了"建筑意"的概念。他们说,面对古建筑遗物,人们所感受的:

> 这些美的存在,在建筑审美者的眼里,都能引起特异的感觉,在"诗意"和"画意"之外,还使他感到一种"建筑意"的愉快。……无论哪一个古城楼,或一角倾颓的殿基的灵魂里,无形中都在诉说,乃至于歌唱,时间上漫不可信的变迁:由温雅的儿女佳话,到流血成渠的杀戮。他们所给的"意"的确是"诗"与"画"的。但是建筑师要郑重地声明,那里面还有超出这"诗"、"画"以外的"意"的存在⑥。

"建筑意"(Architecturesque)是梁思成仿照英文"Picturesque"(画意)创造出的一个词,在中国建筑界及建筑史上具有非凡的意义。他指出,建筑并不是钢筋水泥砖瓦灰石的堆砌,在物质的基础上,它更多的是采用建筑所特有的艺术语言进行某种精神的表达,如同"诗情画意"般。

梁氏首创的"建筑意"概念颠覆了以往人们对建筑的单一视角,精辟地彰显出建筑的双重性,即除了具有物质性之外,还具有一定分量的精神性,"是一个民族在整个地理、地质、气候、政治、社会、宗教,和一切问题影响下的产品。人类在物质或思想上有任何的变迁,建筑便极忠实地反映出来,所以欧洲的史家称建筑为'历史之镜'。"[⑦]对"建筑意"的阐述,是梁氏夫妇对建筑领域的最重要的贡献之一。建筑不是单纯的工程技术,而是能多方面反映社会面貌的艺术创造。故此,对建筑所蕴涵的"建筑意"的解读,不但可以得知社会生产力水平和技术成就,还可以反映社会的生产关系、政治制度和思想情况。

本文试图从"灵岩寺大殿"等中国古建筑模型和芬兰艺术家埃尔卡·哈尔索的数码照片"自然之馆"所蕴涵的"建筑意",即含蓄意指着手,揭示以"超设计"作为技术手段,展览语境下的诗学呈现与表达。在意指和重构的实践中,进一步解读非现实的建筑空间所指向和生产的一种社会理想。

二

2006年上海双年展围绕"超设计"的主题概念,由3个分主题组成:"设计与想象"、"日常生活实践"与"未来建构历史"。在主展馆——上海美术馆——的进口大厅陈列展出的中国古建筑模型及埃尔卡·哈尔索的数码照片"自然之馆",分属"未来建构历史"主题,前者为基于原型基础上的"微缩"模型,由工匠手工制作,而后者为艺术家的虚拟想象,由高科技数码技术制作。展板对"未来建构历史"主题的导言说明为:

> 这个单元并不是为现在与历史划上一个句号,而是强调对于理想和乌托邦的经验和反思……将当代艺术的实验观念和乌托邦理想结合在一起,探讨历史与未来观念的建构与演变过程……未来充满多种多样的可能性,未来的可能性恰恰是历史的一面镜子,既反照着今天的现实,又建构着未来的历史[⑧]。

两种不同文明,不同样式,不同结构的非现实建筑空间并列展出,进入展览语境,相互对话,为我们提供了意义制造的场所,即一个"表征"的系统。观者在进门的刹那,从强烈的视觉冲击力和震撼力中被引入意指和重构的实践。

将诸物品、文本、视觉表象、模型等连接起来以创造一个错综复杂的和受到限定的表征体系，展览语境为我们提供了检验意义制造的场所[9]，以及建构意义和解读意义的基本原则和方法，这是探讨展览诗学的极其恰当的语境。在这个意义上，本文所进行的解读，并不涵盖对本次双年展所包含的全部元素的评论，而是对其中一个特别展位的看法，为此，它不是，也不可能是对双年展的全面评价，而是试图从一个特别角度所进行的另辟蹊径的尝试。作为一种复杂的意指系统，双年展是一个高度构成的事件，其中混合而成的物品如虚拟博物馆被设计得状若真实。因此，双年展如同所有展览一样，是一个描绘的和有动机的事件，其压倒一切的目的无不表征我们人类所面临的现实及对未来的预言和对历史的思考。本文通过分析双年展"未来构建历史"部分的两个特定展位，来考察展览语境下各种视觉形象和文本是如何被用于创造意义，即展览的诗学——意义的内在表达和生产——是如何被构建的。

如同绝大部分展览，被展出的两个非现实的建筑空间采用了几种常见的展览文本类型：说明牌板、标签及照片标题等。这些文本共同运作并分别以貌似解码的方式进行编码，与各视觉元素共同构建意义的空间。

制作于上世纪50年代的苏式厅堂翻修脚手架（重檐歇山顶）、苏式鸳鸯厅（单檐歇山顶）、苏州灵岩寺大殿（重檐歇山顶）和清北方宫式殿堂（重檐庑殿顶）四个古建模型[10]为同济大学的"镇校之宝"，被陈列于上海美术馆底楼大厅的中心位置，也是"年龄"最大的展品。四件模型均由具有传奇色彩的两位教员制作：

清北方宫式殿堂模型

徐永甫和徐和生师徒是上世纪苏州香山帮匠人中的佼佼者，先后被陈从周先生请到同济大学，任职于建筑系木工模型室，专门制作各类模型。徐氏师徒技艺精湛，超出了通常意义上的"匠人"概念，擅长心摩手追，过目不忘，有吴道子千里江陵悉收心底一日而就的才情，颇具苏轼作画胸有成竹的风范。徒弟徐和生曾去北京观摩雍和宫，区区半小时即记住该建筑，并制作了《清北方宫式殿堂》模型[11]。

中国古建筑模型是在原型基础上进行的缩小比例的再造,展板的说明文字也证实了这一点,因而具有一定程度的真实性。虽然略去了建筑内部空间的再造与复制,但并不妨碍观者对古建筑模型的总体概念化的接受。这些模型不仅是老建筑的缩小版,更包含了中国古建筑多种手工艺和人文观念的缩影,集中体现我国历代手工匠人的集体技艺与智慧。

木材和砖瓦为主要建筑材料,是观者从古建筑模型外观所获得的直观印象。以木构架为主要的建筑结构方式,这个表象直接意指中国古建筑受材料性能的影响——古代木材

苏州灵岩寺大殿模型

资源丰富、便于取材加工和河道运输、抗震性能好、建造成本低等,在一定程度上含蓄意指中国古人积极顺应自然、道法自然的生产观念。

苏式厅堂翻修脚手架模型

比起西方砖石结构建筑,中国古典建筑形体变化较少,但在屋顶形式上有丰富的变化,如硬山、悬山、歇山、庑殿、攒尖及它们之间的组合等。[12]宫廷建筑清北方宫式殿堂模型的殿顶是清代建筑殿顶中的最高等级,为重檐庑殿顶。苏州灵岩寺大殿模型和苏式厅堂翻修脚手架模型为重檐歇山顶,殿顶第二檐与庑殿顶的第二檐基本相同,造型富丽堂皇,在等级上仅次于重檐庑殿顶。单檐歇山顶的苏式民居鸳鸯厅模型,其外形一如重檐歇山顶的上半部,在等级上均次于前三者。殿顶是宫殿、房舍的顶部,是整座建筑物暴露最多、最为醒目的

地方,也是古建筑等级观念最强之处。四个古建筑模型包含了中国传统古建筑的主要类别:民居、官用、宗教和宫廷建筑等,故其殿顶造型根据建筑用途体现严格的等级制度。清朝把《工程做法则例》中规定的 27 种房屋规格纳入《大清会典》,作为法律等级制度固定下来。作为古代中国建筑等级秩序的符号系统,殿顶表征王朝体制内政治等级秩序的构筑状态,及构建和谐有序社会的政治理想。

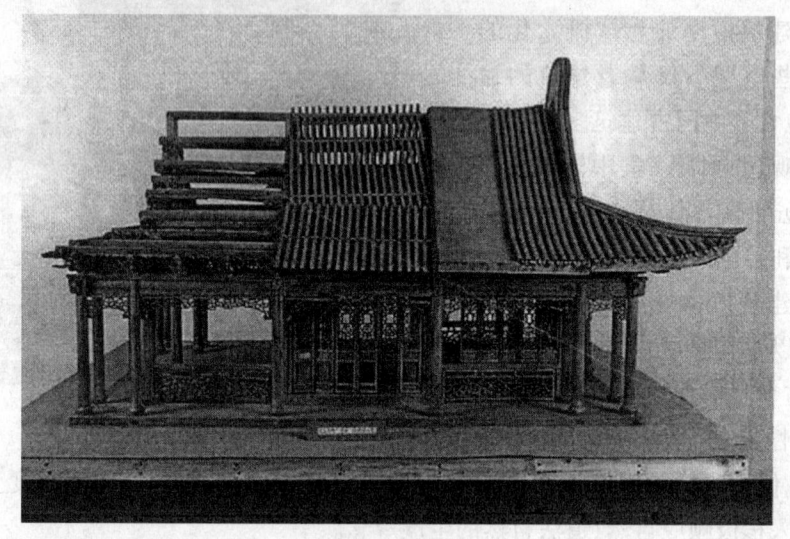

苏式鸳鸯厅模型

无论是何种屋顶形式,古建筑的大屋顶造型端庄,视觉上显得稳重协调。屋顶中直线和曲线巧妙组合,形成向上微翘的飞檐,不但增添建筑物飞动轻快的美感,更扩大了建筑物的采光面,有利于排泄雨水,与自然环境达成协调。

古建筑模型外部形态可用"雄伟、高大、轻巧、秀丽"等词汇形容,它们本身的表意内涵及各部分结构之间的符号关系孕育着丰富的中国建筑美学思想和博大精深的中国传统文化底蕴。中华先秦哲学有天人合一论、天人相分论和天人相参论等,而天人合一论对传统文化有较大的影响,强调人们对自然的屈从认可和积极适应,也即"人与天地契合"、"回归自然"的传统理念。从选材、殿顶到外部造型,古建筑模型传达给观者"顺应自然,与自然达成和谐,恪守社会秩序"的人文观念与社会理想。

与此不同,芬兰艺术家埃尔卡·哈尔索以超乎寻常的想象力,展现另类的虚拟空间——数码合成照片《自然之馆》。被虚拟博物馆的非现实空间所收藏、保存和展出的却是山水林木等人类赖以生存的大自然。如导言板所示:

博物馆的未来终极挑战即是保存、蕴生人类文明的地球,基于他热切的生态环境保护的信念,和对于地球污染现状的担忧,埃尔卡·哈尔索认为未来需要发展出

一套保护地球的科技建筑技术,而在此自然博物馆计划中,艺术家虚构一套如此想象性的蓝图,欲将大自然中的山水林木计划性地保存起来。作品呈现了他的生态系统建筑构想,亦以警世的意味来重新定义人与自然之间不可分割的关系,而观者被明显地放置在一个观光客/消费者的位置,观赏大自然犹如剧场一样。[13]

作者颇为警世的构思激发人们反省自身与自然之间的紧张关系,现时的观者进入埃尔卡·哈尔索谋划的剧情中,亲身体验将来时态下人类将面对的可能现实,在这个意义上,观者现时的观看和艺术家虚设时空下的观看,形成互文关系。

环境生态的危机,在工业化、城市化和文明程度极度发展的今天,是全球人类无法逃避的现实问题。埃尔卡·哈尔索努力运用想象和思维阐释人与自然的关系,并对一个"充满多种多样的可能性"的未来做出一种超乎想象力的预测。韦尔戈对博物馆的定义为,"博物馆的存在是为了取得、保护、保养和展示各种不同类型的艺术物品、制品和作品"[14],在埃尔卡·哈尔索的设计中,被"博物馆收藏、保护、保养和展示的艺术物品、制品和作品"却是人类的安身立命之地。作为一种含蓄而艺术化的生态批评方式,埃尔卡·哈尔索想象的能量及生态环境危机意识将我们引向从心理和精神层面探讨人与自然的关系,也即一个更细微的问题,具体而言,是从被全球化的工业文明所改变和建构的社会构成中去探讨由资本驱使和支配的全球化的现代性困境。显然,当追求利益最大化的资本逻

辑占统治地位时,人对物质的无限需求与生态系统的有限承载力成为不可调和的矛盾。马克思在《1857—1858年经济学手稿》中指出,资本作为创造剩余价值的价值,内在地要求把自然(nature)变成文化(culture)的一部分,这里的"自然"包括外部自然,即"自然界",同时也包括人的自然(human nature),也即"人性"。在资本的驱动下,人化的自然越来越代替纯粹的自然,而人的"历史地形成的需要"越来越代替"自然的需要"[15]。文明化的现代工具理性侵蚀传统价值理性,造成以工具理性为基础的经济行为对社会系统、日常生活世界构成侵蚀与殖民。

《自然之馆》的非现实空间所呈现与表达的建筑意,是人化的自然与人性的根本冲突,是根植于全球意义的现在时态下人类所面临的现代性困境,是全球化、工业化进程与高度物质文明发展的产物。当全球淹没于肆无忌惮的资本主义运动,现代性将我们卷入一个巨大的旋涡中,在那里,"一切固定的古老的关系及与之相适应的、素被尊崇的观念和见解都被消除了……一切坚固的东西都烟消云散了,一切神圣的东西都被亵渎了"(马克思)。正如伯曼所言:"要成为现代的,就是要在这样一种环境中发现我们自己,这种环境在向我们承诺奇遇、力量、愉快、成长、我们自身和世界的改造的同时,也在威胁着摧毁我们拥有的一切、我们知道的一切和我们所是的一切。现代的环境和体验超越了地理和族性、阶级和国家、宗教和意识形态的所有界限,在这个意义上,可以说现代性联合了全体人类。它把我们卷入这样一个巨大的旋涡之中,那里有永恒的分裂和革新,抗争和矛盾、含混与痛楚。"[16]

三

展览作为一种神话结构,在于它所选择的被展示物品及陈列的方式,也即策展手段,具有一定的动机和意图。福柯认为,"被看见"的现象不是自动的也不是自然的过程,而是与权力或知识诱导人们去看的东西相关,是社会历史的过程,它取决于人们"被规定去看见"这一点[17]。本届双年展的主题阐释,对策展方略进行了详尽的论述:

> 第六届上海双年展坚持立足本土经验,面向全球境域的文化姿态,坚持和而不同的多元文化构想,以"超设计"(Hyper Design)为主题概念,旨在针对"设计"这一当代视觉文化和消费产业中极为鲜活的重要元素,探索"设计"现象背后复杂、交错的社会牵连和文化内蕴……超设计既是这个时代的产物,也是这个时代的推动者。"超设计"反映了我们时代共同的美学目标,艺术家希望探讨的是一种以"设计作为材料"进行观念创作的艺术。在此,设计不仅作为一种技术手段,创造出一种功能性对象,更重要的是,它还贯穿着美学意志,包含着艺术价值和社会理想;设

计不仅仅是创造出一个作品,它还指向一系列生活方式、社会理想和历史计划。在这个意义上,设计走向了"超设计"。[18]

导言板为观者提供了一张精神地图并告知展览的策展思想,设定了展览的表征参数和叙述方式,即"超设计"不仅作为一种技术手段,更重要的是作为一种意指手段呈现和表达某种社会理想。上海双年展历来以展现当代艺术的精华而著称,将具有强悍生命力的东方木构古建筑文化带入一个功能强大的现代展览空间,双年展总协调人张晴对此阐释为,"超设计",其"超"不仅是"超越",更是一种"回溯",是从对历史的回溯中返回设计的本源,把握人的真正意义上的安顿。

20世纪80年代,挪威学者诺伯特·舒尔茨(Norberg-Schulz)系统创立建筑现象学,指出建筑现象是环境现象的反映,并提出"场所精神"(Genius loci)概念,即借助有限的建筑空间传达无限的社会生活、历史、文化、传统或现代的信息。中国古建筑模型和虚拟自然博物馆并列展出,所分别呈现与表达对立和矛盾的建筑意,在展览语境下,通过"超设计"的策展手段共同达成一种"场所精神"——历史与未来,自然与工业,前现代与后现代,"心手合一"的手工技艺与"数码科技"的工业技术,构成前者表征的"顺应自然并与自然达成和谐、恪守秩序"的社会理想与后者表征的"人性(human nature)与人化自然(nature)的冲突与矛盾"为核心的现代性困境的对峙,由此,展览语境下冲突与情节应运而生,"和谐有序"和"冲突矛盾"构成的"情境"(context)旨在将二者之间的关系犀利而准确地表达出来。

表征"全球境域"未来视角的虚拟博物馆与表征"本土经验"下的"未来之历史"的古建筑模型,将当代艺术的实验观念与社会历史的乌托邦想象结合在一起,在回溯与反思中探讨历史与未来观念的建构与演变过程。二者在展览的语境下形成一个复杂的表象,并在其构造的语境中酝酿一个值得关注的中心问题,即生态美学范畴下的"人(human nature)与自然(nature)的关系"。传达人与自然的和谐,是自古已有的话题,生态批评作为一种新的艺术批评流派,主要目的在于挖掘生态危机的思想文化根源,以文学、艺术作品为媒介进行文化批评,揭示人类的思想、文化、科技、生产和生活方式、社会发展模式所决定的人类对自然的竭泽而渔式的恶劣行为和态度,及其所导致的环境恶化和生态危机。沃斯特(Donald Worster)在《自然的经济体系:生态思想史》中说,"我们今天所面临的全球性生态危机,起因不在生态系统自身,而在于我们的文化系统,要渡过这一危机,必须尽可能清楚地理解我们的文化对自然的影响。"[19]归根结底,生态危机的深层原因在于文化系统本身,现代西方文化对人类价值追求的误导是现代文明畸形发展和生态危机的根本原因,解救的方略不仅仅在于科技,而主要在于人类自身。

以古建筑模型与虚拟博物馆为媒介,双年展的神话结构意在揭示两种截然不同的

"人与自然"关系,并试图探究生态危机背后的文化和社会原因,发掘生态危机的思想文化根源。[20]作为一种独特的生态批评方式,两个非现实建筑空间截然对立的建筑意所建构的情境不可避免地将人们的视线从二者的对峙引向对二者的精神载体——本土化的传统文化资源和全球化、工业化高度发展下的现代性文明——的探究,并提出这样一个问题:当全球淹没于肆无忌惮的资本主义运动之趋势,全球化变革制约、主宰人们的生活方式及其意义,及由追求利润最大化的资本逻辑一手炮制的全球性生态危机危及人们的安身立命之地时,社会生灵应如何积极地栖息于这场变革之中? 本土化的传统文化资源应如何面对"在威胁着摧毁我们拥有的一切、我们知道的一切和我们所是的一切"的现代性文明?

这样的提问伴随着全球化语境而日趋成熟,身份认同问题使每一个民族或个体深入自己的文化传统来认识自己,而不是仅仅依靠任何外部的文化来确立自我意识。技术文明和经济发展并没有使人与自然、社会、及人与人之间更为和谐,在高度工业化背景下,人们面对的却是更多的冲突、矛盾与紧张。全球化在制度层面和意识层面带来一体化的同时,日益凸显文化认同与根源意识。在此基础上,本土传统文化成为建构现代民族身份,借以与西方现代性文明相对抗的文化资源,这势必将本文对双年展的诗学思考与研究推向深入。

四

东西方文化关系成为近年来国际学界普遍关注的热点。以塞缪尔·亨廷顿为代表的西方主流全球理论家提出极端西方化的全球理论概念。在《文明的冲突?》一文中,他指出,未来国际政治的核心是西方文明与非西方文明的冲突,尤其儒教与伊斯兰教文明对西方文明最具威胁性。而在另一个极端,萨义德提出的"东方主义理论"谴责西方发达国家对东方不发达国家进行文化渗透与扩展、歧视与同化的殖民主义行径,渲染东西方文化间的不可调和的对立。

德国当代哲学家、伦理学家哈贝马斯认为,无论是亨廷顿为代表的"西方文化普世主义"所酿成的"文明冲突论",还是"东方主义"论调下的"文明冲突论",都是基于从各自的文化、经济和政治利益出发,强调某一类型文化的优先性或特殊性,排斥异己的文化类型,将不同文化间的差异性绝对化,进而宣扬它们之间的对立和冲突不可调和。

在这个意义上,哈贝马斯所倡导的"商谈理论"(discourseethics),着眼于对话(discourse)在交往中的作用,为不同个体、不同文明之间的和谐、共生提供了一条理性的道路。其中,"主体的交往资质"和"理想话语环境"的实现是商谈伦理是否能实现的关键。它包括两条重要原则:话语原则和普遍化原则。所谓话语原则,是指所有理性话语参与者对影响他们利益的规范,都有平等参与商谈、对话的机会,经过辩论,赞同或否定该规范。所谓普遍化原则,是指所有受规范影响的个人对于一切满足每个参与者利益的规范,都将无条件接受可能产生的可预期结果和消极后果。哈氏坚持,商谈需具备"理想的话语环境"这一前提,即是说,任何个人或者个别利益团体不会因为种族、肤色、性别、年龄、文化程度、权力、财富的差距而拥有"语言霸权",提出"霸王条款"强行别人或别的利益团体遵守,相反,每个交往的主体具有相同的交往资质,具有平等参与对话的机会,交往主体为捍卫自身利益有参加民主辩论的权力,并共同制定公平交往规则,当原规则出现问题时,仍要通过话语的力量进行反驳、辩论,重新制定为大家所共同遵守的原则。

　　哈贝马斯提出交往行动理论和商谈对话理论是为了解决资本主义出现的社会危机。他认为,晚期资本主义存在着全球性危机和四种危机倾向:经济危机、合理性危机、合法化危机、动机危机。[21]虽然现代化在中国还是处于现在进行时态,然而,"多元化的社会必因着经济多元化而兴起"[22],"社会从一种精英等级制的传统形态转向了一种'平等多元'的现代形态",[23]生活方式、生产方式和价值观念的歧异和分化仍将持久乃至不断扩大,作为全球性危机的具体表现形式之一,全球化的生态危机在中国的现代化进程中日益凸现。近几百年来西方国家、乃至现代所有中西方国家的发展,归结起来就是一个"现代化"的过程。现代性作为一个历史分期的概念,标志一种断裂或一个时期的当前性或现在性,它既是一个量的时间范畴,一个可以界划的时段,又是一个质的概念,亦即根据某种变化的特质来标识这一时段。[24]它涉及以下四种历史进程之间复杂的互动关系:政治的、经济的、社会的和文化的过程。……市场经济的形成和工业化的过程,传统社会秩序的衰落和社会的分化与分工,宗教的衰微与世俗文化的兴起,这些进程深刻地反映了现代社会的形成。[25]现代性是现代这个历史概念和现代化这个社会历史过程的总体性特征。

　　和众多对现代性进行的口诛笔伐相反,哈氏为现代性进行强有力的辩护,不同意对现代性进行全面否定。他将现代性看作是"一项未完成的规划(project)","未完成"主要表现在它所具有的促进理性秩序、社会公正和道德完善的潜能远远没有得到实现,工具理性对价值理性的侵蚀,造成以工具理性为基础的经济行为和以官僚化为特征的行政管理行为,对社会系统、日常生活世界构成了侵蚀与殖民,现代性不仅未能释放其解放潜能,反而出现了"合法化危机"。

　　哈贝马斯明确提出:"我提出的行动交往理论和商谈伦理学同样适用处理国际关系和不同文化类型间的矛盾,即是说,不同信仰、价值观、生活方式和文化传统间,必须实现符合交往理性话语平等和民主。"[26]在这个意义上,哈氏的商谈对话理论同样适用于以古建筑模型和虚拟博物馆为媒介所构建的展览语境,在此基础上书写本土文化资源与现代性的关系——通过两种不同类型文化之间的对话与交流,达成人类生存危机的自我解救,在本土传统文化资源的观照下,对现时代价值观、生活方式、文明取向等方面作出根本性调整,从而走向人与自然和谐、真善美相统一的自由人生境界,达成人类生存危机的自我解救。

新儒家代表人物杜维明指出:"当今世界成为这样一个竞技场,全球化和它的对立物——本土化——各擅胜场,正在同时对个体和群体产生巨大的压力。"[27]在这一客观趋势下,思考中国的现代性问题,不仅需保持清醒的中国现代性问题意识,同时又必须确立一个宽阔的跨文化视域和平等对话立场。

以中国古建筑模型和虚拟博物馆的相遇作为一种含蓄而艺术化的生态批评方式,引发对本土化与现代性之间关系的探索与想象,并从中诠释双年展"超设计"的创造与想象力,这是本文对如何把握本土化与现代性之间关系的思考路径的一个另辟蹊径的尝试。借助双年展的"超设计"技术与手段,古建筑模型与虚拟博物馆通过各自符号系统的运作生产可意象性,在形式与意指的双重构建中对展览的诗学进行呈现与表达,共同构筑非现实建筑的空间意指:即在一个表面上全权由资本控制的现代化过程中,在现代性及传统文化资源之间建立平等的对话与交流,从精神层面缓解、克服人与自然、社会的冲突,从而把握人的真正意义上的安顿。

---

① 1996年诞生的上海双年展是国内颇具资历的大型艺术双年展,历来以展现当代艺术的精华而著称。第六届上海双年展于2006年9月5日到11月5日在上海美术馆举行,"超设计"为此次双年展主题。
② 腾讯网,"超设计第六届上海双年展概况",http://luxury.qq.com/zt/2006/shuangnian/。
③ 斯图尔特·霍尔:《表征》,商务印书馆2003,第154页。
④ 斯图尔特·霍尔:《表征》,商务印书馆2003,第164页。
⑤ 凯文·林奇:《城市意象》,华夏出版社2006,第7页。
⑥ 晓沫辑,《梁思成关于"建筑意"的论述》,载于《建筑意》第一辑2003.9,萧默主编,中国人民大学出版社。
⑦ 同上。
⑧ 2006年上海双年展展板说明。
⑨ 斯图尔特·霍尔:《表征》,商务印书馆2003,第168页。
⑩ 图片均来自视觉中国网,http://content.chinavisual.com/data/d/e/78a727344_3.htm。
⑪ 2006年上海双年展古建筑模型展板说明。
⑫ 重檐庑殿顶是清代所有殿顶中最高等级。庑殿顶又叫四阿顶,是"四出水"的五脊四坡式,又叫五脊殿。这种殿顶构成的殿宇平面呈矩形,面宽大于进深,前后两坡相交处是正脊,左右两坡有四条垂脊,分别交于正脊的一

端。重檐庑殿顶,是在庑殿顶之下,又有短檐,四角各有一条短垂脊,共九脊。现存的古建筑物中,如太和殿、长陵祾恩殿即此种殿顶。歇山顶亦叫九脊殿。除正脊、垂脊外,还有四条戗脊。正脊的前后两坡是整坡,左右两坡是半坡。重檐歇山顶的第二檐与庑殿顶的第二檐基本相同。整座建筑物造型富丽堂皇,在等级上仅次于重檐庑殿顶。目前的古建筑中如天安门、太和门、保和殿、乾清宫等均为此种形式。单檐庑殿顶,其外形即重檐庑殿顶的上半部,是标准的五脊殿,四阿顶。故宫中配庑的主殿,如体仁阁,弘义阁等为此种形式。单檐歇山顶,其外形一如重檐歇山顶的上半部。配殿的大部分是这种顶式,如故宫中的东、西六宫的殿宇等。悬山顶是两坡出水的殿顶,五脊二坡。两侧的山墙凹进殿顶,使顶上的檩端伸出墙外,钉以搏风板。此种殿顶,用处不少,如神橱、神库中的房屋等。

⑬ 2006 年上海双年展展板说明。

⑭ 韦尔戈"沉默的物品",《新博物馆学》,伦敦瑞克逊图书公司 1993,第 41 页,转引自斯图尔特·霍尔,《表征》,商务印书馆 2003,第 155 页。

⑮《马克思恩格斯全集》第 30 卷,中共中央马克思恩格斯列宁斯大林著作编译局编译,人民出版社 1995,第 286 页。

⑯ 阿雷恩·鲍尔德温等:《文化研究导论》,陶东风等译,高等教育出版社 2005,第 404 页。

⑰ J·拉克曼:"福柯的观看艺术",《十月》第四十四卷 1988,第 89—117 页,转引自斯图尔特·霍尔,《表征》,商务印书馆 2003,第 195 页。

⑱ 2006 年上海双年展展板说明。

⑲ 王诺、斯洛维克等:《我们绝对不可等待》,载于《读书》2006 年第 11 期,三联书店出版社。

⑳ 生态批评家海斯(Ursula Heise)在《现代语言学会会刊》2006 年 3 月号上撰文指出,生态批评致力于三个方面的探求:一是科学的自然研究;二是对文化表现的学术分析,即发掘生态危机的思想文化根源;三是为了人类能够以更持久的方式生存于自然界而进行的政治斗争。

㉑ [德]尤尔根·哈贝马斯:《合法化危机》,上海人民出版社 2000 年,第 63—120 页。

㉒ 黄仁宇:《中国大历史》,三联书店 1997,第 303 页,转引自《论法的价值共识——对当代中国法治进程中一个悖论的解决尝试》,张琪,范文网,http://www.okfw.com/lwzx/fxlw/xsfx/2005/10/23/18763.html〉。

㉓ 何怀宏:《底线伦理》,辽宁人民出版社 1998 年版,第 8—9 页,转引同上。

㉔ 齐格蒙特·鲍曼:《全球化——人类的后果》,商务印书馆出版社 2004,第 2 页。

㉕ 同上。

㉖ 得特勒夫·霍夫斯特:《哈贝马斯传》,东方出版中心 2000,第 152 页。

㉗ 杜维明:《全球化与多样性》,《全球化与文明对话》,江苏教育出版社 2004,第 80 页。

大众教育时代的传媒责任

王意香

【内容提要】中国高等教育已进入大众化时代,作为"社会公器"的大众传播媒介对教育生态环境的影响与日俱增。本文对教育与传媒的关系进行"历史"与"当下"的双重剖析,由表及里比照出教育产业的"商业性"与传媒产业的"逐利性"碰撞所引发的一系列教育生态环境恶化问题,引发对传媒社会责任的呼唤。

【关键词】教育大众化　传媒责任

【作者简介】王意香,华东师范大学传播学院05级硕士研究生

弗洛伊德说过,必须先有良好的教育和健全的社会制度,鼓励并引导人类向善,社会才能协调发展。如果人类不经过教育,很难有正确的判断。法国社会学家布迪厄则认为,高等教育能增加一个人所拥有的经济资本、社会资本、文化资本和符号资本。

大众教育时代的到来

高等教育大众化有一个世界公认的数量指标,就是美国马丁·特罗教授提出的高等教育毛入学率达到15%—50%。上世纪末迄今,我国高等教育正经历着建国以来速度最快、规模最大的一个发展时期。1998年11月,时任教育部部长陈至立宣布,将适龄人口接受高等教育的比例由当时的7%提高到2010年的15%左右。[①]1999年—2001年高校连续扩招,我国进入高等教育加速发展的阶段;2002年我国高等教育毛入学率首次突破15%,标志着我国的高等教育进入了大众化阶段;《2004年中国人权事业的进展》白皮书指出,中国各类高等教育在校人数超过了2000万人,高等教育毛入学率达到了19%。教育部长周济在2005年亚洲教育北京论坛上表示,我国还将继续推进高等教育大众化,到2020年实现高等教育毛入学率达到40%的目标。

高等教育大众化的加速推进,一方面为保障公民受教育权的平等,促进教育公平做

出了努力(更多的学生有机会进入大学殿堂,继续接受深造),另一方面也极大地冲击着中国高校的精英教育。上世纪八九十年代毕业的大学生曾经被奉为在千军万马中挤过独木桥的"天之骄子",当他们在新时代的视野中被重新定位与审视时,其"身份"悄然发生了前所未有的改变。随着人们对高等教育关注度的增加,作为社会公器的大众传播媒介,似乎责无旁贷地摇起了重视教育的舆论大旗,广播、电视有专门的教育台、教育频道,报刊、网络有教育专版、专栏,媒体相对于整个社会尤其是青少年所承担的教育引导功能也与日俱增。

上海一项针对青少年的调查数据显示,在生活和娱乐方式上,42.2%的受访者自认为受电影、电视、广播、报刊的影响最大,影响力位居第二的是同学和朋友。与此同时,只有3.7%的受访者选择了"父母",而选择"教师"的仅为1%。[②]教师与家长对青少年的影响力位居倒数第一、二位,说明仅仅依靠由上向下、居高临下的传统教育模式已经很难产生实效。改变单一的"纵向"教育路径,开展同龄人之间的横向教育,可能更容易被青少年所接受。而这项调查结果中最耐人寻味的命题是,占有绝对优势影响力的大众传媒,在青少年成长道路上乃至整个教育生态环境当中究竟扮演着什么样的角色?

传媒与教育生态环境

国际传播学大师马歇尔·麦克卢汉认为真正的社会教育者在传媒那里,而不是在传统的学校或教会。"从社会的角度来说,印刷术这种人的延伸产生了民族主义,工业主义,庞大的市场,普及知识和普及教育。因为印刷品表现出可重复的准确的形象,这就激励人们去创造延伸社会能量的崭新的形式。"[③]广播电视传递声音、视觉信息,以无线电波为介质,揭开了传播技术新的一页。教育电视节目以生动、形象、直观的方式表现教学内容,大大提高了教学质量,并且它打破时空限制,同时为数以万计的人提供教学,使教育规模空前扩大。二战时期美国在短短6个月内用电影和广播电视将600万女工培训成合格的军工企业工人;70年代印度在农村地区推广农业技术;第三世界国家用广播电视进行扫盲教育等。广播电视还在一些高水平的教育领域发挥作用,如英国的开放大学(Open University),上世纪80年代初的注册学生已超过10万[④];在中国,同样有数百万人通过广播电视大学接受高等教育。

除了直接被应用到教育领域以外,媒体还营造出了一个人们意识形态中的教育坏境。媒体研究发现,人们的价值观、世界观与他们接触的媒体有着直接的关系。一个每天花大量时间看新闻或谈话节目的人,电视报道的新闻成了他认定的现实世界,谈话节目的话题成了他认定的社会重要话题。伴随着我国高等教育大众化时代的到来,教育产业中不可避免地出现了许多新问题,如急速扩张带来的生源质量下滑、学生就业形势严峻、教师资源匮乏、教育机构良莠不齐、教育环境恶化等等问题,自然受到媒体的追逐和关注。大众传媒是技术时代的产物,它能够生产和传播海量的信息,信息爆炸使人无所适从,更由于少数媒体的不负责任甚至对教育的偏见产生很多对社会有害的信息,"眼球经济"中潜藏着重重危机。反观媒体报道中"大学生畏惧压力不就业啃老"、"不堪升学就业压力自杀"云云,多是将个别大学生的心态放大成了整体性的心态,给社会公众造成的错觉。"拿什么拯救专科生",本身就是对人才文化层次多元化的否定;对于"硫酸泼熊事件"、"名校硕士虐猫",我们的媒体得出的多是"学历与人格呈现出了可怕的负相关性"、"一些高学历的人才沦为'考试机器'"之类的结论。大众化教育时代的高等教育绝不反对批判,但个别人的失常心态与行为,可否与当代大学生的整体形象与道德等价齐观,值得商榷。

大众媒体对教育的影响毋庸置疑,可媒体到底给教育带来了什么?语言在"所指"之外,还有着丰富的"能指",部分媒体的语言在运用的过程中,往往被附上表达者各色各样的心理色彩或意识色彩,它直接引导的是这个时代的人们对于教育的评判标准和期待价值。

教育大众化进程中的传媒责任

国内媒体与教育的亲密接触,绝不乏利益驱动的显见因素。君不见,密密麻麻的招生广告遍布各类媒体,高考状元成为了各类营养品、学习用品的代言人,成功父母的育儿心经被众多急于求成的父母奉若神谕。这背后隐藏的是,那些民办学校的信用度无人考究,一些学生交上巨额学费却无书可读;"现身说法"的广告除了能大幅提升产品的销售额,对寒窗苦读的学子能起多大成效?模板教育的本身是不是对素质教育的一种否定?大众传媒在谋求自身利益的实质中,打着"全心全意为受众服务"的幌子,未必真能赢得受众的尊敬。引人深思的却是,媒体在某种程度上有引领受众阅读趣味的职责,在一味地制造消极猎奇教育新闻产品的过程中,它到底能向社会辐射一种什么样的影响力呢?

媒介市场中的"劣币驱逐良币"理论观点认为,在市场竞争中物质产品会越来越价廉物美,精神产品却会越来越低俗。而且经济市场与意见市场的运作规律不同,在普通的经济市场,质量高的产品必然让消费者趋之若鹜,在意见市场则是越低俗、质量越差的产品却更让消费者心动。⑤

当下的教育已经走上了产业化道路,教育对于学生来说不仅是一种资源,更是一种商品。随着传媒体制改革的深入,在商业利益的趋动下,媒体"受众本位"的报道观念产生了异化,媒介错误地把读者的阅读兴趣与读者的利益等同起来,进而满足读者的兴趣以获得自身的商业利益。事实上受众的兴趣与其利益是不等同的,或者说兴趣的内容并不同于他应该获取的信息。在商业化的媒体生存空间里,如果对于新闻事实的加工方式一味重视轰动效应而忽视社会责任,虽然可以在短时间内拉动媒体的消费需求,激活受众的眼球注意力,但最终戕害的仍是媒体本身的公信力与尊严。

马歇尔·麦克卢汉在《理解媒体——论人的延伸》中指出:媒介即讯息、使用者即内容、中央无处不在、边际无处可寻、人人都是出版家以及传播工具之混合。[6]在当下开放与发展的社会中,传媒的巨大威力日益显现,对个人而言,大众媒介意味着知识、信息、主流文化甚至是权力。更重要的是,媒体通过视觉性、趣味性、通俗性较强的传播形式,在日积月累中无形地促成了青少年的人生观、价值观和行为方式,也承担着对社会、学校、家庭的教育职责。因而,在传播海量信息的同时,大众媒介需要主动介入受众的传媒素养教育,即指导人们获取、分析、评价和传播各种媒介信息的能力,以及使用各种媒介信息服务于个人工作和生活的能力。人类并非在任何时候都能合乎理性地作出正确判断,所以必须先有好的教育机制、好的新闻工作者激励人们运用理性,"真理"才有可能出现。作为"社会公器"的大众媒介,理应承担起报道事实、传播信息、引导舆论、传授知识、教化民众、弘扬正义、捍卫真理、构建文明的社会职责。教育大众化进程中的传媒责任,不仅要表现在传播的一般理性和道德层面,而且要自然地蕴含和体现在所有的传播行为之中,杜绝以偏概全、滥用传播权利、哗众取宠、牟取私利等行为,发挥对社会的良性影响作用。市场经济条件下,经济效益是有形的、物化的,社会效益是无形的、虚化的。只有在坚持"社会效益第一"的同时,兼顾经济效益,把二者完美统一,才能实现媒体的健康发展。

---

① 李剑萍:《中国现代教育问题史论》,人民出版社2005年版。
② 《上海一项调查显示:大众文化对青少年的影响最大》,新华社上海11月28日专电。
③ 转引自沈国芳:《中国传媒大趋势》,四川人民出版社2003年6月。
④ 霍布里奇:《教育中的新信息技术》,王晓明、王伟廉译,中央民族学院出版社1986年。
⑤ 赵曙光、史学鹏:《媒介经济学》,湖南人民出版社2003年2月。
⑥ 马歇尔·麦克卢汉:《理解媒介——论人的延伸》,何道宽译,商务印书馆2004年5月。

"于丹走红现象"原因浅析

黄 佳

【内容提要】按照《纽约客》专栏作家马尔科姆·格拉德威姆"流行引爆点"(The Tipping Point)的观点,社会流行现象就像一场流行性传染病一样,只要触动了某个引爆点,就会爆炸性地难以阻挡地散播开来。2006年于丹教授的走红,正是引发了一场颇具传染性的社会流行潮。本文将把"于丹现象"作为一种社会流行潮来进行研究,找出"于丹现象"的几个"引爆点",主要从受众心理和媒介表达方式的方面对其进行探究。

【关键词】于丹现象 社会流行潮 引爆点 受众心理 媒体表达

【作者简介】黄佳,中国传媒大学影视艺术学院广播电视艺术学专业硕士研究生

2006年,伴随着央视《百家讲坛》栏目完成了从一度默默无闻、收视率几近为零到不断引发收视热潮,一跃成为了"学术明星造星工场"的华丽蜕变,于丹教授一讲成名,火得冲天。她在《百家讲坛》解读的《论语》心得大受观众欢迎,一举创下收视率新高;她的书在近9个小时的签售中创造了单天单店1.26万本的高销售量,据媒体称刷新了中国出版业甚至世界出版业的新纪录;她本人更被冠以"学术超女"、"美女教授"等多个美称,成为各个电视节目、杂志封面竞相邀请的"新宠",拥有了数以万计被称为"鱼丸"的铁杆粉丝,……从安安静静地做学问、讲课、在幕后策划电视栏目到与刘翔、巩俐等一同被列入"品牌中国"年度人物的候选大名单,与"福寿螺"等一起进入"2006年中国报纸、广播、电视十大流行语"……研究大众传播的于丹教授可能怎么也不会料到自己有一天也会火爆到成为一种"于丹现象"而被研究吧。

按照《纽约客》专栏作家马尔科姆·格拉德威姆"流行引爆点"(The Tipping Point)的观点,社会流行现象就像一场流行性传染病一样,只要触动了某个引爆点,就会爆炸性地难以阻挡地散播开来,其包括三大因子:散播传染源的人、传染源本身、传染源活动的大环境。[①]本文以下依据这个观点,主要从受众心理和媒介表达方式方面着手,找出"于丹现象"的几个"引爆点",解说作为一种社会流行潮的"于丹走红现象"。

一、传染源中的引爆点:"心得"二字的妙用

单看"于丹现象"的传染源本身——《论语》,一部记录二千多年前的伟大教育家孔子言行的语录体著作,似乎和我们今天的社会距离过于遥远,但于丹却巧妙地运用"心得"二字,把已经距我们久远的孔子拉回到当下社会。《论语》本来就是为人处世的经验总结,是孔子在教导学生过程中的人生思考,是一位学问家在二千多年以前求生存、求发展、求学问、求职位、求发达、求荣华、求和谐、求高贵的人生体验,而于丹依据《论语》讲的却是自己今天感悟式的体验,一条条文言文记录的,高不可攀、深不可测的处世哲理,被巧妙地融解在一个又一个发生在当代世俗的生活情境之中,国内国外的都有,是那样通俗、平易、率真,那样具体地可以与柴米油盐酱醋茶对上口,那样清晰地回答了人们生活中所碰到的、甚至让他们碰过壁的种种问题,因而传染源的波及范围大大扩大。

再者,历来关于《论语》的研究很多,各种集注、读解、译注、别裁等等举不胜举。于丹的解读有何资本能脱颖而出呢?她并没有逐章解读,总题目叫"心得",分为《天地人之道》、《心灵之道》、《处世之道》、《君子之道》、《交友之道》、《理想之道》、《人生之道》七讲,除第一讲是总括,其他的六讲跳脱了《论语》的篇章,自成体系。她把自己对《论语》的这种解读,解释为一种体验式的、感悟式的阐发。"心得"两个字,使于丹的读解变被动为主动,既让自己的读解有了与众不同的新意与角度,又让自己在遭到某个词读解"有误",存在这样那样"学术硬伤"的批评时多了回旋的空间,我讲的是自己的"心得",既然是"心得",就像是"一千个读者眼中会有一千个哈姆雷特一样",可以只认同我自己的这一种。

二、散播传染源载体中的引爆点:
适合的媒体表达方式+媒体的关注与热炒

1. 适合于电视传播的故事化讲述

于丹不愧为传播学的教授,她提到自己解读的《论语》之所以颇受观众欢迎的原因时提到:"我是学传播的,传播学是有策略的,电视是什么媒体,是全家收视的,有人聊天,有人翻报纸,有人训孩子的,这种情况下,电视不可能是四平八稳,完全讲哲理的传播,就是大家实现一个沟通交流的东西,电视是有情节的,有情节的东西才可以传播,为什么大家看电视收视率高的就是电视剧,就是因为悬念,有冲突,《论语》就是摆在那里是微言大

义,应该说我的讲法是把这个道理找到一个故事的载体,把它划进今天的生活……"

只要细心统计就不难发现,近年来电视台"故事会化"的趋势越来越明显,不仅在全国省市级 60 多家电视台中,都设有故事性节目或栏目,连新闻播报也开始走"故事化"的道路。原因何在?因为"讲故事"的这种讲述方式通俗易懂,它特别契合大众的阅读心态。尤其把古代学术经典用讲故事的方式表述,更是能消除文言文的难懂与晦涩,解决了人们在知识饥渴与思维惰性之间的矛盾,让没有学过多少之乎者也、没有深厚国学背景的普通听众也能听得津津有味,怎能不受欢迎?

2. 报纸、网络等不断推陈出新的炒作关键词

(1)"美女主讲"——"学术超男"统治《百家讲坛》下的一抹亮色

不可否认,于丹身处一个有着广泛受众基础的优质平台。央视的《百家讲坛》一不小心造就了好几个神话,乃至从一个泛化的文化解读栏目逐渐演变成一个造星工场。但从阎崇年、纪连海、孔庆东、刘心武到易中天,"学术超男"们虽然个个才高八斗、妙语连珠但却并不"养眼",易中天不就曾直白地调侃到:"第一要长得丑,第二要长得老,又老又丑,这就是《百家讲坛》的形象标准。"

在这种情况下,于丹的出现和她用独特的女性视角去解读经典,在众多男教授们间自然显现出与众不同的魅力。她不会像易中天那样用即兴的俏皮话去调侃,让现场笑声不断,更不会像纪连海那样讲到激动处拍桌子跺脚,直接用富有感染力的肢体语言感染和打动了观众,而是坐在那里,气定神闲,娓娓道来,让我们感受到女性的温文尔雅和细腻。而她的开讲成功,更是让媒体多了像"美女主讲"、"学术超女"等等可以当作标题来炒作的新关键词。美女本身就够能吸引眼球的了,更别说是有知识能够博古通今的美女了,于是在各路媒体各种溢美之词的频繁褒奖下,于教授的人气自然越来越旺。

(2)"女易中天"诞生——利用易教授的"名人效应"

如果说搞一个《百家讲坛》捧红的"学术明星"榜,那么易中天教授绝对当仁不让位列榜首,随着《易中天品三国》的播出,此君随即晋升为"超级教授",迅速赢得了大批号称"乙醚"的追随者,而且书卖得也是相当火爆。

我们都知道"站在巨人的肩膀上"往往总是能够事半功倍的道理,在于丹迅速走红的道路上,易教授的力捧绝对功不可没。易教授先是在自己的博客中发表了"于丹真棒"的赞美之词,后为于丹的《〈论语〉心得》提笔作序,于是各家媒体上"易中天力捧于丹"、"女易中天诞生"、"于丹火过易中天"等等标题的报道铺天盖地而来,易教授的人气无疑成为了于丹迅速走红的催化剂。

3. 媒体对于"反对声音"的关注与热炒

与众不同的解读方式,网罗大批粉丝的同时,也会引来众多争议。有人认为于丹穿

凿附会、断章取义,以过于通俗的方式误读经典。更有人讽刺说:"听说此人能将孔子的经典'唯女子与小人为难养也'中的'小人'解释为'小孩',真是与时俱进,不服不行啊!"也有人认为于丹是以孔子的名义炒作自己,为己谋利。在著名的"天涯社区"网站,ID为"塞外李悦"的网友发表了3万字的长文《〈论语〉可以乱讲吗?》,指出于丹讲解《论语》中的14个硬性错误,并对她的7部分内容进行逐篇剖析和批评,引起众多反响。

但由于故事化、浅显易懂的讲述方式十分符合年轻化的受众群,而这类人群正是活跃于网络的网虫,于是他们纷纷在网上建立各种论坛,在"贴吧"里表达自己对偶像的崇拜,将偶像的讲座放在网上进行播放及宣传,与反对者们进行辩论甚至对骂。一旦这种争论被媒体所关注并报道,就会迅速蔓延,甚至形成一种现象。而一旦争吵的话题比较尖锐,主讲的当事人再站出来回应,更会瞬间成为媒体涉猎的目标,一来一往,很多新闻稿件的出处,大多是记者在网络上发现的。在这样强大的炒作攻势之下,人气焉能有不高的道理!

三、传染源活动的大环境中的引爆点:满足受众多重心理需求

传播学上研究传播效果的"使用与满足论"指出:个人对传媒及其内容怀有某些期望,他们是有目地选择媒体及其内容,以满足自己某些需求。在此,传媒是解决个人需求的工具,不具有决定作用。完成传播效果的关键,是了解和把握受众的内在需求。[②]于丹解读的《论语》之所以能如此火爆,与之满足了受众的多重心理需求密不可分。

1. 中国传统文化日趋兴盛的趋势,在社会心理层面形成大众渴望通过传统文化经典来提高自身文化品位的心理需求

近年来的社会文化生态中,理想被消解了,崇高被贬斥了,感官被低俗化了,时尚、小资成了精神的一种困惑;本该守望精神家园的精英在大面积地"贵族化",而那些用金钱和权力装扮起来的新贵们,却不断地在"精英化";网络恶搞成了一种宣泄的有效渠道,"博客"成了他们的狂欢世界……有人忧心忡忡地引用法国社会心理学家勒庞的《乌合之众——大众心理研究》中一段话倾吐担忧:"当我们悠久的信仰崩塌消亡之时,当古老的社会柱石一根又一根倾倒之时,群体的势力便成为唯一无可匹敌的力量,而且它的声势还会不断扩大。"

就在这种忧虑中,呼唤我们"悠久的信仰"、寻找"古老的社会柱石"之举,便应运而生。短时间内,借助国际上"中国热"的迅速扩散之风,以"读经"为手段的重振"国学"

的热潮出现了,从以举办读经为主要内容的私塾,到开出了天价学费的以企业家为目标的国学班,成了中国社会的又一道文化景观……在这种时机和背景下,阅读于丹用白话重新诠释被称作国人圣经的《论语》,品味从国学经典中领悟的道理,多多少少会使读者觉得自己的文化品位提高了不少,与从那些直白的职业前景打造和指南之类的励志书籍中获得道理的感觉有着本质不同。

2."心灵抚慰剂"与"心灵鸡汤"

"在求职的低谷期,看看于丹教授讲的论语吧!""我生活中一切改观还应该归功于听了于丹教授的讲座。她告诉我们,人生在世,十之八九是有缺憾的,我们不应该放大这种缺憾和不如意,正确的做法是承认它的存在以积极的心态来调整。孔子说:一个人内心的在乎与不在乎,一个真正的君子可以化解很多遗憾。在心中不要把阴影看得太重,乌云遮住了太阳,是不会长久的,我们的心智不要被乌云遮住就可以了。正是这些温暖甘甜的话语启迪了我,做出了与以往截然不同的行动,收获的是快乐与安详,真好。"

细心统计一下会发现在网上有很多这样的帖子。在工作压力越来越大的今天,科研人员、高级白领、企业老板、普通职员,人们都需要有一种心灵上的"抚慰剂",作为自己精神上的支撑……而于丹一再强调:"《论语》的真谛,就是告诉大家,怎么样才能过上我们心灵所需要的那种快乐的生活,《论语》就是教给我们如何在现代生活中获取心灵快乐,适应日常秩序,找到个人坐标。"她将其与现代生活中的为人处世、交友心态等各方面结合,用孔子的智慧来进行指导,让每个人都觉得《论语》和自己的生活有关,让人们没有了距离感,觉得孔子说的就是今天的事情,可操作性极强,从中受到启发,很类似于现代人需求的"心灵鸡汤"。

于丹教授和她的《〈论语〉心得》火了,形成了"于丹现象"这样一股社会流行潮,但是火得不无道理:她是在品牌栏目的巅峰时刻适时出现的明星,她的解读与时俱进地迎合了快餐时代的阅读趣味和国人的心理需求,套用一句老话:在合适的时间出现在合适的地方做了合适的事情。所以她想不红都不行。

---

① 《引爆流行》,转引自中国营销传播网,见 http://www.emkt.com.cn/article/175/17512.html。
② 转引自戴元光:《传播学通论》,上海交通大学出版社,2007年1月第2版,第307页。

・新媒体研究・

试析手机传播的社会影响

陈红梅

【内容提要】手机除了在个人层面强化了人们的传播能力外,当它在社会上获得普及应用后,也终将在社会层面产生深远的影响。本文在梳理手机传播特点的基础上,对手机传播的社会影响进行探索性分析和阐述。作者认为,手机传播会导致社会信息透明度的提高,社会关系被重新塑造,手机传播还将成为社会动员的潜在力量。

【关键词】手机传播　社会影响

【作者简介】陈红梅,华东师范大学传播学院副教授

在随电子技术而诞生的诸多新传播媒介中,电话一直被当作人际传播的辅助工具而被研究者忽视。但是,当手机这种终端设备,在赋予电话以移动的便捷性时,又可以与蔚然大观的互联网整合起来,它所蕴含的传播能量已经远远超越人际传播的层次。从1999年美国西雅图反WTO示威事件,到2005年春夏之交中国大陆的抗议日本政府浪潮,手机传播都在其中扮演重要角色。但是,国内却甚少相关研究。本文试图在梳理手机传播特点的基础上,对手机传播的社会影响进行探索性分析和阐述,以期对推动国内相关研究有所裨益。

一、手机传播发展概况

手机的发展最早可以追溯到上个世纪的40年代。二次世界大战期间,摩托罗拉公司为美国军方开发出一种手持双向对讲机 Handie-Talkie,通过模拟的无线电信号收发系统,双方可以处于移动状态而同时实现彼此沟通。根据美国新泽西州立大学教授 James E. Katz 的观点,世界上第一次通过个人移动电话拨打的电话被接通是在1973

年。但是，手机真正被投入商业应用则是十年之后的事情。1979年，日本开放了世界上第一个蜂窝移动电话网。1983年，AMPS制模拟蜂窝式移动电话系统在美国投入商用。同年，摩托罗拉公司推出全球第一款商用移动电话Dynatac，手机传播真正走向民间应用领域。虽然诞生时间比较晚近，但是手机在社会上扩散的速度却远远快于固定电话，也快于和它差不多时候兴起的互联网。2001年，全球手机加上固定电话的数量首次超过了电视机数量。而当时学者预测，到2005年，仅仅是全球的手机用户数就可以超过电视机数量。①

手机传播的发展可以从普及程度和功能拓展两个方面来看。

就社会普及程度来说，手机经历了一个从缓慢接受到快速扩张的过程。上个世纪的80到90年代是手机在社会上缓慢扩散的阶段。由于费用昂贵，而且采用模拟信号传输系统，频率资源有限，还有易被窃听的缺陷，手机在社会上的扩散速度十分缓慢。手机使用者通常属于中产及以上阶层，而且主要用于公务领域，很少被用于私人交谈。手机也很大程度上成为地位和权力的象征。据统计，到1990年，全球销售的手机数量仅为700万部。②90年代后，数字移动通信系统被开发出来并投入使用，手机形体变得小巧，通信质量更好，而且费用低廉，手机开始以迅猛之势在社会上扩散开来。2000年全球销售的手机数量达到7亿，③从1990年到2000年十年间，这个数据翻了100倍。手机成为从商业贸易到一般社会生活领域中必不可少的一个组成部分。

我国移动电话的发展稍微落后于美、日等发达国家，也经历了一个类似的过程。1987年，中国电信在广东建成第一个TACS模拟蜂窝移动电话系统并投入商用。90年代初，购买一部手机加上入网费的价格超过2万，手机是一种高档消费品。1994年底，广东开通数字移动电话网，当时，全国的手机用户才156.8万。但是，到1997年底，中国移动用户已经超过1300万。手机用10年的时间所发展的用户数超过了固定电话110年的发展。

现在，不管是从全球还是仅仅从中国来看，手机用户数量均已超过固定电话。根据美国信息服务提供商Wireless Intelligence的报告，到2005年9月，全球手机用户总量已经超过20亿，占全球人口将近1/3。信息产业部的统计数据表明，到2005年底，我国手机用户数为3.93亿，而固定电话用户数则为3.53亿。

自诞生以来，手机的功能和应用就一直不断在拓展。除语音通信外，另外两项最重要的功能就是短信和上网。1992年，英国沃达丰(Vodafone)公司成功地通过电脑向移动电话发送了世界上第一条短信。1993年由诺基亚公司建设的世界上首个"短消息服务中心"正式投入商用。短信业务以其廉价、方便的特性受到手机用户的青睐。2005年上半年，美国Forrester Research公司发布报告，预计2005年欧洲每个手机用户平均每月发送40条各种短信,2010年将会增加将近两倍,约是每月72条;届时欧洲的手机信息总量将会高达每月280亿条,其中以文字短信为主。即使在没有资费优势的美国,短信发展也十分惊人。根据CTIA的调查,2004年12月,美国全国共发送文字短信47亿条,在2003年12月中为21亿条,2001年同期则是2.53亿条。2004年美国平均每个手机用户发送文字短信203条,总计370亿条。

手机功能的另一项重要发展是与互联网服务的整合,手机从单纯的通讯工具演变成为信息接受和发送的综合性平台。通过使用带上网功能的手机,用户可以访问互联网,像普通的互联网用户一样获取和利用各种各样的网上信息和资源,如浏览新闻、收发电子邮件、下载文件等。1999年,日本的NTT DoCoMo公司推出I-Mode手机上网业务,取得极大的成功。2000年,中国移动公司推出"移动梦网"业务,在手机和互联网之间实现沟通,也很成功。在日本,截至2003年1月,手机用户中有6023.5万是带上网功能的手机用户,占手机用户总数的79%。其中DoCoMo的I-Mode用户为3688万。[④]据统计,2004年我国手机上网用户达2500万,而目前已超过3500万。随着我国3G网络的建设,将极大地提升上网速度,可以预见,手机上网用户还会大幅提升。

二、手机传播的特点

电话使点对点的远程传播得以实现。手机则使远程人际传播摆脱了对于特定地点的依赖,人际沟通可以随时随地实现。随着手机新功能的不断开发,手机传播的影响力也越来越强大。就目前的功能设置来看,我们可以将手机传播的特点概括为如下几个方面:

1. 传播手段的便捷化

人类传播技术的发展史也就是一部追求更便捷更高效的传播的历史,其中很重要的一个挑战便是,克服时间和空间对于人类传播能力的束缚。从人际传播的角度,数千年来,人们之间的交往常常依存于某一个特定的地点,并且需要彼此之间有身体的靠近。一百多年前,电话的发明使身体的接近不再必要,但对地点的要求依然苛刻。手机诞生的显著意义便在于,它突破了对于特定空间的依赖,使人际沟通随时可得。从理论上,手机使人们在任何时间可以找到自己想要联系的任何人,反过来,也就是,任何人在任何时间都可以被想要与之取得联系的人联系上。社会交往的难度大大降低。

借助于短信功能,通过手机进行的人际传播具有了更大的灵活性。人们既可以通过语音通话进行直接的传播,也可以通过文字、图像形式进行间接的传播。前者接近于面对面传播,可以保留传播者的语气和语调。后者类似于传统的书信,却更为及时和方便。短信使人们一边与他人保持联系,一边还可以进行其他活动,赋予人们更多的处理信息的自由。

尤其值得一提的是,手机短信使人际传播一定程度上具有了确定性和可复制性。口头传播的一个很大的弱点在于信息的变形和损耗,在口口相传的过程中,最后的受传者所接受的信息往往与初始信息相去甚远。短信转发保留了口口相传中的人际影响和人际信任因素,同时,当某个信息在庞大的人群中扩散时,却甚少发生变异和误差。从这个角度,可复制性大大提高了人际传播的影响力。

2. 传播类型的融合化

从目前来说,手机最频繁最主要的使用仍然是在人际传播领域,但是,随着短信群发和手机上网功能的开发,它也逐渐成为群体(组织)传播、大众传播的接收终端。前者如一些政府机构曾经通过短信形式,向市民进行科普宣传,提醒市民防范不法分子的欺诈行为等;后者如手机报纸的出现。不同的传播类型借助手机这一工具而出现融合化的倾向。

一般来说,每一种传播类型都有其特点,也有其他类型传播所不具备的优势。人际传播的规模很小,但是传受双方之间往往都有一定程度的了解,因而人际传播所具有的亲切感和接近性是其他传播类型很难达到的。群体(组织)传播面向的人数较多,为了确保信息能够到达所有成员,往往需要通过一定的集合形式来进行,如公众集会、举行群体会议等。但这样也同时带来群体动员成本高、传播效率低的劣势。大众传播面向普通的社会大众,因而具有广泛的社会影响力,但是接近大众媒介仍然需要一定的条件,如需要人们留在电脑、电视机前等。

当手机把上述不同的传播类型集聚一体时,实际上也使这些传播类型的特点有了新的组合。通过短信群发进行的群体传播如同人际传播一样,拥有极高的达到率。同样,通过短信转发,人际传播的速度和效率也大大提高。在一定程度上,传播类型的融合意味着借助手机进行的传播,往往同时具有人际传播的接近性、群体传播的严密性和大众传播的广泛影响力。

3. 传播情境的模糊化

情境是美国学者梅罗维茨用来分析电子媒介的社会影响时所使用的概念。情境就是一个信息系统,其中最重要的两个因素在于:谁是观察者和行为的类型。谁是观察者将会影响到人们的行为选择。

传播总是在一定的情境中进行的,并且情境将会影响到传播的状况和效果。在过去的诸多传播类型中,传播情境一般总是相当明确。面对面的人际传播中,传播现场清晰了然。群体传播严密的体系性通常会将非目标对象排除在传播范围之外。即便是如梅罗维茨所言,大众传播中电子媒介的发展促成了不同类型受众的合并,原先仅为一部分受众所获知的信息开始为社会大众所共享,这至少也反映了大众传播者面对的是一种"雅俗共赏式"的比较混杂的传播状况。

利用手机进行的人际传播,传受双方十分明确,但由于是远程移动传播,双方对于彼此所处的环境不甚清楚,如,是否有不合适的旁听者在场,接电话的一方是否有空等。所以,手机传播中的双方往往一开始都要互相询问对方所处的环境,以及是否有时间谈话。

传播情境的模糊化带来的效应是双向的。从积极的角度,它使人们可以不受现代社会繁复的社会分工和空间阻隔的影响,促进了人际交流,特别是没有功利性的闲聊大大增加,有利于维系比较紧密的小群体关系。因此,有西方学者说,手机这种太空时代的技术帮助人们回到了石器时代的交往状态。⑤从消极的方面,传播情境的模糊化也给人们带来许多困扰,特别是公众场合的手机使用成为人们诟病的对象。

三、手机传播的社会影响

美国学者德弗勒等人曾经说:"当一个人寄信、打电话、收听民用波段广播时,这种活动深深地寓于社会的经济、法规、日常习俗和既成的传统之中。即使是两个人之间的传播,真正完全理解的交流也需要从所有社会和文化影响中做出解释。"⑥手机这种新技术除了在个人层面强化了人们的传播能力外,当它在社会上获得普及应用后,也终将在社会层面产生深远的影响。随着时间的流逝,这种影响会表现得越来越充分。就目前情况来看,手机传播的社会影响至少在以下几个方面值得我们关注。

1. 社会信息透明度的提高

手机增强了个人传播信息的能力,人际联系的范围大大拓展。当不同地域、不同领域间的人们的交往变得比较容易时,原先被地域和领域所分割的信息也就可以突破狭小的范围而在更大的空间里得到传播。在有重大突发情况发生时,手机传播的这种影响力表现得尤其明显。例如2003年2月的"非典"事件,在广州媒体尚保持沉默的两三天里,关于"广州发生致命流感"的消息就已经从广州的几家大医院传出,并在市民当中蔓延开来。当时的人们除了口口相传,另外一个重要的传播渠道就是手机短信。当地移动通信公司的数据也表明,数日内的手机短信数量有明显的异动。⑦

手机和互联网结合起来进行的个人传播,甚至使许多人惊叹:传统媒体在新闻报道上的优势地位已经受到威胁。2005年7月8日,伦敦地铁发生爆炸事件,一个名叫威廉·达顿的伦敦市民,通过手机照片在博客上以近乎直播的方式向人们传递了灾难的现场状况。不管是从时效还是从现场上,达顿的报道甚至都优先于传统媒介。为了区别于传统媒体的新闻报道,有人将这种由个人通过手机、互联网等技术手段向他人发布的信息叫作"公众新闻"。⑧也许"公众新闻"终究无法取代传统媒体在新闻报道上的地位,但至少是对现存的社会信息发布体制构成挑战,也对传统媒体的新闻报道行为形成监督,减少了信息中介机构的操纵空间,有助于提高社会信息的透明度。

不过,换一个角度,个人传播能力的增强其实也对社会控制提出新要求。一是原先的信息和舆论机构需要对社会动态、突发事件做出更及时、更灵敏的反映,提供更有效、更可靠的解释,以防止个人传播中流言的畸变,以及由此而引发的社会恐慌或混乱。因为,在新技术的帮助下,一条信息也许只需一两日就足以在社会上产生广泛的影响。二是有关机构应尽早立法,防止不良信息的传播。

2. 社会关系的重新塑造

如果说互联网的诞生带来了所谓的"虚拟社群",具有共同利益或兴趣的人们可以超越地理的界隔,在网上聚会交流,那么,手机传播的发展则是帮助人们从电脑显示器前解放出来,让虚拟的群体走进现实,给予他们更多行动的力量。

手机的广泛使用催生了许多崭新的社会现象。其中之一即是所谓"快闪暴走族"的出现。即一群互不相识的人们通过互联网和手机联系的方式,在相同的时间里突然聚集在相同的地点,在短暂的行为过后又突然消失。这类现象首先发生于2003年的美国。据媒体报道,在我国的成都、哈尔滨、广州等城市也出现过类似情况。由于这个群体的行为仍然遵循法律的框架,而且并无显在的目标,因而大多数时候被当作是年轻人寻求刺激来解释。

另外就是"手机社群"的崛起。和互联网上的"虚拟社区"一样,"手机社群"一般也是由一些生活中互不相识的人们所组成,只不过前者通过电子邮件进行联系,后者则主要依赖于手机的文本短信。《华尔街日报》曾经报道过一个手机社群的情况:⑨一个25岁的心理咨询师组织了一个祈祷小组,每天她都要给她的120个小组成员发送祝福短信,并且组织他们进行祈祷。这个群体的组织者表示,通过手机短信进行的沟通要比通过电子邮件的方式进行的联络更为有效,因为她可以随身携带手机,却不大可能随时随地带上电脑。在如今的美国,这样因为共同兴趣而形成的手机社群很多,主题从商业到体育到情感,不一而足。

在这些现象的背后,更值得关注的其实是在传播新技术背景下的群体组织方式的转化。传统上,社会关系的形成依赖于固定的地点和组织化的机构,群体一般是建立在社区、学校、企业,以及各种各样的组织机构的基础上。而借助手机传播所发展出来的群体不管是在成员构成、群体目标还是在行为方式上都与传统的群体有很大的差别。

3. 社会动员的潜在力量

在西方学者眼里,手机传播的一个令人瞩目的特征在于其强大的社会渗透能力。由于费用低廉,操作简单,手机的社会普及程度要远远高于互联网,那些因为贫穷而购买不起电脑的家庭,大部分都能够使用手机。不少学者甚至寄望于手机能够弥合因互联网扩散所产生的令人担忧的信息沟。因为架设固定电话线路需要巨大的投资,而依赖于无线电波的手机发展则要简单得多。学者还发现,在贫穷、偏僻的非洲地区,人们跳过固定电话这一发展环节而直接用上了手机。

当手机拥有极高的普及率,并且可与大众传播功能相连通时,其在社会动员中的意义便不言而喻。社会动员通常需要耗费巨大的资源,如要依赖一定的组织系统,需要相当的资金投入,需要建立特定的信息管道等,因此,传统社会中,社会动员从酝酿到行动费时甚长,效率较低。借助互联网和手机传播技术,社会动员的形态发生很大改观。

首先是社会动员成本大大降低。只要能够获得上网的条件,理论上,任何人都有能力向社会公众进行宣传动员。许多在传统社会中单个人无法完成的任务,在互联网时代都已成现实。手机传播的加入,使盲目的大众传播的指向性更强,也为社会动员添加了更多人际影响的因素。其次,社会动员的形式变得分散。社会动员不再需要严密的组织,甚至连传统意义上的核心的领导性的人物也不再必要。也正因为如此,在互联网和手机传播背景下,群体心理因素在社会动员中的影响也就更加值得关注。

---

①⑤ Hans Geser (2004). "Towards a Sociological Theory of the Mobile Phone". http://socio.ch/mobile/t_geser1.pdf.

②③ Holly Bautsch(et al. 2001). "An Investigation of Mobile Phone Use: A Socio-technical Approach". *IE 449 - Socio-technical Systems in Industry-Summer Session.*

④ 匡文波《论手机媒体》,载《国际新闻界》2003 年第 3 期。

⑥ 德弗勒、丹尼斯著,颜建军等译,《大众传播通论》,第 23 页,华夏出版社,1989 年版。

⑦ 陈海、江华,《广州抗击不明病毒》,载《南方周末》2003 年 2 月 13 日。

⑧ 杨琳桦《博客时代的"公众新闻"》,载《21 世纪经济报道》,2005 年 7 月 14 日。

⑨ Li Yuan, "Text Messages Sent by Cellphone Finally Catch On in U.S." *The Wall Street Journal.* August 11, 2005.

信息的协同过滤与网民的"群体极化"倾向

郭小平

【内容提要】"铜须事件"成为2006年度网络最轰动的事件。议题由道德的讨伐上升为"网络暴民"之争,集中体现为网民的"群体极化"倾向。群体心理、网络信息的"协同过滤"与"信息窄化"机制导致群体极化,群体极化必然引发网络的"符号暴力"。

【关键词】协同过滤 群体极化 信息窄化 符号暴力

【作者简介】郭小平,华中科技大学新闻与信息传播学院

网友"狂野之城"通过QQ记录得知:结婚六年的妻子"幽月儿"在玩"魔兽世界"中与"铜须"产生婚外情并有出轨行为。其后,他在论坛发帖并引起了媒体关注,使得事件被更多的人关注,事件开始升级,更多惊人内幕被爆出……当事人郑新也通过视频来说明出轨事件并不是真实的,但事情真相是否真是如此呢?由于最初的发帖人一直没有再出现,所谓"铜须门"事件,实际上已成为一桩"无头案"。

网络延伸了人们的传播空间,也改写了人们的传播观念。"铜须事件"已经由最初的道德讨伐、网络追缉升级到"网络暴民"之争。网友的个人私生活为何演变成令人瞩目的媒介事件?"铜须事件"为何又从网络侵入个人的现实生活?"铜须事件"为何成为"网络暴民"之争的媒介符号?本文无意探询"铜须事件"的真伪,而旨在通过"铜须事件"透视网络信息的协同过滤现象与网民的"群体极化"倾向。

"铜须事件"的网络传播

"铜须事件"的网络传播大体经历了四个过程:1.事件起因:苦主发帖。2006年4月13日中午,网络游戏《魔兽世界》中国官方网站的论坛上,出现了一个名为《2区麦维影歌守望者发生的丑闻:一个让你更珍惜爱人的理由》的帖子,发帖人"狂野之城"细述了自己如何发现妻子"幽月儿"(魔兽游戏ID)出轨的经过;2.事件发展:《铜须与幽月

儿的聊天记录》在网络上被公布;3.事件升级:《2区麦维影歌丑闻　事态进一步升级》发表;4.事件"受害者"消失:在贴出《丑闻》和《让生活继续》的两个帖子后,"狂野之城"再未出现,而首次转贴者"锋刃透骨寒"最后一个帖子则称一切都是杜撰。5.舆论再度引爆:央视《大家看法》栏目以及欧美的一些报纸介入并对中国网民的行为提出质疑,网民则在天涯等网站组织起了新一轮的反击运动。一度沉寂的"铜须事件",随着央视的报道和网民的回应,再次从网络转入现实之中并再次火爆。

"铜须事件"的网络传播过程集中体现为四篇网文,网友声援引爆了"铜须事件"。网络媒体设置了传统媒体的新闻议程,传统媒体的介入使事件升级并引爆了新的舆论焦点。媒体放大了"铜须事件",事件本身又融入了网民的集体记忆(如"陈易风波"、"虐猫事件"、"清华女生铊中毒"、"韩白PK"等)与中国式的伦理道德判断。于是,"铜须事件"成为2006年度网络最轰动的事件。

网民的"群体极化"倾向

民意或议题在网络上得以深化,形成公共意见。"铜须事件"悬而未结,在信息不充分的情形下,网民极易将长期以来或者在由特定议题引发的愤怒,迁怒于一个具体的对象。民愤的非理性体现了网民的"移情"效应。对"铜须"的网络审判,就成为一种传播的仪式或象征。

在《网络共和国:网络社会中的民主问题》一书中,美国当代法哲学家凯斯·桑斯坦用"群体极化"(Group Polarization)理论解释了网络中的仇恨。所谓的"群体极化"现象是指"团体成员一开始即有某些偏向,在商议后,人们朝偏向的方向继续移动,最后形成极端的观点。在网络和新的传播技术的领域里,志同道合的团体会彼此进行沟通讨论,到最后他们的想法和原先一样,只是形式上变得更极端了。"[①]简言之,群体极化是指群体成员中原已存在的倾向性,通过群体的作用而得到加强,使一种观点或态度从原来的群体平均水平,加强到具有支配性地位的现象。

该理论假设:群体的讨论可以使群体中多数人同意的意见得到加强,使原来同意这一意见的人更相信意见的正确性;而原先群体反对的意见,经讨论后,反对的程度也更强。这种极端化倾向可分为两种:冒险偏移;谨慎偏移。群体极化具有双重的意义:它既能促进群体意见一致,增强群体内聚力和群体行为,也能使错误的判断和决定更趋极端。

同样,"沉默的螺旋"理论与勒庞的群体心理学也揭示了凯斯·桑斯坦的"群体极化"理论。德国社会学家伊丽莎白-诺尔-诺伊曼1974年提出的"沉默的螺旋"理论揭示了群体意见的自我封闭性。法国社会心理学家勒庞(Gustave Le Bon)则分析了个体如何在一个非理性、易激动、少判断、好左右的群体里走向极端的心理机制,认为人作为行动群体中的一员,其集体心理与他们的个人心理有着本质的差别,成员的判断极易受到感情、名望、权威等左右。②互联网论坛区的跟帖,在同一议题下容易造成群体的情绪感染或同化。在道德话语与网络狂欢的指引下,诸多网民以网络"哄客"的匿名身份,躲藏在黑暗的数码丛林里,高举话语暴力的武器,狙击那些被设定为"有罪"的道德猎物。网络媒体的道德批判迅疾转变为现实的道德仇恨与群体的情绪宣泄。

2006年6月2日,央视《大家看法》栏目播出的《"铜须门"丑闻》节目称:一份虚拟世界的大字报,演变成一场大规模的社会讨伐,"在网络上大肆地进行讨伐本身是一个更应该被讨伐的行为"。此外,"铜须事件"引起海外媒体的关注。《纽约时报》、《国际先驱论坛报》和《南德意志报》等欧美报纸,相继刊发报道,质疑中国网民的做法是对个人权利(隐私权、情感和生活方式选择权等)的严重侵犯。《国际先驱论坛报》以《暴民统治中国互联网:键盘作武器》为题,批评了中国网民的"暴民现象",认为"网民群体以道德优越感而非法律依据作依托,实施集体对个人的道德讨伐甚至现实攻击"。

央视以及海外媒体对此发出了不同的声音,网民予以强烈的回击,对"铜须"的道德讨伐升级为"网络暴民"之争。海外媒体的报道,可能存在议题框架预设、将道德问题"泛政治化"之嫌,然而,不容忽视的是:当网民自我封闭于特定的BBS,受众所能听到的就只能是自己的"回音"而已;一旦极化的网络群体自决于异见,必然导致对不同观点的狂热的口诛笔伐。

网络信息的协同过滤

与传统媒体相比,网络是个性化的媒体。"当筛选的力量没有限制时候,人们能够进一步精确地决定,什么是他们想要的,什么是他们不想要的。他们设立了一个能让他们自己选择的传播世界。"③网络为志同道合者的沟通提供了便利,但缘于网络时代个人信息的量身定制与网络空间信息海量性的悖论,群体内部的讨论并没有避免群体极化,而是强化了群体极化。"信息时代中,大众传媒的覆盖面一方面变得越来越大,另一方面又变得越来越小",甚至"在网络上,每个人都可以是一个没有执照的电视台"。④"社会小团体,包括虚拟串联(cybercascades)潜藏着许多危险,在那儿信息不管对或错,都会像野火燎原般地传布开来。"⑤从这个意义上讲,网络传播的个性化强化了网络受众的群体极化。

那么,网络传播中的极化现象又是如何形成的?凯斯·桑斯坦提出了网络中的

"协同过滤现象"(collaborative filtering),即网站通过信息的同类搜集和网址链接,在提供方便的同时导致了信息"窄化"。这样的结果会导致群体极化现象,从而产生仇恨。⑥"铜须事件"更丰富地体现了网络信息传播协同过滤的多种方式。

网络中的道德仇恨,既受制于中国的传统文化与道德伦理观,又受制于主流的意见。BBS中的"舆论领袖"起到了不可低估的议程设置与舆论中介作用。网友们建构了论坛的"金字塔"结构的不同部分:居于塔顶的是少数能够提出实质性意见的"舆论领袖";位居塔身的是一些积极顶帖、灌水的中坚力量;位居塔底的是散乱点击的大多数网民。舆论领袖(包括网站自身的网络营销策划等)引爆舆论,普通网民则以点击率、回帖数量等形式跟进。在这场网络的狂欢之中,"法不责众"的心理成为众多网友的粘合剂。

有学者指出,舆论的主体具有"非实体性":1.他们在舆论调查中是集合的,但在现实社会中一般是分散的;2.公众的构成是变动的,会随社会结构的变化、某些社会现象和问题的出现或消失而不断重新组合;3.按照一定的规则有意识地组织起来的群体,与本来意义的自在公众是有区别的。⑦网络舆论主体游走于网络之中,并随着新闻的热度升降而增减,随着议题的转移而转移。在"铜须事件"中,一些爆料人或网友的注册日期即为发帖日,此后该ID就再也没有登录——明哲保身与娱乐狂欢集于一身。网络传播的匿名性、互动性与个性化,对"沉默的螺旋"提出了挑战,但是,在网络传播的实践中,尤其是在BBS中,"沉默的螺旋"现象依然存在,舆论领袖依然可见。这是网民呈现"群体极化"倾向的一个重要原因。

网络的超链接在某种意义上也是一种信息过滤,使网络群体呈现极化倾向。超链接赋予网络的海量信息与多元选择,受众在多元的信息社会里获益,但实际上,一些网站一般只链接与自己的价值取向相一致的网站,而很少链接和自己意见相左的网站。"就某种程度而言,这种缺乏竞争观点的信息揭露,将不可避免地导致群体极化"。⑧从这个意义上讲,群体极化是社会影响、论据有限而且被扭曲的双重导向的产物。

网络传播的"信息窄化"与"符号暴力"

当网络媒体提供了一个可以对信息进行系统性过滤的环境,受众选择性地接触并不断强化接近性的信息,看似个性化的信息受到这种"窄化"机制的制约,所对话、沟通的对象很容易集中于类似的观点。一旦受众懒于接收不同的信息,经过协商而形成的民主沟通也就难以实现。

人们的好奇心激发了网络言论需求的持续升高,表达自由的机制也必须从这种需求的角度予以检视,但"当个人都忽略了公共媒体,而对观点及话题自我设限时,这样的机制其实存在着许多危险"。[9]一旦愈来愈多的人只听到他们自己的回音,这样的整齐划一比众声喧哗更糟糕。

就网络传播的特性而言,非理性可以形成巨大的舆论导向并压制理性的声音。"网络对许多人而言,正是极端主义的温床,因为志同道合的人可以在网上轻易且频繁地沟通,但听不到不同的看法。持续暴露于极端的立场中,听取这些人的意见,会让人逐渐相信这个立场。"[10]网络让人们更容易听到志同道合的言论,却也让自己在极化的网络群体中更孤立,听不到相反的意见。网络信息的协调过滤、网民的群体极化,必然导致信息的"窄化",使网络的互动成为"回音壁式"的互动。

网络天生就具有自由平等的可能,但技术本身并不能带来民主。"铜须事件"一开始就是对他人的个人权利(包括隐私权、情感和生活方式选择权)的严重侵犯。对"铜须事件"表示怀疑甚至只是中立的言论都遭到网友们潮水般的攻击,其中很大一部分已经上升为赤裸裸的人身攻击。

"统治性的话语如何保证自己的价值和地位,并且能够持续限制、禁止或者剥夺其他选项或竞争定义?"[11]传媒是如何成功地维持一个在统治传播系统中的有偏向的或已界定的意义范围?这在网络传播中又是如何得以完成?

社会学家戈夫曼的"拟剧理论"将社会这个大舞台分为前台与后台,电子媒体将本属个人隐私的"后台"信息在"前台"予以呈现。当公共领域过度地向私人领域开放后,某些议题在私人领域与公共领域之间转换,一些私人领域的信息也有可能通过各种渠道进入"公共领域",成为公共话题。电子媒介改变了传播的社会情境,少数人利用网络媒体的特性,满足了受众的"窥私欲",也满足了一些媒体、企业或个人的目的。

"铜须事件"就是网民个体在公共媒体和私人领域里的一种角色错位。"幽月儿"与小人物"铜须"的外遇与出轨本属个人的隐私,经"狂野之城"在网上公布了妻子和情人长达五千字的QQ对话后,私密话题迅速转换为关乎道德的公共话题。伴随着媒体介入,媒体的讨论又迅速延续到了对私人领域中个体生活的讨伐,如组织网络攻击的战团、盗取"铜须"的QQ、MSN和邮件等资料、公布其家人、朋友甚至他就读学校的电话、贴出《江湖追杀令》、号召对"铜须"及其同伴甚至所在大学进行抵制——"不招聘、不录用、不接纳、不认可、不承认、不理睬、不合作"等。短短几天之内,团队发展到了数万人。"铜须事件"由私人领域进入公共领域、从公共领域延伸至对私人生活的干涉所形成的"符号暴力",同网络媒体的虚拟性有一定关系。网络群体性伤害带来责任的相对免除,匿名加入群体后常常会导致情绪放纵与符号暴力。

哈贝马斯在他的后期著作中提出"理想言词"(ideal speech)的概念,认为公共空间的言论必须真实、易于理解和有诚意,不能存心歪曲事实。[12]当下的传播语境中与这种"理想言词"的状态有很大的落差。"网络暴民"中的"暴"事实上不是现实中的暴力,而是一种"符号暴力",即用文字、符号来表达自己,追缉、鞭挞讨伐的对象,即使是网上"追杀令",也只是网民表达愤怒的一种非理性方式。从概念上讲,"暴民"与"符号/语言暴力"中所使用的"暴"在涵义上不同。"网络暴民说"是虚拟的焦虑,但这并非排斥网民必须加强自律。

结　语

　　信息超载后的强大过滤,可能带来群体极化对民主的威胁。从言论的市场需求来看,许多的问题是由政府与企业操纵与垄断制造的,但长期来看,网络传播的极化现象,也是由网民造成的。这并非指网民通常都很不理性,而是指他们各自在封闭的情形下作出自认为完全理性的选择,汇集在一起后,往往与民主的目标背道而驰。

　　"铜须"事件对于"魔兽世界"、"猫扑网"与天涯论坛而言,是个经典的网络营销案例,当事人不过是棋子而已;"铜须"事件是个人隐私,和民主、正义无关。从本质上,"铜须"事件关涉的是个人隐私与伦理道德的话题,但是,由于媒体与网民的高度介入,迅疾演变为"网络暴民"之争。对"铜须"的追缉与声讨,表明了网民的一种态度、愤慨、失望与强烈的不认同,"铜须"事件包含了网民对传统道德被遗弃的愤怒。而虚假信息的来源、恶意发贴、篡改信息等,强化了网络的"符号暴力"。"铜须事件"不仅是出于某种道德渴望与仇恨,而且迎合了集体狂欢的娱乐需要与网站的盈利诉求。网络的非理性不仅表现为话语之争,由话语激发网络道德审判更是触及到了个人的现实权利——网络批评从虚拟、仪式转化为群体性的现实伤害。

　　"铜须"事件让受众看到:网络具有一定虚拟性,同时也是社会的真实写照,现实中利用网络而发生的不道德行为正在增多;网络的群体极化也威胁着理性的沟通。网络"哄客"对道德、游戏的双重狂欢的不倦追求,无法培育出健康的公民团体,"铜须事件"是网民自我反省的沉重起点。公众对失德者的愤慨有着积极的意义,但越位的讨伐也隐含着网络文明的缺失。

参 考 文 献

[1] 文眸:《网络审判团:受控还是失控》,《中国新闻周刊》,2006年总第278期。

[2] 朱大可:《铜须、红高粱和道德民兵》,《东方早报》,2006年6月9日。

[3] [美]约书亚·梅罗维茨:《消失的地域——电子媒介对社会行为的影响》,肖志军译,清华大学出版社,

2002年。

---

①③⑤⑥⑧⑨⑩ [美]凯斯·桑斯坦著:《网络共和国:网络社会中的民主问题》,黄维明译,上海人民出版社,2003年,第47页,第2页,第8页,第16—17页,第49页,第10页,第50页。

② [法]古斯塔夫·勒庞:《乌合之众——大众心理研究》,冯克利译,中央编译出版社,2000年,第134、146页。

④ [美]尼葛洛庞帝:《数字化生存》,胡泳、范海燕译,海南出版社1997年,第192—193页,第205页。

⑦ 陈力丹:《舆论学——舆论导向研究》,中国广播电视出版社,1999年,第11—13页。

⑪ [英]斯图亚特·霍尔:《"意识形态"的再发现——在媒介研究中受抑制后的重返》,杨蔚译,蒋原伦、张柠主编:《媒介批评》(第一辑),广西大学出版社,2005年。

⑫ Monroe E. Price, *Television, the Public Sphere, and National Identity*, Oxford: Clarendon Press, 1995. 转引自苏钥机、李月莲:《新闻网站、公共空间与民主社会》,新闻传播资讯网,2003—8—21。

播客:跨文化传播的新渠道

李文光

【内容提要】本文从传播学的视角出发,对国内外播客进行对比分析,发现目前中国国内播客的内容设置与发展模式不利于进行跨文化传播。本文通过分析国外播客在跨文化传播方面取得成功的经验,提出我们应该加强这些方面的工作:播客内容的科学化与多样化;加强传统媒介对播客网站的推广与支持;相关政府部门应该树立"利用播客来宣传中国"的观念,投资和鼓励企业和个人制作面向国外受众的文化类、民俗类、旅游类视频节目。

【关键词】播客　跨文化传播　土豆网　YouTube

【作者简介】李文光,华东师范大学传播学院文学与传媒硕士研究生

2004年底,播客的概念传入中国后,播客就在中国迅速发展起来,各类播客网站、播客频道纷纷开通,大批播客节目广泛传播,个性化的播客队伍日益壮大,互联网世界形成了一道引人注目的播客景观。传媒界的业内人士、有关专家学者对播客在文化传播过程中的重要作用给予了积极的肯定。比如,四川大学的学者殷俊等认为"作为新兴网络媒介的播客,当然也具有网络媒体的基本特征。同时,播客的视听符号更强化了其跨文化性"。[①]

一、播客简介

所谓播客,[②]是 Podcast 的中文直译,是数字广播技术的一种。最初借助一个叫"ippodder"的软件与一些便携播放器相结合而实现。"播客"门户为用户免费提供 30M 到 100M 的使用空间。"播客"可以用麦克风、电脑录下自己的声频版日记,然后传到自己的播客上。作者还可以选择与广大的网友共享。网友通过下载与订阅播客视频到电脑和 MP3,就可以收看与收听了。说到底,播客就是用声音和影像来写的博客。播客具备 WEB2.0 时代传媒形态的一些典型特征,如自主的信息传播方式,以音视频为主

的信息传播内容,与其它传媒形态的交融性等等。

二、播客主要网站简介

播客于2004年下半年开始在互联网上流行,发展迅速。

在中国,自2005年播客频道开通以来,播客站点增长迅速,到2006年底已经达到了约150家,[3]播客站点的点击率一路上扬,从而吸引了网络运营商、电信运营商及媒体的热烈追捧。截至目前,中国的视频播客类的网站约150多家,排在前列的分别是:土豆网、优酷网、我乐网、悠视网、酷溜网、六间房、UUMe、琥播网等。其中土豆网从2005年初成立至今就一直在致力于打造先锋媒体。当前,土豆网已经成为视频播客最大的制作和发布网站,也是国内第一个拿到风险投资的中国播客网站。2007年1月的统计[4]表明,它已经发展到了15000个频道,50000浏览/天,15万注册用户,共拥有30000个音频和视频片段。

2006年,全球的播客网站爆炸似的膨胀。播客的使用者不仅是个人,一些相关机构,如广播公司、ABC、NBC、ESPN、迪斯尼等电视台都在其网站上推出了免费的播客服务,《商业周刊》、《福布斯》等财经媒体的网站也先后出现了根据杂志内容制作的播客节目。据美国权威的商业周刊《Bizreport》[5]估计,目前美国使用播客的人数大约为84万,到2010年这个数字将超过5600万。其中全球播客网站领头羊YouTube(在线影片分享网站)的流量已经超过传统的大牌媒体,2006年底,YouTube网站共收集了3500万部短片,而且还以每天3.5万部的速度增加。[6]Google高度看好这一新生网站,以1.5亿美元成功并购YouTube。

三、中国国内播客与国外播客的内容与分类比较

1 中国的播客内容及分类

当前中国播客节目的内容类别较多:如土豆网的节目类别分类有原创、音乐、搞笑、游戏、体育、科教、娱乐、影视、动画、广告、生活、其他。从类别上看还是很丰富的,但是从数量上看,音乐、原创、娱乐、影视、动画五类以娱乐、情感交流为主的节目远远超过了其他节目。

我们再看看土豆网排行前10名的节目,基本是清一色的娱乐、搞笑类节目。

在土豆网,排名第1位的节目的总浏览次数为54618,收藏人数为157,总评论数为139,从评论与浏览的用户来看,几乎全部是中国用户在发表评论。其他九个排名前十

位的节目也是一样的情况。

土豆网节目分类

类别	数量	类别	数量
原创	320911	娱乐	320236
音乐	346049	影视	197528
搞笑	35585	动画	158597
游戏	56853	广告	26312
体育	29045	生活	86271
科教	20280	其他	28701

土豆网排行前 10 名的节目形式、浏览量及类别

排行/类别	节目名称(浏览人数)	排行/类别	节目名称(浏览人数)
1/原创	拳皇 XX-篮球(54618)	6/搞笑	透明电梯(29860)
2/原创	猫耳宝贝女生系列(51204)	7/原创	花样精彩片段——捉弄(27073)
3/搞笑	别以为厕所没人(42043)	8/原创	九宫格作品——看电影记(24885)
4/搞笑	一个人的精彩央视(31299)	9/搞笑	花样少年少女 150D 大结局(24778)
5/搞笑	忍不住笑(30518)	10/原创	虚假的泛滥(23097)

2　国外的播客内容与分类

YouTube 网站的内容设置与中国国内播客网站的设置有很大的不同。播客内容涉及的范围远远比国内播客要多。在热门节目的设置方式上是按类别来划分。即每一个类别都有排名前十位的播客内容。

YouTube 节目分类

类别 1	类别 2
Auto & Vehicle	Music
Comedy	News & Politics
Entertainment	People & Blogs
Film & Animation	Pets & Animals
Gadget & Games	Sports
How to & DIY	Travel & Places

YouTube 网站的播客内容来自世界各国,其中中国用户上传的播客短片 81400 部,内容大多是自创的搞笑类与娱乐类节目,只占到了 YouTube 网站播客片数的 0.2%。在各类别节目的热门节目单中,几乎没有中国用户上传的节目,只有 Music 类别里面有

一个《Amazing Child Drummers》的中国内容的节目排到了音乐类热门节目的第三位。

四、国内外播客对比分析

从上面对于国内外播客的现状分析可以看出,尽管国内外的播客呈现着迅速的发展势头,但是从播客的节目内容设置、播客的发展模式、播客的传播方式来看,仍然存在着许多的差异。

1　内容设置方面的差别

从土豆网与 YouTube 网站中播客内容的设置中可以看出,中国播客的理念强调个性张扬,满足了国内网民们的上网娱乐需求。但是唯娱乐一边倒的播客内容限制了播客的跨文化传播。许多原创内容含有情色成分,一旦对外传播,必然造成恶劣的影响;此外还有一些播客公然宣称诸如"秉承'负责恶搞一切'之原则,以扯蛋反击平淡,以庸俗超越通俗"[7]之类的宗旨,制作低俗的播客节目。总之,中国播客中恶俗化、低俗化倾向的节目没有向外国网民传播真正的中国文化。

相比较中国的播客,国外的播客在内容设置方面相对合理与多样化。比如 YouTube 网站的播客内容设置中 Travel & Places、Pets & Animals、How to & DIY、Gadget & Games、Auto & Vehicle 等内容就具有很强的实用性与科学性,具有很强的推广性。

2　发展模式方面的差别

播客网站在中国的发展更多是一种自发行为。从内容设置就可以看出,政治、新闻、文化类节目在中国播客中只占有很少的部分。究其原因主要是中国政府相关部门在采纳新数字传媒技术、运用新传媒形态方面比较谨慎,还没有掌握好网络媒体的发展规律。这导致中国播客的内容来源相对贫乏,只有个人自发的播客内容上传。其实,根据中央三台所做的"中央三台"网络电台、网络电视受众调查,[8]70%的受众希望国际在线多语种网络电台和银河网络电台能够提供播客平台,反映了他们对这一新技术平台的热切期望。播客内容来源权威性低,质量无法保障,自然限制了中国播客在世界上的认可度,阻碍了中国的跨文化传播。

在美国等国家的播客发展过程中,除了个人或小团队所发挥的作用,传统媒体网站对播客的推广也起到了积极的推广与促进作用。比如 YouTube 网站中的许多内容就来自美国著名的播客节目——IT 谈话(IT Conversations),这是一个科技类型的播客,这个节目拥有三位开发者,八位音频工程师,十六名编辑,分为九个系列,内容是非常专业和权威的。这个播客在 2006 被《商业周刊》评选为播客之首,得票率高达 52.7%。

3　在语言使用上的区别

中国播客用户制作的播客内容往往是使用普通话来进行制作,即使上传到 YouTube 网站上的播客内容也是普通话为主的。比如在 YouTube 网站上搜索到的中国播客的内容中,搞笑类的节目占到中国播客节目总数的将近七成。这些节目往往是通过语言的搞笑来取得效果的。而世界上大多数国家是使用英语来制作播客的。所以,如果上传到国外播客网站上的视频使得外国人不能理解的话,点击率自然很低。

五、观点和政策建议

从上面的分析我们知道,播客虽然发展迅速,而且受国内外网民的欢迎程度较高,但是就目前的客观状况来说,不论是中国的播客网站还是利用国外的播客网站,都不是理想的跨文化传播工具,至少在短期内不具有可操作性。但是,播客在跨文化传播方面具有潜在的优势。这些优势需要被充分开发出来才能够使得播客在跨文化传播方面发挥实际作用。笔者认为我们可以在以下三个方面加强工作:

1. 播客内容的发展和建设需要科学化与多样化。播客节目的内容对于中国播客的发展是十分重要的。只有播客的内容多样化与科学化起来,播客内容才有机会进行跨文化传播,其他国家的网民才能更了解中国。因此,当前中国播客的内容亟需发展与建设。尤其是中央新闻网站,如国际在线、中央人民广播电台网站、央视国际等在音视频节目的制作方面具有丰富经验的媒体单位应该积极主动地进入播客领域,打造高品位播客节目,提升播客理念,推动播客的发展。

2. 播客网站的发展需要传统媒体的推广与支持。中央级新闻网站应尽快运用播客传媒形态,一来可以借助新传媒形态扩大自身在国际上的影响力,另一方面也可以推动播客的良性发展,把播客在中国的发展变成一种有组织的行为,让播客这种传媒形态服务于中国的跨文化传播。

3. 中国的相关政府部门应该树立起"利用播客来宣传中国"的理念,投资和鼓励企业和个人制作面向国外受众的有关中国文化类、民俗类、旅游类视频节目,同时鼓励播客网站制作与推广这样的节目,以满足国外受众通过网络了解中国的欲望。

---

① 殷俊.浅析播客传播的主要特征[DB/OL]. http://media.people.com.cn/GB/4808987.html,2006—08—21。
② 曹健.网络再掀草根浪潮 "播客时代"你也能勇敢 DJ[DB/OL]. http://news.xinhuanet.com/newmedia/2005—09/23/content_3530499.htm,2005—09—23。
③ 何苗.中国视频网站:做下一个 YouTube 还是做自己[N].中华工商时报,2007—1—23(2)。

④ 杨琳桦.把 Web2.0 搬进仓库 上海着力发展创意产业[J].21 世纪经济报道,2007,(1):12。
⑤ 唐宜青.播客掀起 WEB2.0 时代的草根狂热[J].经济,2005,(9):14。
⑥ 谢哲毫.人气大幅攀升,播客或成为下一个网络传奇[J].IT 时代周刊,2006—7—5(business):32。
⑦ 刘瑞生.对中国播客的发展思考[J].中国传媒科技,2006,(5):26。
⑧ 刘瑞生.对中国播客的发展思考[J].中国传媒科技,2006,(5):26。

写博真的可以随心所欲吗?
——对博客自由与责任之争的反思

郭翠玲

【内容提要】 是否应该实行"博客实名制",是近期在网上引起热烈争议的话题。争鸣的焦点自然是始终不离对所谓的"自由"的理解和阐述。互联网的诞生和发展无疑给我们的思想交流和话语表述提供了一个开放的平台,使我们得到自我表达及与他人进行交流的机会,这是科技对人类和社会的巨大贡献。然而在现实生活中,绝对的自由从来都是不曾存在的,我们在享受"网上自由"的同时,万不能忘记与"自由"始终相伴随着的责任,更不能用所谓的"自由"侵犯他人的合法权利甚至挑战社会道德底线,而风闻一时的"长袭袜"现象就是对这种过度自由的无形鞭笞。

【关键词】 博客 自由 责任 道德

【作者简介】 郭翠玲,中国人民大学新闻学院2006级新闻学博士生

　　十届全国人大四次会议记者招待会上,温家宝总理在回答美国记者有关中国互联网管理问题的提问时,引用了萧伯纳的一句话:自由意味着责任。

　　博客可以看作是人类传播史上的一次革命,它从一诞生便显示出强大的生命力,成为一种日益突出的传播力量。任何人都可以在网站申请开通自己的博客,它让包括草根阶层的人真正拥有了话语权。在自由的推动下,博客的规模似乎理所当然应该日益壮大。然而高度的自由往往会带来自由的泛滥,当这种泛滥足以影响我们的生活和判断力的时候,我们还会容忍它继续"随心所欲,为所欲为"吗?

一、博客:web2.0时代一种新的传播方式

　　博客对应于英文名称是weblog,简称blog,"博客"一词就是从英文单词Blog翻译而来的。它指的是在网络上发布和阅读的流水记录,通常称为"网络日志"。在英文中还有一个词是blogger,它指的是撰写blog的人。Blogger在很多时候也被翻译成为"博

客"一词,而撰写 Blog 的这种行为,有时候也被翻译成"博客"。因而,中文"博客"一词,既可作为名词,分别指代 blog(网络日志)和 blogger(撰写网络日志的人),也可作为动词,指代撰写网络日志这种行为。

个人看来,blog 并不是有些人眼中的"网络日记"。网络日记带有很明显的私人性质,而 Blog 则是私人性和公共性的有效结合,它绝不仅仅是纯粹个人思想的表达和日常琐事的记录,它所提供的内容可以用来与他人进行交流和为他人提供服务或帮助,是可以包容整个互联网的,具有极高的共享精神和价值。不少学者还将博客视为继Email、BBS、ICQ 之后出现的第四种网络交流方式。

博客诞生于 1998 年的美国,自诞生之日起便显示出它独有的魅力和传播力量:1998 年德拉吉在其个人网站上率先发布"克林顿绯闻案",并在半年时间内引领了美国"舆论导向",差点导致总统克林顿下台。而"德拉吉事件"第一次让世人见识了博客的力量。2001 年"9·11"事件爆发,对其报道最真实、最生动的描述不是《纽约时报》,而是那些幸存者的博客日志。2002 年,多数党领袖洛特出言不慎,博客网站紧盯不放,直接导致其下台。2003 年,《纽约时报》执行主编和总编辑因被博客揭露真相下台,成为美国新闻史上最大的丑闻之一。

2003 年,博客登陆中国后的表现也是可圈可点。是年,王吉鹏为首的发表在博客中国上要求清除互联网黄毒的一系列文章,直接触发全国上下互联网扫黄运动的开展。2004 年 6 月,个人网站《中国舆论监督网》上发表了一篇题为《下跪的副市长——山东省济宁市副市长丑行录》的文章,其中详细记载了李信和举报人李玉春之间的恩怨纠葛以及李信涉嫌贪污、受贿、绑架、故意伤害等多种违法乱纪行为。文后还附有数张这位副市长下跪的照片:李信满脸忏悔之色,神情异常沮丧,甚至涕泪横流。该文很快在各大网站的网页上广为流传。南方周末迅速介入,在调查取证后,于 7 月 22 日刊出《副市长跪向深渊》一文。此事引起山东省委的高度重视,李信很快遭查处。[①]

二、难题:"长套袜"事件与博客自由的滥用

除去这些人所共知的正面作用与影响,博客的传播过程也不时传出不和谐的音符。中国博客网用户"K007"在自己名曰"长套袜"的博客上,匿名刊发了一篇《烂人烂教材》的网络日志,指名道姓地辱骂陈堂发是"猥琐人"、"简直就是流氓"。当陈堂发无意间发现这篇博客后,他致电"中国博客网"要求删帖,但双方交涉未果,最终引发诉讼。法院审理认为,这篇博客中的言辞在通常人看来明显具有侮辱性质,因存在侮辱原告的内容而构成有害信息。"中国博客网"在接到陈堂发电话通知后,没有在合理的时间内

采取措施,停止有害信息的传播,未尽到"善良管理人"的注意义务,应承担相应的法律责任。因此,法院最终判决"中国博客网"的主办单位杭州博客信息技术有限公司在该网站首页向原告陈堂发刊登致歉声明并保留10日;赔偿原告经济损失1000元。②

原博客网创业者周永德连续在其专门开设的博客《扒方兴东的皮》上发表10余篇文章,全面揭示博客网的发展历程、纠纷、矛盾,言辞中充满了对有"博客教父"之美名的博客网董事长方兴东的攻击。

据法制晚报报道,与陶女士丈夫过往频繁、关系暧昧的胡小姐竟然在中国博客网上发布了99篇《感情记录》,用真名真姓记载了她作为"第三者"与陶女士丈夫的情感经历。陶女士以名誉权受侵害为由,把胡小姐告上了法庭。

三、原因:传统把关体制的淡化

1947年,美国社会心理学家库尔特·卢因在《群体生活的渠道》一文中首次提出"把关人"概念,他认为:"在群体传播过程中存在着一些把关人,只有符合群体规范或把关人价值标准的信息内容才能进入传播的渠道。"

1950年,传播学者怀特将社会学中的这个概念引入新闻传播领域,明确提出新闻筛选过程中的"把关"模式。他指出,社会上存在大量新闻素材,大众传媒的新闻报道不是也不可能是"有闻必录",而是一个选择的过程。在这个过程中,媒介组织形成了一道"关口",通过这个"关口"传达到受众那里的新闻只是众多新闻素材中的极少数;在这个过程中,"把关人"可能是特定的个人如记者、编辑、主持人,也可能是媒介组织如报社、广播电台、电视台,甚至是媒介组织后面特定的社会集团;在这个过程中,"把关人"的职能无非是对即将发布的信息进行去粗取精、去伪存真的加工和整理,他们依据的标准要么是新闻价值的高低,要么是"公正无私"的规定,要么是"把关人"个人的意见,对信息是否可以进入传播渠道或继续在渠道内流动做出决定,并最终把信息传达给受众;在这个过程中,对于广大的受众来说,他们只不过是被主体控制的客体,处于传播过程的末端,面对丰富的信息资源只能被动的选择接受,所谓传受双方的互动只能在肤浅的理论层面上徘徊,至于信息的真实性、实用性就只有"把关人"自己知道了。

但是在Web 2.0时代各种新的技术出现之后,博客、播客等可以使广大网民自己的声音得以传达,它们的出现使媒体把关人的角色淡化,而它所带来公众自主选择权的多样化使得传统的"把关人"理论受到了冲击。

首先,信息传播的过程变得简单。传统媒介的"把关人"主要由编辑和记者来充当,其把关原则首先根据自己的价值标准进行评判,还要充分考虑到传播效果与社会压力。由于单向传播性强,他们必须严守自己的把关职责,体现传媒组织的立场和方针,依据传媒的价值标准来进行有目的的取舍选择和加工活动,其传播流程比较复杂且缺乏传受双方有效的互动。而博客作为信息的提供者其作者自己就是"把关人",他们可以直接向社会发布言论。这种模式省略了传播中间最为关键的环节,即由"把关人"把持着的信息流动"关口",使信息能直接从信息源传递给受众,进一步简化了信息的传播流程。

其次,"把关人"的角色开始从精英化向大众化及个性化转变。大众传播媒介的传播者,无论是特定的社会集团还是媒介组织或媒介工作者,都是传播的主体,是传播行为的发起者,是通过发出的信息主动作用于他人的人。他们始终处于传播过程的首端,对信息的内容、流向、流量以及受传者的反应起着重要的控制作用,是传播特权的拥有者,也就是所谓的"精英"阶层。对于"精英"们传达的信息,广大的公众只能被动的接受,而他们的心路历程、酸甜苦辣则很少被关注,逐渐沦为社会发展过程中的弱势群体。"博客"是一个纯粹网络零技术发展的新阶段,它让每一个普通人都可以自由进出网络世界,都可以通过写博客等手段,更制度化、更专业地参与到新闻传播中。尽管"博客"们还无法成为网络传播的中坚力量,但是,他们作为新闻信息的补充来源,作为新闻信息的再加工者、整合者以及解读者,已经越来越显现出在信息生产环节中的独特价值。

四、美国:"上有国法,下有家规"

美国鼓吹言论自由,博客也被列为享受"新闻自由"的范畴。网上博客可以用真名,也可以用假身份。美国的法律保护个人发表意见的自由,所以目前没有专门的法律限制博客用假身份发表意见。但这并非说,博客可以不受制约。专业人士对记者说,一旦有博客涉及到国家利益、侵权和隐私等问题,自然是"上有国法,下有家规"。

这个国法就是美国制定的比较健全的相关法律,这些法律尽管原先并非针对网络博客,但它们也适用于那些利用博客网站违法乱纪的人。法律在保护个人言论自由的同时,也限制了个人利用这个自由去损害国家利益,侵犯别人的自由。业内人士称,针对博客创建者匿名进行人身攻击,伤害别人的名誉,美国也有办法对付。博客发表的所有东西都要经过网络公司的服务器,只要去查,就可以查出来,然后依法处理。

除了国法还有"家规"。设定这个"家规"的是博客作者所任职的公司、企业或机构。美国英语里有个新词叫"dooce",意思是说,某个人因为自己的博客而被单位开除。在美国,这样的例子很多。其中一个就是国会山一名参议员的助手杰西卡·卡特勒。她用笔名"华盛顿宝贝"在网上发表了一部"日记",记录了她与6个"国会山情人"幽会的情况。尽管她的博客深受读者的"喜爱",但国会山还是决定解雇她,理由是她"不恰当地利用了"参议院的设备和工作时间,向因特网上传"内容不妥"的材料。据美国媒体28日报道,"国会山情人"其中之一,法律顾问罗伯特·施泰因布赫因此也提起诉讼,为自己"当众出丑"提出巨额索赔。由于事关网络博客与个人隐私之间的矛盾,这起官司在美国受到广泛关注。③

美国专业人士指出,博客作者有发表意见的权利,但权利和责任不可分开。记日记是自己的事情,但如果将牵涉到别人的个人日记在网络上公开,那就不是个人的问题,而成了"社会问题",一旦日记侵犯了国家利益或他人的权利,这就成了法律问题。正如一位业内人士所说,如果一个博客只讲权利,而不负社会责任的话,那他在美国将会遭到唾弃。

五、中国:由谁来管

2006年底,北京通信管理局召开了旨在使博客良性成长、理性监管、有序发展的《北京博客产业发展及市场监管研讨会》,会议提出BSP统一监管标准期望;提出是否有必要设BSP分级监管机制问题;充分反映了不同BSP/BCSP在内容监管上的不同而必须从政策上找到一个协调机制的必要性。大家一致认为:没有一个现存内容监管机制可以百分之百解决BSP/BCSP在内容监管上的问题,每一种机制只能解决某一个监管问题。

为什么会出现这样的情况呢？目前,我国对互联网的管理是按信息形态和内容的不同来划分的,所以它有不同的责任主体,实行多部门管理。一个博客可能会涉及到时政、文化、教育、卫生、出版等方方面面,按这种体制来说,十多个部门都有责任来管理博客。

上海社科院研究员、中国传媒大学教授魏永征称,对博客等互联网新业务的管理大大滞后于博客等发展的现状,突出暴露了我国互联网多头管理体制的弊端。④据调查,目前至少有中宣部、国务院新闻办、信息产业部、国家新闻出版总署、国家广播电影电视总局、文化部、卫生部、教育部、国家工商总局、公安部、安全部、中科院、国家保密局、国家密码委等部门分别负责互联网站设立的审批、经营项目的审批及内容管理。

在多头管理的体制下,办一个综合性网站往往需要跑十多个部门去审批办证。以中国规模最大的商业网站之一新浪网为例,在获得互联网业务经营许可证之后,还就不同的经营业务到不同的部门进行审批备案。新浪网副总编助理徐毅称,除非是直接跑审批的,网站一般管理人员都说不清楚这十几家部门具体分管哪部分工作。

虽然说这十几个部门都有基本的分管领域,但部门过多,肯定会出现职责权限不清的问题,比如对网络文化内容的管理,不可避免地要涉及文化、出版、广电等几个部门。内容管理的重叠,不仅造成各部门管理职责不清,还使得互联网管理的效率不高,成本很大。且由于没有明确监管职责,造成对一些博客信息传播的监管盲区,如黑龙江佳木斯发生的虐童案件在博客上不断转载,但没有及时引起有关部门的关注和积极介入,最后造成信息失真,引起网民不满。

诸如此类问题的不断出现导致了广大专家学者及网民对"网络实名制"、"博客实名制"的思考和热烈讨论。但笔者认为,博客的发展动力就是"自由",严厉的监管措施,如实名制、词语过滤、审查发表等措施,必将扼杀这种知识和信息的传播形式。

当然,任何自由都有限制。对博客的监管可借鉴美国的模式,不采取备案、许可、言论审查等等主动的措施,而是采取事后惩罚原则,对侵犯他人隐私、名誉、商业秘密或者有害国家、政府的,且造成严重后果的,应予以坚决制裁。

参 考 文 献

［1］《中国新闻传播法纲要》,上海社会科学出版社,1999 年第一版。
［2］《博客,e 时代的盗火者》,中国方正出版社,2003 年第一版。
［3］ http://blog.sina.com.cn/m/zhouyongde#feeds_FEEDS_1193635517.
［4］ http://hsb.huash.com/2006－12/29/content_6009664.htm.

---

① 南方周末 2004 年 7 月 22 日 A5 版。
②《三湘都市报》2006 年 8 月 3 日第三版。
③ http://hsb.huash.com/2006－12/29/content_6009664.htm.
④《中国新闻传播法纲要》,上海社会科学出版社,1999,第 14 页。

站在街头看文化变迁
——读王笛《街头文化——成都公共空间、下层民众与地方政治》

黄 茜

【内容提要】19世纪初到20世纪初是中国社会发展的一个重要转型期。这一百年间,中国社会的每一个细胞都在发生着不同程度的变化。相比变化程度较激烈的沿海地区,深处内陆的成都则表现出不同的发展模式。王笛《街头文化——成都公共空间、下层民众与地方政治》为我们展现了一幅成都底层城市空间的图景,采用崭新的角度和叙事方式为中国社会在转型期的发展做了注解,同时也对当代中国城市的发展给予了一定启示。本文将着眼于这些内容对该书做出一定的分析和解读,并根据该书所提供的信息,提出一些值得思考和借鉴的街头文化研究的方式和方法。

【关键词】公共空间　街头文化　大众文化　民众　精英

【作者简介】黄茜,华东师范大学传播学院2006级研究生

"公共空间和公共生活是地方文化的最好展示",这是王笛先生在这本《街头文化》中试图证明的最主要问题,这里的公共空间主要指的就是街头,而公共生活则是指一切以街头作为舞台的公共活动。读罢王笛先生的《街头文化》,我们可以很清晰地勾勒出19世纪20年代到20世纪20年代末成都街头文化的发展脉络,可以从对一个物质空间的层层剖析目睹城市公共空间是如何一步步消失以及社会下层民众是如何利用街头空间进行反抗的,从而清楚地看到其背后的政治含义以及街头文化所代表的大众文化的持续性和稳定性。

本书的一个重要特点是采用了"叙事"的方法来讨论公共空间(public space)和公共生活(public life),而刻意避开了使用J.哈贝马斯的"公共领域"(public sphere)这样一个充满了政治意味的术语。通过对一个城市中看得见、摸得着的公共空间的描绘,同样展示了其深层的文化变迁问题,大量史料、图片的使用使得这种阐述更具说服力,同时也为分析中国城市社会的变化、发展寻找了一个新的角度。

在这本书中,作者详细地叙述了成都的街头文化发展状况:一句话,对于民众来说,

不管是谋生还是娱乐,街头比起他们的住所都更具吸引力也更具活力。

众所周知,一个城市的建筑或者说最普通的民居都可以表达这个城市的文化特质。城市的物质文化同精神文化一样存在着多重、复杂的意义。"而城市作为一种'人'的物质构造,它通过地理环境、交通安排、居民分布、社区构成和建筑样式等诸多方面以'空间布局'的形式深刻地制约着'人'的活动(既是物质的,也是精神的)"[1]因为成都的居民住所"房屋多平行发展,一般一层或两层,人们的住家与街面经常只有一个门槛之隔",因此街头的商业活动很容易与市民的日常生活联系在一起。独特的居住形式是成都街头文化繁荣兴盛的一个最主要原因。街边住户基本不存在隐私,街头成为社会交往以及传达信息的主要场所。这不禁让我想到了上海的弄堂民居,同时期的上海弄堂也是一种热闹的公共空间。不同于华北、东北地区的胡同那么大气,上海弄堂的空间有限,由于采光不足或人口太多显得拥挤而使得自来水、厨房甚至厕所等本该是隐私性的设施都成为了公共设施,虽然家庭私密性受到损失,但是邻里之间的关系却更加密切!从这一点上来说,上海弄堂与成都街头有着异曲同工之妙。与今天水泥森林遍布的城市中,居民老死不相往来的冰冷气氛相比,旧有的那种邻里亲密无间的民居文化更显现出其独有的活力与吸引力。由于在这种文化模式中,私人空间与公共空间的界限渐趋模糊,王笛先生甚至提出了"社区自治",即在社区的日常生活中存在一种共同体意识,市民对自己所居住的社区有认同感并会自发地举行以社区为基础的庆典或宗教祭祀仪式。相应地还有一些民间组织出现,这些组织的职能涉及商业及社会生活的组织和管理。比如在成都,会馆和行会大多进行商业事务的活动,而社会生活则多由土地会和慈善会来组织。这些民间组织成为维持社会稳定,促进社会活动有序进行的重要力量。

而作为研究茶馆的专家,作者在这本书中还用了相当大的篇幅来展现老成都旧茶馆的风貌。成都人说自己"一市居民半茶客",这绝非虚妄之言,茶馆是成都社会的缩影,是这个城市的重要组成部分。"有闲阶级"在茶馆消磨时间,"有忙阶级"将茶馆作为工作场所,茶馆不仅是社会各色人等闲谈嗜好的聚集,也常常成为自由市场和交易场所。除此之外,茶馆还是矛盾调解地:成都茶馆有"吃讲茶"一说,茶馆被看作一个"半民事法庭","一张桌子四只脚,说得脱来走得脱"。记得老舍先生在著名的《茶馆》中也有类似的描写,可见过去的茶馆在市民生活中扮演着多么重要的作用!

总的来说,传统成都的街头文化展现的是一幅和谐、紧密、稳定的社会图景,当然传统大众文化免不了有其弊端,这些弊端常被一部分社会精英所不耻,于是一场对街头文化的改良运动开始了!这个改变的过程让精英与大众的文化关系表现得十分复杂。

关于精英文化与大众文化,人类学家雷德菲尔德首先提出了"大传统"和"小传统"

的概念,他将大小传统分别称为"高文化"与"低文化"或者"学者文化"与"通俗文化"等。他认为,乡土社会是"前工业社会",与"现代社会"无法共存,民间文化全靠都市文化推动甚至强制才能实现。后来欧洲学者用"精英文化"与"大众文化"对"大小传统"进行了修正,但他们依然认为大众没有参与大传统,从而推论出小传统由于上层精英的介入,被动地受到大传统的影响,而地方化的小传统的影响则微乎其微,它们之间只不过是一种由上往下的单向文化流动。从成都城市改良的状况来说这种分析显然是不尽然的,对"小传统处于被动地位"的分析是有失公允的。一方面,在强大的改革力量面前,大众文化并没有表现出应有的"被动",也没有轻易妥协;另一方面,这两种文化也并无高低之分。

成都街头文化的改革动因来自于成都的精英(elite)阶层,他们多崇尚西方文明模式,不满城市空间的利用方式和市民在公共场所的表现,试图改变民间"陋习",建立文明的生活方式。比起广州、上海等一些沿海城市,深处内陆的成都在改革期间并未显现出剧烈的变化,但许多新现象、新事物已经在街头出现:比如精英阶层会主张开办博览会、公园,改造茶馆、戏园,放映电影等等。他们试图重建城市公共空间,并加强对普通民众的领导。为了进一步加强控制,他们还建立了警察机构,警察的职能几乎涉及所有的公共事务。可是这一系列的努力并没有能收到预期的效果。大众文化在受到强制性改变时所表现出的稳定性引起了精英文化与大众文化的冲突。王笛先生例举了一些现象:警察在禁止给药王上香、禁止庆祝端午等宗教活动问题上显得软弱无力,对街头的交通管制妨碍了轿夫、牛车夫以及小贩的谋生,对戏剧的改造妨碍了戏园的利益等等,这些都引起了市民的反感和反抗,加深了社会矛盾。而且,改良者的改良也并不一定是进步的或者说是正确的:当成都改良者严厉批评妇女的公共行为时,成都妇女表现出极大的反感情绪,她们勇于挑战男人的世界,穿时装、剪短发,公开出现在公共场所。这些都可以看出社会精英的改革并不都是一帆风顺,而且在某些问题上,社会精英也会转为保守一方,大众文化即使受到强制性的改变,显然也有其自身的辨别能力和顺应社会发展方向的意愿。

同时,《街头文化》让我们在大声赞扬现代化的同时也陷入了深深的思考。按照韦伯的理论,现代化的过程是一个合理化的过程,人的社会的客观化或"物化",是社会现代化的必然结果。在物化的过程中,在社会激烈变革的情况下,底层民众的生活所受到的震动是最大的,生活中数不清的陈规陋习受到冲击和批判,一些旧规矩动摇了,摒弃了,另一些则被改造,被扬弃。诚然,这都是进步的表现。但是在此过程中,对社会下层民众的影响会使他们很长一段时间内无法适应甚至于无法生存,而且我们曾经拥有的一些好的文化和习惯也有可能被一并改革掉。可见,改革在任何时候都会成为一把双刃剑。

对于街头文化或者说大众文化，精英与大众也并不总见得是对抗的关系。《街头文化》还试图通过对从晚清到20世纪20年代民众和精英的时而分裂、时而联合的状况作出结论："当国家政策有利于加强他们（社会精英）在地方社会的领导权时，精英就会支持国家控制民众的新政策，反之，他们就对新政策持中立或反对态度……"可见，两个文化主体并非永远对立，精英文化也并不一定总是高高在上的。民国初年，军阀混战引起的政治格局和社会的动荡促使民众再次寻求精英对地方社会的领导权，民众一度成为政治生活的主角。他们积极地反抗，并要求与精英阶层合作，而精英阶层也为获得更多的支持而承担起维护社会稳定的责任。基于政治利益，文化间的分歧被忽略，文化主体产生了共同意识，并且能够稳定合作，不难看出成都街头文化的稳定性和巨大力量，以及在大众文化上精英与大众的合作与抗争同时存在。

总而言之，这本《街头文化》给我们提供了一个新颖的研究角度，由对成都街头文化的研究展现了大众文化、民间生活以及政治空间的关系，填补了研究中国内陆地区的空白。在晚清开始的现代化过程中，中国土地上的每一个细胞都受到影响，区别仅仅在于沿海地区的变化比较剧烈，而内陆地区相对和缓，但也一样应该受到重视。更重要的是以街头文化为代表的大众文化一直有其巨大的稳定性和持续性，这种特征在社会改革的时候表现得尤为明显。时至今日，当中国处在一个新的转型期时，文化的固滞仍然存在。怎样处理文化间的关系，也许不仅仅该从所谓"精英文化"的角度由上向下地看待文化发展问题，而应立足百姓民众，立足与他们息息相关的街头公共空间去思考真正意义上的文化政治关系，这才是《街头文化》带给我们的最大启示！

---

① 参见罗岗：《想象的城市方式》，江苏人民出版社，2006。

·电影学理论·

直接电影和真实电影(上)*

维尔海姆·诺特　聂欣如　译

【译者简介】聂欣如,华东师范大学传播学院教授、博士生导师

　　直到60年代初,统治纪录电影的都是默片的美学。1930年剧情电影出现了一次断裂,纪录电影在30年代之后诞生。尽管纪录电影在30年代、40年代、50年代也使用声音,但由于还没有掌握同步录音的技术,将其作为一种常态也是不可能的(只有在每周新闻经常使用原声道),大部分使用的是旁白。音效和声音经常是事后配上去的。结果:流畅的录音使得摄影师努力去追求一种美丽而又完整的画面,就像30年代那样,宁可将报道或新闻意义上的纪录电影进行画面的压缩。在今天看来,50年代的纪录电影要显得比同时代的剧情电影"古老"。

　　由于录音技术的匮乏,从1930年至1960年许多重要的纪录电影部分或全部使用了搬演。例如,尤里斯·伊文思(Joris Ivens)对于影片《博里纳奇矿区》(Borinage, 1933)和《西班牙土地》(The Spanish Earth, 1937)的创作和纪录;[①]不能移动的摄影技术被迫在同一地点和使用同一演员进行多次的拍摄。战争镜头更是经过了多样的布置(由于战斗实地拍摄的危险性,同时也是为了提高宣传的效果),——首先是在第二次世界大战结束前,已经没有时间进行影片制作,如同《德国每周新闻》(Deutschen Wochenschau)1945的1至10号没法看到那样。英国纪录电影学校有许多著名的电影,最出名的是有关德国轰炸伦敦的场面,其中全部或者重要的部分都是搬演的。按照

---

* 聂欣如教授翻译的维尔海姆·诺特(Wilhelm Roth)的文章,对于电影理论研究很有启发意义,我们特刊发全文,以飨读者。由于原文较长,分两次刊载,这期发表的是文章的上部分,下期本刊继续刊登。文章译自 Wilhelm Roth:*Der Dokumentarfilm seit 1960*, Muenchen und Luzern, C. J. Bucher GmbH, 1982, S. 8—25。

今天的标准来看,汉弗瑞·詹宁斯(Humphrey Jennings)并不是一个伟大的纪录电影工作者,而是那个时代的剧情电影导演。《火警》(Fires Were Started,1943)重新结构了伦敦消防队员在德国空袭中一天的生活,影片精雕细琢的结尾部分是不折不扣的剧情电影。这是一种多么大的概念的混淆,以至于意大利新现实主义剧情电影编年中的作品《游击队》(Paisà)、《罗马,不设防的城市》(Roma-città aperta),被某些电影史学家当成了20年代末的纪录电影。②

在1960年,情况彻底改变。新的技术可以做到同步录音,摄影师不必再去追求和谐的图像,而是以说话的人为中心。他们紧跟着说话的人,必要时也使用长焦镜头。采访的拍摄,至少在西方国家,16毫米摄影技术很快占了上风,成了"新"纪录电影的标志。从此以后,纪录电影同剧情电影的区别在于照明。在东欧,出于经济的,同时也是出于美学的原因,直到70年代一直都在使用35毫米的摄影机。因此,那种完美的图像文化,在西方,人们最多只能在瑞士找到。

从1960年开始,搬演的问题成了纪录电影工作者的分水岭。纪录电影的导演要能够作出一种证明,他的材料取自于真实,他没有讲述一个找到的故事,而是找到或建构尽可能准确的真实,它没有被歪曲的感觉,——这在今天已经不够了。纪录电影工作者同时也变得谨慎和小心翼翼。他们相信,他们能够用他们的技术和努力的体验,将人们及其状况的真实"包装"得毫不走样,无论如何,这是一种公开展示的真实(进一步的私人生活是表现的禁忌)。另一方面,他们也知道,所有电影工作者的拍摄,都是对现状的歪曲(也有例外——见让·鲁什Jean Rouch)。对于过去的,或者说无法准确进行描绘的事物,通过旁白再次建构;这样的做法有时显得毫无魅力,但很诚实。

新的技术和方法也带来了新的内容:年轻一代的电影工作者,尽管出生于战争时代,但给他们留下深刻印象的还是战后的时代,他们开始对自身社会的真实感兴趣,他们毫不顾及他们的父辈在第二次世界大战之后希望得到安宁的愿望。因此,纪录电影几乎成了一种反抗的工具,只有一些表现党派政治的影片例外。在社会主义国家,纪录电影的政治功能很少被明确地运用。

新纪录电影的产生在两点上非常典型,同电影技术保持一致,但在哲学上却表现得各不相同。在美国,罗伯特·德鲁(Robert Drew)、理查德·利柯克(Richard Leacock)、D·A·彭尼贝克(D. A. Pennebaker)和阿尔伯特·梅索斯(Albert Maysles)发展出了一种风格,被称为直接电影或非控制电影:电影工作者观察事件,并不介入。在法国,让·鲁什和埃德加·莫兰(Edgar Morin)第一次将一种受欢迎的技术用在影片《夏日纪事》(Chronique d'un été,1960),他们把自己的方法称之为真理电影:他们尝试使他们的拍摄对象通过与摄影机对立达到意识的改变和提高。

1960：改朝换代

新纪录电影，如果它首先是在新技术的意义上被定义的话，那么它便具有普遍的意义。50 年代末，许多国家的青年导演用声明和影片，对僵化的影院经济和"社会的真实"提出了抗议。1960 年 9 月 30 日美国电影工作者的宣言就是在这样一个基础之上产生的，它不仅仅是针对美国："世界上所有公开的电影都在苟延残喘。它们道德败坏、美学陈旧、主题浮泛、情感无聊。电影自身所显示出的对价值的追求是，抬高那些对于道德和美学已经是很高的一般的要求，并要做到，既要为批评也要为观众所接受，这就是电影的完全可以公开的制作方式。制作上的磨去所有棱角的平滑是一种反常的堕落，它掩盖了主题的错误、敏锐感觉的匮乏、风格的缺失。"[3]

第一批电影和阐述在那一年同时出现。1962 年联邦德国有了奥伯豪森宣言，这类电影的出现还要早几年。在法国，戈达尔（Godard）、特吕弗（Truffaut）和夏布罗尔（Chabrol）掀起了新浪潮——他们对于现时真实的兴趣如同对于文学的发现——以结束幸存的"电影的质量"。在美国，甚至在战后的好莱坞（凯赞 Kazan、戴西 Dassin 制作的 B 级片），也出现了更新的迹象，莫里兹·安格（Morris Engel）在日常（《小逃亡者》The Little Fugitive，1953；一个奥德赛的小孩穿过兔岛的享乐公园）和实验电影《婚礼和信徒》（Weddings and Babies，1958）中很有兴趣地使用了声音（第一部使用完全移动的同步声音和图像技术的剧情电影，利柯克报道）。[4]1959 年，约翰·卡萨维茨（John Cassavetes）拍摄了他的第一部影片《影子》（Shadows），他通过对爵士乐的即兴的使用，将直接性和气氛混合在一起。对于纪录电影，1956 年列昂纳·若格幸表现了曼哈顿的贫民窟（《棚》On the Bowery）和 1958 年影响了南非的种族隔离政治（《回到非洲》Come Back，Africa）。

英国自由电影运动的着眼点首先在于电影制作（大部分得到了不列颠电影研究所的帮助）和电影放映之间的联系：在国际电影剧场，从 1956 年至 1959 年，6 次展示自由电影的片目，有林德赛·安德森（Lindsay Anderson）(《梦境》O Dreamland，1953；《除了圣诞节的每一天》Every Day except Christmas，1957）和卡尔·莱兹（Karel Reisz）(《妈妈不许》Momma Don't Allow，1956，与托尼·理查德森 Tony Richardson 合作；《我们是郎伯斯区的孩子》We Are the Lambeth Boys，1959），也有《棚》、波兰的"黑色系列"，以及特吕弗的《野孩子》（Les Mistons，1957）和夏布罗尔的《漂亮的塞尔日》（Le Beau Serge，1958）等英国和其他国家的电影。

可以确定的是，自由电影中的纪录电影接近了英国的真实，对于日常的生活、年轻人的业余生活、工人的工作以及黑色系列纪录电影（Karabasz, Slesicki, Hoffman, Skórzewski等）对陈旧而又畸形的波兰社会的猛烈抨击采取了一种宽容的态度，直接电影和真实电影只是在内容上先行一步，形式上完全还是传统的经典纪录电影。自由电影使用原始的声音如同音乐的元素；1974年，安德森在波兰的一次采访[5]中说，这同直接电影没有关系；《除了圣诞节的每一天》这部影片讨论的是考文特蔬菜花卉市场，是一部非常主观的诗意的电影。波兰的黑色系列同时也提供了韦达（Wajda）和蒙克（Munk）的第一部剧情电影，其中一部分使用了隐藏摄影机拍摄和搬演，它们有时显得很精致，有时则与象征纠结缠绕。

于是，新的纪录电影在60年代诞生了，尽管英国和波兰对于其规定的内涵一无所知。直接电影和真实电影原本所努力仿效的榜样，则是完全不摄取真实或只是摄取部分的真实（就像鲁什以德加·维尔托夫为榜样）。德鲁、利柯克、彭尼贝克，以及鲁什和马克所拍摄的电影在很短的时间内引起了一场运动，在世界各地被讨论，首先是在欧洲的电影节（曼海姆，莱比锡，1963年里昂的会议，柏林的"德国电影朋友"）。对于美国和法国首批直接电影的"回答"，人们很快就可以在奥伯豪森的短片电影节上看到：特别是波兰和南斯拉夫，非常努力地将其作为了学习的榜样。

美国：直接电影

在同一时期内，新纪录电影的出现，在美国、法国和加拿大，有着完全不同的方式。前提是新技术的蔓延。理查德·利柯克（生于1921年）的名字最经常地与直接电影联系在一起，他的影片书写了这一发展。他是弗拉哈迪在1948年拍摄《路易斯安娜州故事》（Louisiana Story）时的摄影师。他很醉心于这部影片的无声部分，认为对话的段落"可怕"："我们使用的是巨大而又笨重的唱片录音机，这种技术是如此的糟糕，我们甚至都不能让那些肌肉已经痉挛的人们离开一步。"[6]很快市场上便有了磁带录音机，它还是那么沉重，但已经有了新的可能性。他的第一部自己的电影《路》（Toby）拍摄于1955年，使用的是"米歇尔"（"一种巨大的录音设备"）；在这部电影中——一个关于在中西部巡回演出的帐篷剧团的故事——每一个过程都要在晚上重复，因为白天都在拍摄。一年之后，他陪伴雷纳德·本斯泰恩巡回音乐演出（《本斯泰恩在以色列》Bernstein in Israel），第一次使用了16毫米录音摄影机（《见鬼，这沉重的设备》）。"我们经常漏掉精彩的事件。"利柯克回忆道，"可能是在1957年，设备有了发展，用这些设备人们可以拍摄像样的报道。对此我搞了一个详细的计划，这是我们所需要的。我需要的是一个总体的解决，而不是某一点。我需要3到4台完全没有声音的摄影机，没有电线，可以带着到处走。还要 1 至 2 台同样是没有声音的磁带录音机,同样要自由移动没有电线;同时所有设备必须完全同步。"

为了这样一个范例的建立,有两件事情是必不可少的:理查德·利柯克的发现精神和 D·A·彭尼贝克对于整个公司的驱动,以及诺伯特·德鲁的钱,他是 Time-Life 公司的雇主之一,这家公司想要创造一种新的电影报道的形式,正因为如此,利柯克和彭尼贝克才会如此努力。在一些尝试之后,有了影片《初选》(Primary,1960)。这是一部关于选举的影片,汉弗瑞和肯尼迪在威斯康辛州的竞选,一次决定性的胜利。尽管摄影机和录影机还用电线互相连系着,拍摄小组第一次可以在没有限制的情况下运动。摄影机可以跟着肯尼迪,当他在访问聚集的波兰裔选民时,从街道穿过长长的走廊一直到进入大厅不中断。另一方面,利柯克甚至在没有录音师的情况下独立拍摄:肯尼迪在他的旅馆房间里等候结果,麦克风藏在烟灰缸里,摄影机在另一个侧面。

完美的拍摄技巧最后体现在影片《孩子们在注视》(The Children Were Watching, 1960,在这灾难性的一年里,德鲁和利柯克拍摄了 5 部电影)中,这是一则来自新奥尔良的报道,白人父母反对这所白人学校在将来吸收黑人孩子。在这部电影的拍摄上,对于德鲁、利柯克和彭尼贝克来说,已经没有技术上的困难了;在摄影机和录音机之间有一个时钟来保证同步,两者之间的连接电线不再必要。

由于高敏感的胶片和大光圈的镜头,人们不再需要附加的光源。相对于其他的电影工作者来说,德鲁和利柯克的摄制组迈出了多么大的一步。利柯克以反映美国和古巴关系的报道影片《不要美国佬》(Yanki No! 1960)为生动例子写道:"在拉美国家的大会上,委内瑞拉的外长突然站了起来,带着他的代表团离开了会议大厅,以示抗议。所有其他的电影报道,他们的摄影机固定在三脚架上,寸步也不能移动。相反,在代表团离开大厅的时候,我们能够跟随拍摄。"使用这种在今天来说已经是理所当然的技术,使得"非控制"的电影成为可能,就像利柯克和他的同伴们所理解的那样。他们在真实的环境下拍摄真实的人们。电影工作者不再是发布命令的导演,而是纪录的旁观者——最理想的是摄影师——事件即便是在没有他们的情况下也在发生。他不再重复,他(原则上)不进行采访。

对于这样一种拍摄方法的基本问题有着许多讨论:对于这样一个小小的摄制组来说,他们在多大的程度上改变了存在的事件?放映同摄影不再有关系?利柯克知道得很清楚:"我们所做的一切,就是尽可能少地改变现实。"对此,有着许多的方法:人们拍摄一种令人激动的辩护状况时,摄影机的存在事实上是被遗忘了:如律师唐·莫勒(《电椅》The Chair,1962)为他被判死刑的当事人保尔·柯伦布争取"无期"。

人们对于本来就是公开展示的事件的传播,往往伴随着一个习惯于公开曝光的用色。对于汉弗瑞和肯尼迪在《初选》是这样,对于赛车手埃迪·萨克斯也是这样,他想赢得最终的印第安纳州的比赛,这表现在影片《巅峰》(On the Pole,1960)和《埃迪》(Eddie,1961)中;对于迈阿密两个高中的足球队、他们的教练以及年度的奖杯赛来说也是如此(《足球》Football,1961)。人们拍摄时对于人物的选择应接受考验,要围绕着一个使人们忘记摄影机的范畴,同时还应揭示他们真实的个性。这同样也适合于前面所提到的所有的影片,对于反映新奥尔良学校种族隔离的影片《孩子们在注视》也是如此,在另外一部主题与之相近的(阿拉巴马大学的黑人录取通知)影片《危机:总统承诺的背后》(Crisis:Behind a Presidential Commitment,1963)中,主角是罗伯特·肯尼迪和州长华伦茨。

另外,还有许可和不许可的技巧。"我们需要大量的胶片……当我们在拍摄《电椅》的时候,耗费了25000米胶片,使用的是700米"——耗片比接近35比1,这是利柯克的一个特例。好处是不言自明的:如果不间断地拍摄,人们很快就会适应摄影机。因此,利柯克和他的摄制组经常都把摄影机抱在手中拍摄。"人们知道我在那里,并可能在拍摄,我不想让他们知道,我在什么时候拍摄他们。"

对于我们来说,另外一点更为重要,对于10年之后弗里德里克·怀斯曼的影片来说,这一点是决定性的(见第4章,第80页)。如果以怀斯曼的《法律和秩序》(Law and Order,1969),一部关于警察的影片为例,直接保持摄影机的移动是理所当然的,人们在我们的面前不会出现一种另外的媒介意识并加以隐藏(在任意时间和任意情况下);如果地方电视企业在晚新闻中报道一个城市中所有的意外事件,人们对于电影的拍摄就会习以为常。这说明,这样一种发展首先是从德鲁、利柯克和彭尼贝克的电影开始的。

什么是这些美国电影所缺少的,这就是电影工作者和面对摄影机的人之间的一种信任。其原因在于拍摄的时间太短。第一部关于埃迪的纪实电影《巅峰》拍了4天,《电椅》拍了5天。事先从来没有花大力气的调查研究。在一个电影工作者的身后经常有着许多的摄制组(在《足球》中有8个隐蔽的组),他们把自己当成了新闻工作者,对于人们的生活他们甚至事先已经有了想法,只不过留着作为一种惊喜。他们同这些人并没有什么关系,也不拍摄诸如此类的关系。纪录电影中的同一性出现在更晚的年代;出现在60年代末的政治运动之中。克劳斯·维登汉的作品可以为例。许多影片都有长时间的调查研究;他所表现的人物都是在这之前就认识的并花费数周甚至一个月的时间去拍摄;这样,便同摄影机前的人有了一种接触,拍摄变得简单而水到渠成。

德鲁、利柯克和彭尼贝克在1960年至1963年拍摄的影片,其基础结构的原则都是一样的。如同前面所提到的,人们处于一种被选择的状态。这样一种电影工作的要点在于中性立场。被发现的难道不应该是重要性、拍摄的"非控制",而是戏剧性的建构?

对于报道者的压力,不就是所有那些非模式化的表现?

毫无疑问,在这3年中对工作做出决定的人是诺伯特·德鲁,他必须承受大量的批评,如利柯克,在当时便受到了联邦电影批评家们(包括戈达尔)的批评。[⑦]德鲁不仅是业主,还是一个广义上的制片人。他从照相新闻主义出发;他知道怎样叙述一个真实的故事——同时,从根本上排除戏剧性。这样便会刺激阅读的兴趣,提高一本杂志的市场价值。他将这一原则移植到了电视新闻。德鲁所在的 Time-Life 公司从经济上支持这样的电影,他为美国联合通讯社进行制作。他雇佣着75个人,这里面便有重要的电影工作者(称为摄影师)理查德·利柯克、D·A·彭尼贝克、阿尔伯特·梅索斯(只在很短的时间内)、詹姆斯·利博斯康、格里高利·舒克、霍伯·瑞登等等。当利柯克同许多摄影师一起拍摄时,他经常是出类拔萃的,影片《初选》中(当时 D·A·彭尼贝克和阿尔伯特·梅索斯还在使用不能录音的 Arriflex 摄影机)几乎所有的原声的段落,或者是《电椅》(主要是莫勒的设计)中科伦布的律师唐·莫勒哭泣的镜头,都是他的手笔。在这以后,他关于电话的经验,支持了他对于主教寻求宽恕的拍摄:镜头离开,出于羞却的避开,这是德鲁电影中非同寻常的表现。(第二天,主教收回了他的允诺。)

电影的戏剧性从两个方面而来:对于主要对象的选择和蒙太奇。汉弗瑞和肯尼迪的竞选,足球赛,车赛等,在这些主题之中哪些已经有了戏剧性的结构;电影所做的是对原来发生的事情进行集中和浓缩。问题在于,如在影片《电椅》中,在一种非常复杂的关系中通过蒙太奇理出一个头绪,许多截然相反的东西是暗藏着的。如同利柯克所说的,[⑧]年轻的律师唐·莫勒并没有因为从纽约来的名律师路易斯·尼策的支持而欣喜若狂。莫勒在这段时间里一直在发烧,他为了救科伦布的命而抗争,他所面对的是一场赌赛,影片在结尾时采访了他。

决定《电椅》的拍摄技巧和蒙太奇的往往不是剧情电影的原则。使用许多摄影机拍摄下来的对于科伦布的命运的协商讨论,具有评价性的扫视和剪接。当律师尼策在读科伦布写给州长请求宽恕的信时,摄影机对准了科伦布的母亲,用特写表现了她颤抖的双手。这样一种戏剧化在照相新闻和电影新闻中并不是没有先例。《时代步伐》(March of Time)月刊在30至40年代刊出的所有脸部的特写都是事后摆拍的。新闻创造主义将这种方法一直保留到了今天。尽管所有的批评都指向了德鲁联合通讯社的影片,但同《时代步伐》一比,其让人无法忽视的高质量是不言而喻的。当《时代步伐》月刊今天还在以搬演的方式传播它的时代的政治思想,德鲁电影调整了它的结构,保持了对于当代真实的获取,它在许多细小的部分表现出来。这类电影保持的距离越大,其悬念感就越强。一种在70年代中期表现得特别激烈的批评认为,这些电影只是停留在现象的表面,它们缺少每一种意识,特别是从来也不走向一般化,——这些看法在今天儿乎都要被反过来。

我们看了这期间的许多影片,它们都满足于一般性而使具体性从眼前消失,这是我们从大量德鲁、利柯克影片中注意观察所得到的认识。这些电影——考虑贯穿的原声——在电影史上第一次完全地摆脱了文学,摆脱了写好的对白。人们第一次在一部电影中这样说话,就像他正常的说话一样,尽管这一直都在因摄影机存在而产生的某些关系的范围之内。日常的生活第一次可以被觉察、被感受,其真实性存在于波兰的黑色系列和英国的自由电影,因为波兰人和英国人(有时很迫切)的创作欲望受到了电影技术进步的限制。德鲁喜欢某些出现在延伸部分的东西,因为惊人的主题总是呈现在日常生活的观察之中,——首先是在以后他那些不是利柯克拍摄的影片中——新型的纪录式的电影的工作原则无论如何都是纪录。其他的电影工作者,如联邦德国的克劳斯·维登汉,可以凭借这个基础上更上一层楼。

对于这些电影仅是不加评判地罗列事物表象的批评,导致了更好的电影的出现。《初选》展示了,对于政治家的宣传的声音,必须使用哪些与之不相匹配的方法;《足球》则展示了,哪些群众的积极性可以导致体育的变质。这样的抉择导致了误解:这些电影不教导观众,而是堆砌素材让他们自己判断。人们不是一定——如同路易斯·马科莱勒和利柯克用布莱希特作对比那样[9]——要在非控制电影中看到一种特别的质量。正因为如此,作为摄影师的利柯克竭力避免那些具有贬义的镜头:"那些报刊摄影师是这么做的,他们并不能使一个人痛苦,但他们能够等待,直到那个人做出了一个愚蠢的表情时,才将他拍摄下来。我们不能这么做,这样会喧宾夺主。"尽管如此,对人还是有批评的可能:"我们基本上是旁观,是批评的旁观者。这意味着,我们不能说这些人是愚蠢或者不善,而是对于所有那些被我们拍摄下来的人,建立一种平等的权利关系。"在利柯克拍摄《非洲,肯尼亚》(Kenya, Africa, 1961)一部以反映白人农场主为主题的影片时,首先表明的是"作为一个有魅力的人。这马上使我们感到高兴。但是,当他向我们展示他的农场时,我所观察和拍摄到的,只是证明了这是一个我们所相信的、具有这样一种性格的人,这有些不对劲。他已经不再是他自己"。

始终保持一种传递给观众的真实性,还表现在那些利柯克离开德鲁之后独立摄制的影片之中。其中第一部影片《母亲节快乐》(Happy Mother's Day, 1963,原名为 Quint City, U.S.A.)表现了南达科塔的小城阿伯丁的活力,后来,菲舍夫人在那里生了5胞胎。

影片《周末晚间邮件》(Saturday Evening Post)引起了利柯克同雇主的争执,最后产生了两个不同的版本:一个是利柯克将素材买回后自己剪的,另一个是 ABC 电视公司从同样的素材中完成的。将这两者进行比较是一件很值得一做的事情。[10]

利柯克的影片展示了家庭和小城对于家庭生活的影响以及喧闹的广告,一个渔民家庭忠诚的晚餐和被一场突如其来的大雨终止的游行。利柯克详尽地描绘了一个荒诞的事件,他的影片完全是嘲讽的,但没有贬低。对于他和摄制组的乔伊斯·科布拉来说,这是再清楚不过的了,在3周的拍摄时间里,他们自己就是"我们所批评的事件中的一个部分。同人们靠得太近,我很不习惯,我跟你说,我们都钻进了别人的私生活"。作为对于真实的追踪,"我相信,他们对待我们是不一样的"。

ABC的电影相反,他们得到了Beech-Nut的赞助,看上去"就像一部半个小时的婴儿食品广告电影"[11]。有着许多的婴儿镜头,还有购物区,这在两个版本中都有,只是利柯克的要长得多。在他那里可以看到一种冲突,一种不期而至,而"在ABC的版本中,只是寻找一种似曾相识的存在"[12]。耐心观察所得来的结果,按照ABC的思路,毫不犹豫地被剪掉了。

帕特丽雅·杰夫,这位有经验的女剪辑师在1965年写道:"如果拍摄精彩的话,就像利柯克的这部影片,人们经常可以用的,就像他在摄影机中所看到的……它就像芭蕾舞的质量和气氛,有多长就能用多长。"[13]《母亲节快乐》这部影片尽管需要许多的素材,在许多段落中理想的剪接就是向摄影靠拢。

利柯克与德鲁分手后的第二部重要的影片是为北德广播电台制作的《斯特拉文斯基肖像》(A Stravinsky Portrait, 1964)。这是第一次带着信任感拍摄摄影机前的人物,——这对于美国的直接电影来说是很不寻常的——斯特拉文斯基和他的朋友圈子:若尔夫·利伯曼,他同时也是影片的制片人,皮厄·波莱兹,盖奥格·巴兰奇纳或者诺伯特·格拉夫。利柯克说,他和录音师萨拉·胡德森在这段时间里成了斯特拉文斯基在百弗里-赫斯的客厅成员,参与了所有的事情。"从某种意义上说,电影被放到了第二位。"[14]利柯克回避了所有斯特拉文斯基的私人生活;他展示这位作曲家几乎完全是通过语言,如波莱兹谈到歌剧声部中也许有一个错误的"有害女声",以及谈到在汉堡的一个交响乐的排练。

如果《初选》表明,通过完美的摄影技术的一瞥可以看到在政治背景之下的决策过程,这是当时所有的电影报道设施都无法企及的。如果《母亲节快乐》明确地表现出直接电影报道可以在没有任何教导和贬低的情况下强调批评,那么,《斯特拉文斯基肖像》便证明了直接电影的方法并非惊天动地,它不能控制冲突,当一种信任的关系出现在人们和摄影机之间的时候,它同样不能揭示出内在的状况。于是,便有了这样的合适的判断:对于60年代上半叶美国的直接电影来说,这3部电影是历史的关键之作。

不仅是利柯克和同他一起的彭尼贝克同德鲁分了手,阿尔伯特·梅索斯也离开了德鲁和美国联合通讯社,并在1962年同他的兄弟戴维特一起拍摄了第一部影片《老板》(Showman),一个制片人约瑟夫·莱文的肖像。从这部影片开始一直到以后所有的梅索斯兄弟的影片,都是阿尔伯特拍摄,戴维特录音。这些电影都像利柯克的《斯特拉文斯基肖像》,走的是戏剧结构的路子,但只是和某一个人联系在一起——如《接触马龙·白兰度》(Meet Marlon Brando,1965),是对于一个演员的系列的采访。以阿尔伯特和戴维特·梅索斯为一方,D·A·彭尼贝克为另一方(尽管他和利柯克共同拥有一个公司,但他独立拍摄电影)开始了系列摇滚乐电影的拍摄,摇滚在70年代开始流行。梅索斯兄弟拍摄了《不可思议的表演!披头士在美国》(What's Happening! The Beatles in the U.S.A.,1964)和《给我庇护》(Gimme Shelter,1970),彭尼贝克拍摄了关于阿德蒙特滚石音乐会的《勿回首》(Don't Look Back,1966),以及关于英国鲍伯·德朗巡回演出的影片《蒙特瑞流行音乐节》(Monterey Pop,1968)和《摇滚继续》(Keep On Rockin',1970)。因此,梅索斯兄弟和彭尼贝克至少是有一种将美国直接电影导向影院经济的倾向。

早期的直接电影,从《初选》开始,德鲁就想要卖给电视台,大部分的影片都售出了,但通常都是在搁置了一段时间之后,至于那些人们期待着的中性的、记录式的作品,总的来说成就不大。利柯克在1964年说:"到现在为止,我们还没有美国的观众。美国人很少知道这种艺术,这种特别为世界上某人所拍摄的影片。"喜爱往往是夸大其词,通常是欧洲的电视台比美国的对这类影片更感兴趣。正因为如此,北德广播电台才会不仅是购买德鲁和利柯克的影片,而且还下订单,如《斯特拉文斯基肖像》。维登汉和赛勒(《音乐比赛》Musikwettbewerb,1967)也曾为北德广播电台工作。

彭尼贝克也为联邦德国拍摄过一部影片《海尔·斯特劳斯》(Hier Strauss,1965),一个巴伐利亚政治家的短篇肖像,1965年4月12日在"报道"节目中播出,"政治家日常工作一瞥"[15],他最后的状况在艾许维克和奥斯特的影片《候选人》(Der Kandidat,1980)中被拍摄了下来,当妻子玛丽亚娜做计划的时候,斯特劳斯疲惫而又无精打采地坐在家中一张靠椅上,在场的还有勋道夫和克鲁格。恩斯特·范特在说到他那个时代的电影时,描述了彭尼贝克一个镜头的先进拍摄方法:"他在记录一个多国小组会议时,隔开几张桌子,拍摄一个对象,那是一个在自己位置上手足无措的党员朋友。然后突然离开他,以闪电般的速度用长焦镜头拍摄斯特劳斯的脸部特写,几乎就是在他激情发言的高潮时刻。说话者的容貌在他的言辞中生动的表现,通过不能控制的脸部肌肉的运动被记录了下来。"[16]

利柯克在《母亲节快乐》和《斯特拉文斯基肖像》之后又在美国拍了一些电影,是另一些有关巴里-金水-竞选经理们的肖像(《竞选经理》Campaign Manager,《新共和党人》Republicans-The New Breed,1964)。"70年代,利柯克在'马萨诸塞州技术学院'任教并为新型的 8 毫米摄影机的发展作出了特别的贡献。"[17]

（未完待续）

---

① Joris Ivens, Die Kamera und ich, Reinbek 1974, S. 68 ff.

② 1964 年曼海姆电影节的问卷：电影史上 12 部最好的纪录电影，首选是弗拉哈迪的《纳努克》(Nanook)，44 票，《罗马，不设防的城市》(Rom-offene Stadt) 以 13 票居 22 位,《Paisà》4 票。

③ 摘自 Theodor Kotulla (Hg.), Der Film. Manifeste, Gespraeche, Dokumente. Band 2: 1945 bis heute. Muenchen 1964, S. 318.

④ 摘自 Kotulla, S. 325.

⑤ 见：Eva Orbanz, Eine Reise in die Legende und zurueck. Der realistische Film in Grossbritannien. Berlin 1977, S. 46 f.

⑥ 见：Ulrich Gregor, Wie sie filmen. Fuenfzehn Gespraeche mit Regisseuren der Gegenwart. Guetersloh 1966, S. 268. 书中，利柯克对于大部分采访的中心问题的回答都是一样的，这样我便可以首先使用德语的解释。所有未注出处的引言都引自于这一采访。

⑦ Uwe Nettelbeck, Richard Leacocks Vergoetzung der Wirklichkeit in: Filmkritik, Frankfurt a. M, Heft 3/1964, S. 124 ff.; Peter M. Ladiges, Richard Leacocks Experiment mit der Wirklichkeit in: Film, Muenchen, 1. Jahrgang, Heft 3, August/September 1963, S. 10 f.; Jean-Luc Godard, in: Godard/Kritiker, Muenchen 1971, Auswahl und Uebersetzung Frieda Grafe, S. 160.

⑧ 见 Stephen Mamber, Cinema Verite in America: Studies in Uncontrolled Documentary, Cambrigde, Mass. 1974, S. 104.

⑨ Louis Marcorelles, Living Cinema. New Directions in Contemporary Film-making. London 1973, S. 51.

⑩ 我同意 Mamber 的观点, S. 192 ff.; 影片《Happy Mother's Day》德文翻译见 Film Wissenschaftliche Mitteilungen, Berlin (DDR.), Heft 1/1965, S. 118 ff.

⑪ Mamber, S. 195 ff.

⑫ Mamber, S. 196 ff.

⑬ 转引自 Marcorelles, S. 59.

⑭ 转引自 Mamber, S. 201.

⑮ Ernst Wendt, film, Velber, Heft 5/1965, S. 2.

⑯ Wendt, a. a. O.

⑰ Ulrich Gregor, Geschichte des Films ab 1960, Guetersloh 1978, 3, 407.

对电影表现手段的拓展
——第四代电影人的创作

冯 果

【内容提要】1979 年张暖忻、李陀的《谈电影语言的现代化》在《电影艺术》第三期发表,历史地成了第四代电影人的艺术宣言。第四代电影人在百废待兴的电影艺术生产机制中,首先从停滞发展多年的电影语言(电影手段和电影技术)出发,尝试着拓展电影艺术发展的外部形式空间,使电影艺术从表现手段开始逐步走向独立。

【关键词】第四代电影人　电影视听语言　电影抒情手段

【作者简介】冯果,华东师范大学传播学院副教授

　　在中国电影导演的谱系中,是先有第五代。随着张艺谋、陈凯歌、田壮壮、张军钊等人的成功,"第五代"的称谓也就确立了。第五代是一道分水岭,往前推分出四代导演。习惯上把张石川、郑正秋等导演称为第一代;蔡楚生、孙瑜、费穆等导演称为第二代;崔嵬、水华、桑弧、谢铁骊、谢晋等导演称为第三代;把在 1979 年前后开始独立拍片的导演,逆推为中国电影的第四代,这一代导演以吴贻弓、谢飞、杨延晋、吴天明、黄蜀芹、郑洞天、滕文骥、黄健中、胡炳榴、张暖忻、丁荫楠、杨光远、翟俊杰等人为代表,[①] 以 1979 年出现的《小花》、《苦恼人的笑》为标志,之后的《沙鸥》、《如意》、《城南旧事》、《乡音》、《青春祭》、《老井》、《本命年》等影片为代表作。第四代电影人的主体是在文革前进入北京电影学院、完成系统专业训练的人,大学毕业本该顺利走上电影工作岗位,实现他们的艺术理想,可是,他们毕业之时正赶上"文革",这一耽误,使得他们不得不在十多年后,才有机会独立制作电影。

　　1979 年第四代电影人登上历史舞台时,正是中国电影艺术发展道路处于一片茫然之际。人们通常称这两年为电影创作的徘徊时期。1977 年~1978 年全国共摄制了 60 多部故事片(包括舞台艺术片),无论在数量上还是在质量上都没有什么突出之处,正如戴锦华在《斜塔:重读第四代》一文中描述当时的电影艺术状况时所写:"中国文化艺

术在一场空前的现实主义大出击中,窒息挣扎在传统的符号秩序的透明面罩之下。非凡的勇气——一个充斥在诗句、字里行间与政治无意识中的凛然赴刑者的形象与空前的孱弱、粗糙——话语的陈腐、矫饰与迟迟不至的艺术自觉的苏醒。"②正是在这样一片混沌之时,第四代电影人姗姗来迟,却面目清醒地出现在电影艺术的历史舞台上。"第四代电影艺术家是没有神话庇护的一代。他的艺术是挣脱时代纷繁而痛楚的现实/政治,朝向电影艺术的纯正、朝人类永恒梦幻式母题的一次'突围'。他们贡献于影坛的是一种艺术氛围,忧伤而又欣悦。"③

如果说第三代电影人希望借助文学之力拓展电影艺术空间的话,那么第四代电影人却希望摆脱电影对其他艺术的依赖。一门新的艺术形式诞生之初借鉴和模仿其它艺术形式的创作手段和方法原本是在情理之中,但是,当这门新型艺术一旦走向成熟,就需要摆脱对其它艺术形式的模仿和依赖,发展自己独有的艺术语言,电影当然也不例外。第三代电影人是伴随着电影形成期和发展期长大的一代,早期电影对文学和戏剧的借鉴和模仿,对于他们来说是推动电影艺术发展行之有效的方法。与他们不同的第四代电影人,在读书期间看过很多苏联和欧洲电影,他们意识到电影需要摆脱对其他艺术形式的依托,发展自己的语言,才能真正地迈向电影艺术的坦途。1979年张暖忻、李陀的《谈电影语言的现代化》在《电影艺术》第三期发表,历史地成了第四代电影人的艺术宣言。在这篇宣言中作者说道:"由于科学技术在近十余年内突飞猛进地发展,使得电影造型表现手段不断在日新月异地得到充实,得到发展。所以,近代的电影加速了与戏剧、与小说、与诗的分离而愈来愈表现出它的独立性。"④正是因为这种强烈的独立姿态,第四代电影人在百废待兴的电影艺术生产机制中,首先从停滞发展多年的电影语言(电影手段和电影技术)出发,尝试着拓展电影艺术发展的外部形式空间,使电影艺术独立起来。他们的选择无疑是正确的,一方面电影语言的更新和发展是电影迈向艺术的必经之路;另一方面,对电影语言这种外部形式的突破相对影片内核来说是比较容易的,效果也是显而易见的,它能在短时间内,通过几部明显风格不同的作品,使人感受到艺术春天的到来。在《谈电影语言的现代化》这篇文章的第一部分"为什么要强调对电影语言的研究?"中,作者强烈地呼喊道:"我们的电影艺术战线至今不能形成一种局面,一种风气,就是理直气壮地、大张旗鼓地大讲电影的艺术性,大讲电影的表现技巧,大讲电影美学,大讲电影语言。恰恰相反,时至今日,无论在评论某一部影片的得失的时候,无论在检查电影发展中存在的问题的时候,我们都很少从这一方面尖锐地提出问题和研究问题。我们常见的一些评论文章,一般都是偏重于思想内容的分析;即使偶然有一些研究'艺术特色'的文章,也往往是泛泛地从形式如何为内容服务这个角度做些分析,至于形式本身,很少有人做深入的研究。现在,为了尽快发展我国电影艺术的需要,迫使我们再也不能回避这些问题了。无论从理论上或实践上,我们都应立即开展对电影艺术的表现形式这一方面的研究工作。"⑤多年来,我们谈论电影似乎只能谈其政治内容,艺术形式反而成了避之唯恐不及的东西,这种奇怪的现象不仅是在电影领域存在,文学领域中也同样存在。随着"思想解放"浪潮的高涨,中国电影人开始不满于电影与主流意识形态过分紧密的联系,张暖忻、李陀正是在这种情形下大声疾呼正视电影的艺术性,与此同时文学界在80年代初期也展开了对"文学性"的大讨论,突出强调文学的语言、结构等外部形式的重要性,其目的与张暖忻、李陀强调"电影语言现代化"一样,旨在剥离它们与其它艺术形式过于紧密的勾连,突出其作为艺术的基本特性。在《谈电影语言的现代化》这篇文章中,作者花了大量的篇幅回顾了电影诞生以来,电影技术进步对电影形式的推动作用,特别强调50年代以来,不但电影表达手段的创新带来了电影类型的丰富多样,同时电影语言的变革,也使得各种电影流派争奇斗艳。文中介绍了意大利新现实主义、法国新浪潮流派;巴赞的长镜头理论、苏联蒙太奇理论的新发展;诗电影、散文电影以及镜头运动、色彩变化、电影节奏、声画关系、画面分割等电影语言的现代化步伐。有感于中国电影语言尚停留在30、40年代的戏剧叙事阶段,因此作者疾呼更新中国电影语言,学习世界电影现代化的语言手段。文章一经发表,在电影圈中引起很大的反响,人们似乎看到了一条行之有效的电影艺术发展的道路,它为当时电影在艺术上的创作实践提供了可操作的方向,因此这篇文章又被称作"探索片的纲领"、"第四代导演的艺术宣言"。如果说张暖忻、李陀的《谈电影语言的现代化》的文章还只是从理论上阐述电影语言更新的必要性的话,那么第四代电影人导演的第一批作品:《苦恼人的笑》、《生活的颤音》、《樱》、《巴山夜雨》、《小花》便无疑展现了一个全新的艺术世界。电影手段、电影语言的更新的确为当时的影坛带了一股清新的气息,在第四代电影人的推动下,电影在中国终于成了艺术而不是政治生活中的大事件。

第四代电影人对中国艺术电影发展的贡献之一是对电影视听语言的拓展。他们的作为,主要表现在对国外、特别是欧洲现代电影语言的模仿、学习和借鉴方面。他们尝试着把西方近几十年来所发展的电影语言手段运用到自己的电影创作中来。第四代电影人在视听语言方面,进行了很多新的尝试:"《我们的田野》用了时空交错的手法;《生活的颤音》中的时空变化也很有创意;《小花》中的彩色影像和黑白影像的交替运用;《都市里的村庄》对宽银幕美学特征的探索,影片中的很多镜头有意让女主人公背身进画,试图打破传统美学中的'第四堵墙';《见习律师》中长镜头的实践等。影片《归心似箭》的前半部分,荒山、牢狱、矿井,导演用阴郁、黯淡的色调来展现抗联战士魏得胜经历的苦难历程。而魏得胜和玉贞相遇后,影片的整个基调就变得明亮,色彩丰富、绚烂,导演营造了一个人间地狱中的世外桃源景象。影片前后的造型变化,既符合剧情的发展,又把魏得胜回归队伍的决心充分地表达了出来。影片《乡音》里油坊的木槌声、独轮车'吱呀'声以及火车的声音,组成了一组转型时代的交响乐。创作者自觉运用音响的变化,把封闭、缺乏变化的山村氛围和象征时代变革的声音做了很直观的对比。《逆光》的造型风格独具一格,影片将传统的上海景观和现代感很强的电影构图融为一体,工人棚户区的拥挤杂乱和南京路的繁华现代做了很好的对应。影片展现了现代生活的流畅感,在中国迈进'一个非常戏剧化的时代'时,对各种社会关系做出了敏锐和细致的观察。"⑥

第四代电影人对中国艺术电影发展的贡献之二是对电影抒情手段的拓展。中国电影经过对"鸳鸯蝴蝶"派小说的吸收,发展到 40 年代已经具有了较完整的叙事手段,直到现在戏剧似的叙事电影一直是中国电影的主流;从 40 年代的左翼电影开始,到 70 年代末,也就是第四代登场之前,中国电影人用电影手段表意——表现"意念"和"主题"方法也发展了很多年,特别是 49 年以后,电影演变成了宣扬政治"意念"和"主题"的直接手段。然而作为叙事艺术的电影,它的主体是人,人的生活是通过传情达意构成的,因此,当电影用视听手段讲述人的故事时,它除了需要表意之外,也需要抒情。人的情感起伏变化,人对事物的情绪流露是人作为独立个体的标志,艺术可以说是艺术家情感的外露形式,他们运用抒情手段的高低从某种意义上说决定了艺术表达的境界高低。如何用镜头语言"抒情",怎样传递人物情感或作者掩藏在人物之下的情感是把握人们生活整体的电影艺术必需面对的问题。然而,在中国,对电影"传情"手段的开掘,到 70 年代末为止,还处在相当粗浅和笨拙的水平。因此,当第四代电影人试着更新电影语言之时,他们首先把目光聚焦在对电影"抒情"功能的拓展上。我们以电影《小花》为例,来看看他们在这方面的一些努力。由张铮和黄建中导演的电影《小花》改编自小说《桐柏英雄》,在 1979 年制作完成的影片中,它的确令人耳目一新。《小花》最大特点就是时空的自由转换,过去和现在、幻想与现实自由地融合在一起,在彩色片中插入了 12 段黑白片,作为回忆、倒叙和幻觉的内容,使影片在叙述故事的同时加入了大量的情感渲染。这种时空的组接和表达情感的方式,在已往的中国电影中并不多见。导演黄建中在谈到这部影片时说:"在《小花》这部影片里,我们承认,在电影语言上吸取了新浪潮和意识流电影的某些长处,为我所用。影片里多次出现闪烁般的穿插,把过去和现在、幻想和现实交织在一起,这是新浪潮的一个手段,它不受时空的约束,自由奔放、浪漫多端;但是为了使中国观众看得懂,我们运用彩色和黑白加以区别,并且运用声音加以衔接。"⑦影片中有一场小花在梦中梦见父母死去的戏,导演共用了 8 个镜头。

1. 中景(黑白)永生娘惨叫着落入水中。
2. 特写(彩色)小花梦中惊恐的脸。

3. 全景(黑白)永生爹声嘶力竭地喊着:"还我的人啊!……"
4. 中景(黑白)丁叔恒拔出利剑。
5. 特写(彩色)小花在睡梦中喊叫的脸。
6. 特写(黑白)船上永生爹被砍断的手。
7. 特写(彩色)小花在噩梦中挣扎。
8. 近(黑白)小花哭喊着:"爹——"

通过这8个彩色、黑白相间的镜头连接,导演把现在与过去交织在一起,既交代了父母死去的过程,也渲染了小花思念父母、报仇雪恨的痛苦心情。导演通过时空方式的自由转换,传递出人物流动的内心活动。在兄妹俩相见的一场戏中,导演用了5个镜头,第一个镜头和第五个镜头是全景镜头,中间3个镜头是近、特镜头,两级镜头的对接在传统的叙事电影中用得很少,我们通常习惯沿用好莱坞的(全-中-特)三镜头法。导演在《小花》这部影片中,通过两极镜头的强烈对比以及镜头长度上急缓的变化,使得兄妹相见的情感渲染有明显的节奏起伏感,从而造成跌宕的情感延伸。

第四代导演不仅尝试着用各种手段,在影片中传递人物的情感,同时他们也通过电影抒发着创作者自己的情感。第四代电影人登上历史舞台的70年代末,是中国社会大转型时期,被各种宏大叙事压制得变了形的中国人,终于集体从大写的"人"字下逃离开来,眼光开始回撤到自我身上。作为"个体的人"的价值,多年以后,终于全方位地被社会所接受和认同。一时间,表达个人意志、抒发个人情感充斥在社会生活的方方面面。艺术作为把握生活经验的手段,义无反顾地投入到"为个体正名"之中来,无论是音乐、绘画、戏剧还是文学和电影都强烈地发出个人的声音。"在由北京电影学院明星班学员集体主演的影片《鸳鸯楼》(王培公编剧,郑洞天导演,1987)中,郑洞天通过一个大楼里的几对夫妻生活的变化,认真体会每一个个体的生命经验,个体生命第一次在新时期的电影中被认真地对待。"[⑧]当"个体的人"成为艺术的主体时,由于个体情感经验的细微差别,使得电影对个体情感的表现变得独特、细腻和具体。张暖忻导演在谈到《沙鸥》创作时说要使她的影片成为"创作者个人气质的流露和感情的抒发"。[⑨]谢飞导演在谈到《我们的田野》时也说:"我是比较喜欢在恰当的时候利用电影的方式、结合人物的情感进行感情的抒发。像《我们的田野》中那一代人对自己青春时期美好的、热情的东西的怀念,虽然每一代人对自己青春往事的怀念内容不尽相同,但是任何一个人,任何一代人都会拥有一份这样的怀念的。对于那些东西我觉得就应该歌颂,应该抒发,应该赞美。"[⑩]无论是《沙鸥》、《我们的田野》,还是《人生》、《如意》,或是后来的《城南旧事》、《青春祭》等等,第四代电影人的代表作,多是用"情绪"结构故事的,抒情成了这批影片的主要特色。"尽管受到'闪回'、'闪前'、'逐格拍摄'、'时空交织'、'声画对位'、'变焦'甚至'长镜头'等电影技巧的多重诱惑,在《苦恼人的笑》(1979,杨延晋/邓一民)、《生活的颤音》(1979,滕文骥/吴天明)、《小花》(1979,张铮/黄建中)、《巴山夜雨》(1980,吴永刚/吴贻弓)、《沙鸥》(1981,张暖忻)以至《如意》(1982,黄建中)等由第四代导演创作或参与创作的早期影片中,第四代'电影化'的思想启蒙更多地体现在打破形式禁忌、张扬美好人性的一般层面。但是,以'情绪'而不是以'事件'或'理念'来结构影片,已经作为一代导演的标志,为电影观众和第四代导演自身所认识。"[11] 当表达人物"情绪"成为影片的主体时,人们对电影"抒情手段"的要求相对更高、更丰富,因为只有这样,影片才能展现细腻的情感变化,在这种环境下,第四代电影人对电影"抒情语言"的拓展,也就变得水到渠成,它成就了第四代电影人对传统叙事电影形式的突破。

对"个体的人"的关注、相信社会因素决定人物命运等等,使得第四代电影人的现实主义作品中充满了人道主义精神。卢卡契曾说"在伟大的艺术中,真正的现实主义和人道主义是不可分地结合在一起的。这种结合的原则正是我们前面强调的:对人的完整性的关心。"[12] 正是在这个层面上,为了真实地反应现实,表达"人"在现实中的真实生命状态,第四代电影人在他们拍摄的电影中挖掘人道主义精神。对人的关注,讨论人与社会的关系等是第四代电影人现实主义作品的核心命题。《人生》、《野山》、《老井》、《本命年》、《香魂女》、《乡音》等等都是这类作品的代表。这些作品充满了悲悯的情怀、充满对"个体的人"命运的尊重,从他们开始中国电影才集中体现人道主义精神,也是从他们开始,"人"而不是"事件"、"理念"成为电影的真正主体。正是这种深切的人道主义关怀支撑起这些"抒情"电影的丰富内涵,使得影片情真意切,非常容易调动观众的情感,与之产生某种共鸣。

---

[1] 陆绍阳:《中国当代电影史》,北京大学出版社,2004年7月第一版,第47页。

[2] 戴锦华:《斜塔:重读第四代》,选自丁亚平主编的《百年中国电影理论文选(下)》,文化艺术出版社,2002年2月第1版,第339页。

[3] 戴锦华:《斜塔:重读第四代》,选自丁亚平主编的《百年中国电影理论文选(下)》,文化艺术出版社,2002年2月第1版,第337页。

[4] 张暖忻、李陀:《谈电影语言的现代化》,选自丁亚平主编的《百年中国电影理论文选(下)》,文化艺术出版社,2002年2月第1版,第25页。

[5] 张暖忻、李陀:《谈电影语言的现代化》,选自丁亚平主编的《百年中国电影理论文选(下)》,文化艺术出版社,2002年2月第1版,第13页。

[6] 陆绍阳:《中国当代电影史》,北京大学出版社,2004年7月第一版,第51页。

⑦ 黄建中:《美就是性格与表现》,选自丁亚平主编的《百年中国电影理论文选(下)》,文化艺术出版社,2002年2月第1版,第63页。
⑧ 陆绍阳:《中国当代电影史》,北京大学出版社,2004年7月第一版,第49页。
⑨ 张暖忻:《我们怎样拍沙鸥》,《电影导演的探索》第2集,中国电影出版社,1993年,第159页。
⑩ 姜伟:《〈黑骏马〉的谈话——谢飞约谈录》,摘自《谢飞集》,中国电影出版社,1998年。
⑪ 李道新:《第四代导演的历史意识及其在中国电影史上的独特地位》,《海南师范学院学报》(社会科学版),2002年第6期,第49页。
⑫《卢卡契文学论文集》,中国社会科学出版社1981年版,第300页。

现实的渐近线　梦想的坐标轴

——浅谈中国"新生代"导演之电影美学流变

杨海燕

【内容提要】 作为与"第四代"、"第五代"相提并论的一代,"新生代"在中国电影史上已经确定了其不可或缺的地位和意义深远的影响。现实化的影像风格和个人化的创作主张作为"新生代"的两大标识,彰显已久。本文从美学的角度,将中国电影"新生代"的创作进行梳理,以寻求其美学流变的内在脉络。

【关键词】 中国电影　新生代　美学流变

【作者简介】 杨海燕,华东师范大学传播学院讲师,在读博士

中国"新生代"导演约定俗成地指代这样一批新锐导演:他们出生于1961—1970年,又于1980—1993年在北京电影学院、中央戏剧学院等高等学府接受正规教育,并于90年代初在中国影坛亮相,又在90年代中后期渐成规模,成为比较引人注目的电影人群体,为90年代的中国电影注入了新的活力和生机。

"新生代"的出现为中国电影的发展道路和创作风格带来了新的尝试与思考,同时也带来了新的生机和希望。早在90年代初,"新生代"导演的电影作品就处处彰显出他们的离经背道:他们义无反顾地背叛了"第五代"的宏伟叙事和寓言化模式,将电影转向个人叙事和感觉化风格,并在转向个人化经验的同时,选择了边缘性立场和观点,叛逆姿态赫然可见。

一、现实化的美学动机带来纪实性的镜语风范

一九九三年,张元在拍完《北京杂种》时,曾剖析了"新生代"的心曲和执著的个性化追求:"我力求与上一代不同,也与周围的人不一样。"他还说,"寓言故事是第五代的主体,对我来说,我只有客观,客观对我太重要了,我每天都关注身边的事。"[1]

张元的话一语中的地揭示出"新生代"的与众不同：渴望真实，并在生活中抒发来自真诚心灵的对青春的自白、渴求、挑战的呐喊。由此，不难理解他们的出格、怪异、极端，以及作品外观上的超脱、无规则、反结构，其实他们的做法并非一味地模仿"后现代"的消解深层结构，而是对生命真谛的叩问，对青春意义的探索。"新生代"导演王超曾经说："影片我希望建立在我对他们现实生存状态之上的精神压力的触摸，是关于他们'当下处境'的速写，是关于他们'活下去'，或'死去'的诗，是他们扭曲而顽强的'存在'，是绝望和希望的名字……"②

以本真的方式接近现实的艺术观和美学动机，使"新生代"导演选择了纪实性的创作风格。《悬念》、《邮差》、《冬春的日子》、《巫山云雨》都是纪实风格的代表作品。

但"新生代"的纪实并非意大利"新现实主义"时的社会纪实，也并非中国三十年代电影的纪实。它是"新生代"青春还原冲动的结果。通过纪实叙述普通人，尤其是社会边缘人及其喜怒哀乐、生老病死的日常生活，表达对苦涩生命原生态的摹仿，突出生命不可把握的无奈和无序。

在这些影片中，章明的《巫山云雨》是相对典型的例子。影片以几近赤裸的纪实，以毫无雕饰的场景和剧中角色，以三峡搬迁为背景，叙述了三个既相互独立又相互联结的生活片段，叙述了以"性"为核心的几个普通男女的生存状态。影片含蓄内敛、朴实无华——没有人为的浪漫，没有矫情的伤感，更没有戏剧化的动作和奇观性的场面。非职业演员用本色的表演，以一口"地方"普通话，试图再现生存本身的平凡和单调；定点摄影、自然光拍摄、同期录音、长镜头等的运用，粗糙而真实地还原出生活本身的复杂和丰富。影片借鉴和发展了世界影视史上的纪实传统，追求"最常态的人物，最简单的生活，最朴素的语言，最基本的情感，甚至最老套的故事，但它却要表现主人公有他们的非凡与动人之处；同样，最节约的用光，最老实的布景，最平板的画面，最枯燥的调度，最低调的表演，最原始的剪接方式，最廉价的服装和最容忍的导演态度，却要搞出最新鲜的影像表现……"。③

如果说纪实是"新生代"对个人世界的还原，那么影片中不谋而合的对断片的整合则折射出他们对传统电影创作方式的背叛和逃离。这代青年人迷恋于他们自己对电影的理解，不断在影片造型、结构和风格上制造新鲜感和陌生感——《巫山云雨》采用了呆照和跳切的手法；《谈情说爱》采用了三段式重复结构；《城市爱情》设计了在叙事和电影语言上逆向对比的双重时空……因为过份专注于传达生命、生存的理解和体验，这些年轻人的影片视野显得过于狭窄，自我书写色彩浓重，有时甚至近乎于自言自语。虽然少数有相似经历的观众对这些影片情有独钟，但是大多数观众无法体验影片中相当个人化的感受，更无法与这些影片达成交流和共鸣。

所幸的是,"新生代"导演们对这种自恋倾向已有所觉察。管虎在拍摄《浪漫街头》时就自我反省道:"刚毕业那几年,觉得好东西是阳春白雪、少数人喜欢的东西,比较个性化的。现在全变了,应该是大多数人喜欢的东西才称得上是好东西。"④

这种世故和成熟使得"新生代"走出了自我的阴影。于是,路学长的《长大成人》在历经 8 次修改后上映,使得像《阳光灿烂的日子》那种青春自叙的电影样式获得了再次的定型。影片以唐山大地震为起点,到重新开始寻找"钢铁是怎样炼成的"答案为结束,为这一代人的成长提供了一次深刻而又浅薄的自画像。影片叙事相对规范、日常场景与象征符号有机组合,使得人们渐渐意识到"新生代"似乎正在整理过去、告别迷惘,以一种较为成熟的心态创造不仅属于自己也属于公众的艺术。

1997 年,张扬的《爱情麻辣烫》的出现标志着"新生代"的成熟,同时也表现出"新生代"的妥协——影片以串连式组合结构,对当代都市爱情做了一种浪漫主义、现实主义、现代主义和后现代主义的相混合的阐释,先锋意识与商业营销相互杂揉,精英感受与流行时尚相互调和。从这部影片中可以看到"新生代"正将断片组合为整体,从而创造出一种后现代时期的文化语境。

二、个性化的生活体验造就感觉式的创作风格

感觉化的创作风格是"新生代"的又一大标识物,它源于"新生代"对生活的体验。"新生代"人多生长于都市之中,生存没有遭遇太多的劫难与困顿,痛苦的记忆只是童年的梦想和成人后的现实之间的反差,是流浪天涯的自由和无家可归的孤独之间的不可调和,是现实的变幻莫测和历史的光怪陆离交叠而成的困惑,是堕落的诱惑与纯洁的向往之间的垂死挣扎……因此,他们在作品中经意不经意地表达他们的成长体验、都市生活。在这份生活的体验中,都市是一种迷乱、无奈、失落又充满奇遇和希望的世界,而都市里的青春也不再是矫饰和炫耀,而是一种成长的困惑和自我的质问。

从一开始张元的"地下"影片《北京杂种》到体制内管虎的《头发乱了》、娄烨的《周末情人》,直到李欣的《谈情说爱》、阿年的《城市爱情》,"新生代"影片用迷离的色彩、跳动的结构、摇滚的节奏、传记化的题材、情绪化的人物,来还原自己在都市的喧哗与成长的骚动中所感受到的希冀、沉醉和来去无归的人生浮华。

李欣的《谈情说爱》采用一种放射性的结构,将意中情人、一见多情和移情别恋三个并不相关的故事揉合在一起;而阿年的《城市爱情》则用逆向平行的叙事方式讲述了父子两代人的爱情。这些影片的主人公大多与具有青春反叛意味的摇滚乐血脉相连。由于故事情节难以传达他们动荡不羁的生存体验,于是他们就借助摇滚的节奏和情绪

来表达自我——镜头不断地运动甚至晃动,画面构图倾斜失调,色彩斑驳怪异,结构跳动无常……这些都还原出一幅完整的都市景观。

从某种角度来说,这些影片不仅表现了都市的生存状态,更表现了一种都市体验——青春不是一种矫饰的炫耀,而是一种现实的困惑。影片传达了整整这一代人的内心感受:"一方面我们不甘平庸,因为我们毕竟赶上了大时代的尾声,它使我们依然心存向往而不像七十年代出生的人那样是一张历史白纸;另一方面,我们又有劲没处使,因为所处的是日益规范化、组织化的当下社会,大环境的平庸有效地制约了人的创造力……所以我们对世界的感觉是"碎片",所以我们是"碎片之中的天才的一代",所以我们集体转向个人体验,等待着一个伟大契机的到来。"[5]

另外,从某种角度来说,现有的"新生代"作品多少带有某种现代主义、间或可以称之为"新启蒙"的文化特征。新纪录导演吴文光在论及其制作《流浪北京》的初衷时谈到,流浪者之于他的意义,在于他们呈现了一种"人的自我觉醒"。他认为"他们开始用自己的身体和脚走路,用自己的大脑思考。这是西方人本主义最简单、最初始的人的开始";"这些在西方人看来理所当然的事情,在中国,需要点勇气"。[6]而张元则指出《北京杂种》所表现的是"新人类"。因为"真正的文艺复兴是人格的复兴和个人怎样认识自己的复兴"。[7]影片《北京杂种》"贯穿了一个动作:寻找","导演也在生活中寻找——寻找自己的生存方式"。张元认为:"我们这一代不应该是垮掉的一代,这一代应该在寻找中站立起来,真正完善自己。"[8]在关于人、人格、人本主义与文艺复兴的背后,是新一代登上中国历史舞台时的宣言。这远不仅是影坛上的一代人,远不仅是"新生代"。纵观被名之为"新生代"的作品,其不同于前人的共同特征,与其说是构成了一次电影的新浪潮,构成了一场"中国新影像运动",不如说它是八、九十年代社会转型期社会文化的一种显影。

无论"新生代"的电影语言是多么的趋向于多元化,有一点是始终不变的,那就是他们自己的成长体验。他们用摄影机表达出种种生命的印记和成长的困惑。在程青松、黄鸥编著的《我的摄影机不撒谎》一书中,我们处处可以找到这种观点的佐证:

章明拍摄故乡巫山的故事——"《巫山云雨》和《秘语拾柒小时》都有长江对岸的故事,是不是和小时候的成长经历有关?""是下意识的吧。"[9]

姜文拍摄以军属大院为背景的《阳光灿烂的日子》——"我母亲是随军家属,跟着部队走。""所谓文如其人,不管第几代,你只要仔细地探究他的作品,会发现都是他们心里的某一个'结'。可能他不是坦诚地表述出来的,可能他拐的弯子多些,别人不容易意识到。我在做演员的时候,发现导演拍什么、如何拍,都是和他心里的'结'有关系,心灵的写照,都与生活背景有关,不可逃避。"[10]

路学长以一本名叫《钢铁是怎样炼成的》的小人书串起了《长大成人》——"我七八岁的时候，父母给买了很多小人书，《钢铁是怎样炼成的》就是那个时候看的。""《长大成人》里有个打鼓的小孩，那就是我，当年我在乐队里打鼓的。""生活圈子窄有什么不好呢？我觉得这恰恰不是我们的缺点，如果我把我个人的生活体验了，这有什么不好呢？"[11]

贾樟柯以家乡汾阳为背景，拍摄了十年成长的《站台》——"1995年写剧本的时候，第一个想拍的就是80年代的汾阳，因为这十年是从1980到1990，正好是我自己从10岁到20岁的过程，这个过程正好是一个自己成长里头最重要的阶段。""《站台》里面开场的歌《火车向着韶山跑》，那是我姐姐最擅长的一个节目。"[12]"我第一次看姐姐在舞台上演奏……她的表演并没有给我留下太多的印象，而令我不能忘怀的是台下黑压压的一片整齐人群。我不知道是什么力量让这么多人在此集结，听命于高音喇叭中某人的声音……我不得不把他拍成电影，成了《站台》的序场。而高音喇叭贯穿迄今为止我现有的作品，成了我此生不能放过的声音。"[13]……

让我们看看"新生代"为中国电影带来了什么：

大大拓宽了中国电影的创作题材，出现了一批以城市边缘人为主角的作品，大大地扩展了中国电影对现实生活反映的视角。更重要的是，他们的作品唤起了人们对电影真实性的思考；

"新生代"为中国电影提供了新颖的叙事方式和叙事风格，在他们的作品中，人为的情绪感觉变化所构成的新情节性叙事结构代替了传统情节叙述法，生活的片段事件参与到叙事当中。在镜语的运用上，短镜头切换、频闪、晃动等手法取代了"第五代"的静态镜头。这些镜头的使用不仅传达了创作者意欲表达的焦灼、躁动，同时也为中国银幕带来了所谓"后现代"的某些特质；

"新生代"对影像造型寄予了很大的关注，这与"第五代"一脉相承。他们会在黑白片中创造一流的影调，营造特定的气氛和感觉，在声画对位和画面色彩的层次及对比度上，都经过了精心的构筑。这些足以证明他们在创造自己风格时的精心和高度使命感；

在电影形态上为中国电影做了新的尝试。与传统电影的叙事模式不同，"新生代"电影是一种很难命名的电影形态——它有一条甚至数条暗淡的情节线，也有高潮的推进，并在故事结尾将矛盾解除。但是，从整体来看，其电影形态给人的感觉十分原生态，片中人物在无聊中打发日子，在抑郁中寻找解脱，在迷茫中不断徘徊……这些形态无时无刻不在传递一种莫名的烦躁情绪和空洞的感受。如果说"新生代"创造了状态电影也许有些言过其实，但是他们的作品确实是在追求一种生存状态的描述。

另外，"新生代"为中国电影带来更多的国际理念。由于独立制片的原因，也由于

"新生代"导演对国际电影现状的关注,他们对当下的国际电影动态相当了解,尤其是对欧洲的艺术电影和美国的独立制片作品怀有强烈的兴趣,并借鉴了其中的手法,个别作品甚至在结构上进行了模仿。"新生代"作品在电影语言上做到了与世界的沟通与交流,这也许也是他们的作品在国际电影节上频频获奖的原因之一。

作为一种文化现实,"新生代"在改革开放的大背景下,在主管部门、电影投资商、电影理论界和媒体,以及自身特质等多方面的磨合下,形成了一次青年电影浪潮。在短暂而又漫长的十几年里,他们摆脱了"第五代"的遮蔽,开始并继续着新电影的冒险之旅。这是一个"正在进行时"的电影群体。他们的作品以真实、真诚的态度对都市社会的边缘人进行了一次纪实性的描述,在电影的主题、题材、电影形态、电影语言等方面形成了较为稳定的风格——以自我为中心,书写青春的躁动与困惑,记载成长的艰涩与焦虑;以现代电影语言展示新电影理念;以非职业演员、实景拍摄和长镜头表现纪实风格……新生代作为中国电影史上以"代"来命名的群体,其影响无疑是深远的。毕竟,他们在断裂与延贯、出走与回归中断断续续走了十几年,给中国电影带来了新的希望和久违的朝气。

---

① 郑向虹:《张元访谈录》,杂志《电影故事》,1994 年 5 月,P9。
② 程青松、黄鸥:《我的摄影机不撒谎》,中国友谊出版公司 2002 年 5 月版,P163。
③ [苏]B·日丹:《电影的美学》,中国电影出版社,P135。
④ 《视觉21》,作者:颜榴。
⑤ 许晖:《疏离》,《读书》1997 年第 10 期,转引自李皖的《这么早就回忆了》。
⑥ 张颐武:《后新时期中国电影:分裂的挑战》,《当代电影》,1994 年第 5 期,P4—11。
⑦ 宁岱:《北京杂种》剧情简介 = 题头,《电影故事》,1993 年第 5 期,P9。
⑧ 郑向虹:《张元访谈录》,杂志《电影故事》,1994 年 5 月,P9。
⑨ 程青松、黄鸥:《我的摄影机不撒谎》,中国友谊出版公司 2002 年 5 月版,P10。
⑩ 程青松、黄鸥:《我的摄影机不撒谎》,中国友谊出版公司 2002 年 5 月版,P73。
⑪ 程青松、黄鸥:《我的摄影机不撒谎》,中国友谊出版公司 2002 年 5 月版,P205。
⑫ 程青松、黄鸥:《我的摄影机不撒谎》,中国友谊出版公司 2002 年 5 月版,P342—343。
⑬ 《今日先锋》12 期,天津社会科学院出版社,P19。

·传播语言与生态·

非物质文化遗产知识产权保护初探

王光文

【内容提要】 非物质文化遗产知识产权保护的意义在于:促进传承人(群体)文化权利的实现;激励非物质文化遗产的传承与创新。非物质文化遗产的著作权保护应解决精神权利主体的确定、经济权利主体的确定、权利的适度弱化、非物质文化遗产数字作品的版权保护等方面的问题。以商标法保护非物质文化遗产,可以做到保护与开发并举。对基于非物质文化遗产的技术创新,可以考虑适用专利保护。

【关键词】 非物质文化遗产 知识产权 保护

【作者简介】 王光文,内蒙古大学艺术学院文化艺术管理系副教授

一、非物质文化遗产知识产权保护的意义

2003年11月,联合国教科文组织第32届大会通过了《保护非物质文化遗产公约》(下文简称为《公约》),其中非物质文化遗产的概念为:各群体、团体、有时为个人视为其文化遗产的各种实践、表演、表现形式、知识和技能,及有关的工具、实物、工艺品和文化场所。各个群体和团体随着其所处环境、与自然界的相互关系和历史条件的变化不断使这种世代相传的非物质文化遗产得到创新,同时使他们自己具有一种认同感和历史感,从而促进文化多样性和人类的创造力。在本公约中,只考虑符合现有的国际人权文件以及各群体、团体和个人之间相互尊重的需要和顺应可持续发展的非物质文化遗产。[①] 这一概念表明,非物质文化遗产是精神智力成果的创造与积累,是技能、艺术的传承与表达,体现了历代传承人(群体)恒久、旺盛的创造力,在总体上符合知识产权制度对其保护客体的精神性、创造性的要求。具体而言,非物质文化遗产知识产权保护的意

义包括以下两个方面：

（一）促进非物质文化遗产传承人（群体）文化权利的实现。传承人（群体）具有非物质文化遗产保护主、客体的双重身份，是非物质文化遗产传承、发展的内源性力量。传承人（群体）的文化权利主要包括文化平等权、文化认同权、文化私有权，[②]契合了"知识产权是一种人权与财产权并存的权利"[③⑥]的特征。对非物质文化遗产进行知识产权保护，有利于传承人（群体）获得应有的尊重和平等的对待，有利于增强传承人（群体）的自豪感、归属感以及被外界认可的程度，尤其有利于保护传承人（群体）对其非物质文化遗产所拥有的精神上和物质上的权利。

促进传承人（群体）文化私有权的实现是非物质文化遗产知识产权保护的主要目标。非物质文化遗产是历代传承人（群体）反复创造、多元重构的精神成果，具有一定的或潜在的经济价值。相对于传承人（群体）内部而言，非物质文化遗产是公开的、公知的、公有的。但如果超出这一范围，非物质文化遗产就具有了相对的私有性。在传统社会，受科技手段和传播能力的局限，对这种私有权的侵犯不易成为普遍行为。但在现代社会，强势资本和科技力量对非物质文化遗产的产业化开发、市场化利用、现代化整合、发展性重构以及全球性争夺已是必然，一些团体和个人也寻求各种机会大量采集、收购、记录、复制和盗用非物质文化遗产。所以，如果只看到非物质文化遗产的相对公有性，不对其进行私权保护，就必然会助长现已频繁发生的侵害行为，从而不利于非物质文化遗产及其相关的文化事业和文化产业的可持续发展。就目前已有的法律调控手段而言，作为财产的"非物质化"在私权保护领域中的体现，知识产权制度应该是对非物质文化遗产传承人（群体）文化私有权进行保护的最佳选择。

但是，从现代意义上的第一部版权法——英国《安娜法令》的颁布到WTO《与贸易有关的知识产权协定》的出台，国际知识产权法主要保护的是发达国家的现代知识生产体系，也就是说，发达国家一直是知识产权法的最大受益者。若要将相对落后国家和地区潜在的、独特的优势资源——非物质文化遗产纳入到知识产权保护范畴，就必然会遇到一些在现有知识产权体系中获得既得利益的发达国家和集团的反对和阻碍，因为这会增加他们利用非物质文化遗产的成本，这也是联合国教科文组织和世界知识产权组织所确定的非物质文化遗产保护原则未能得到发达国家国内立法支持的主要原因。对此，相对落后国家和地区一方面要提高自身的文化自觉度和维权能力，通过谈判、协议、斗争等方式，努力推动国际知识产权法及相关国际法规向有利于非物质文化遗产传承人（群体）文化权利维护的方向发展，另一方面应积极发展能将非物质文化遗产这一潜在资源优势转化为产品和服务优势的本土文化产业，以参与产业竞争的方式增加自身文化权利维护的筹码。

（二）激励非物质文化遗产的传承与创新。在传统社会,名声、威望、美誉、兴趣爱好、对生活的调剂、对生产的改良等因素构成了非物质文化遗产传承与创新的激励机制和价值确认系统。但在全球化、信息化、商业化的社会环境下,传统的激励机制和价值确认系统已功能弱化甚至失去作用,以权利和发展理念为核心的法治社会分配机制成为文化发展的主要动力。于是,没有及时更新动力系统的非物质文化遗产便不可避免地陷入后继乏人、只能借助历史惯性暂存于世、传承链条断裂、"空壳化"等困境。对此,知识产权制度以维护人权以及促进经济、社会和文化发展为最高原则,通过主客体确认、授权许可、补偿救济、合理垄断、收益分配等手段,能够给予传承人（群体）及开发创新者以直接或间接的激励和价值确认,从而可以成为非物质文化遗产在现代社会得以传承、创新的新动力系统。

在分析非物质文化遗产知识产权保护的意义的同时,我们也必须考虑到下列难以解决和协调的问题:第一,非物质文化遗产的种类庞杂,而且其传承本身就一直包含着创新与重构,这对立法的全面性和精准性提出了高难度要求,这也是我国新旧《著作权法》对非物质文化遗产法律保护只能用泛泛的一句话——"由国务院另行规定"进行概括的主要原因。第二,许多非物质文化遗产因缺乏权利主体的明确性、作品的独创性、发明的新颖性、传承的文献性等条件而难以进入知识产权法保护范畴。只有降低知识产权保护的"准入门槛",才能解决这一问题。第三,知识产权制度源于西方价值理念,其保护客体往往被赋予"特殊经济资源"和"生产要素"的身份。但对非物质文化遗产而言,这样的身份很可能导致其结构和功能发生变异,或者使保护工作在经济利诱下发生偏差。第四,知识产权的保护期限一般较短而且固定（商业秘密权除外）,而非物质文化遗产的历史价值、文化价值和经济价值往往随时间的推移而增加,需要长久的甚至是无限期的保护。

二、非物质文化遗产的著作权保护

著作权亦称版权,是指作者对其所创作的作品依法享有的精神权利（人身权）和经济权利（财产权）。根据《中华人民共和国著作权法》的规定,精神权利包括发表权、署名权、修改权、保护作品完整权。经济权利包括复制权、发行权、出租权、展览权、表演权、放映权、广播权、信息网络传播权、摄制权、改编权、翻译权、汇编权等。邻接权（包括表演者权、录音录像制作者权和广播组织者权）具有著作权的性质,属于广义的著作权。著作权保护的客体包括:文字、口头、音乐、戏剧、曲艺、舞蹈、杂技、书法、绘画、雕塑、工艺美术、建筑设计、摄影、电影（包括类似摄制电影方法的创作）、模型、图形（工程设计图、产品设计图等)、计算机软件等方面的作品。在2006年我国文化部正式公布的第一批国家非物质文化遗产名录中，罗列了民间文学、音乐、舞蹈、戏剧、曲艺、杂技与竞技、美术、手工技艺、传统医药、民俗共十种非物质文化遗产类别。从名称上看，这一名录中的前七种类别作品均在著作权保护客体的范围之内，但要在操作层面上真正实现其著作权保护，还必须解决以下难题：

1. 精神权利主体的确定。虽然非物质文化遗产的创作者大多已不可能查实，但从其传承人的地域性、群体性或民族性及其传承规则和惯例来看，非物质文化遗产的精神权利通常是一种集体权利。但是，这种权利因为过于抽象笼统而在实际中难以实现。一旦发生集体权利的侵权事件，首先就没有适当的民事诉讼主体。

2. 经济权利主体的确定。经济权利是与精神权利相对应的一种权利。非物质文化遗产的精神权利主体都能为其文化的传承和改良直接或间接地做出贡献，但不一定都能以此获得收益进而成为经济权利主体。经济权利主体只能是那些将非物质文化遗产正当合法地"开发、转化"为可供消费的产品或服务的传承人(群体)、文艺工作者、开发商、收集或研究人员，等等。但问题的关键是，由于非物质文化遗产知识产权法和授权许可环节的缺失，上述"开发、转化"的正当合法性往往很难保证，经济权利主体的确认也就成为难题，一些相关的司法实践只能靠经验和摸索进行。而且，很大一部分非物质文化遗产作品的经济权利是以邻接权的形式扩散的。例如，民间戏剧演出后的所得，主要扩散为导演、演员等工作人员的报酬。在这一扩散过程中，若邻接权人不是精神权利主体，则事先应获得精神权利主体的某种授权许可，否则，其行为便属于侵权，也就不具备获得经济权利的资格。但问题的关键仍然是：目前没有行使此类授权许可的机构和相关配套制度。

由此看来，参照《著作权集体管理条例》，通过行政和立法途径，建立一套性质、地位、权利和义务明确的著作权代管机构，是非物质文化遗产著作权保护的组织保证。著作权代管机构应依法行使下列职责：(1)鼓励非物质文化遗产进行注册登记和著作权认定，并建立全国统一联网的非物质文化遗产数据库。信息社会大容量、低成本、高效率的信息收集、传播、处理和查询技术，使得非物质文化遗产登记注册制度有了可行的技术基础。由此对非物质文化遗产名称、内容、形式、传承谱系、权利归属的"文献化"认定及相应责任和权利的明晰，非常有利于传承人(群体)精神权利与经济权利的维护。(2)代为行使授权许可、民事诉讼、建立健全利益分配机制等职权。(3)许多非物质文化遗产的创造和传承具有多民族、跨地区甚至跨国家的特点，例如，《格萨尔》史诗为西藏自治区、青海省、甘肃省、四川省、云南省、内蒙古自治区和新疆维吾尔自治区共有；蒙古族长调民歌为内蒙古自治区和蒙古国共有。所以，著作权代管机构还应肩负起协调不同民族、地区、国家的相关权利的职责。

3. 权利的适度弱化。非物质文化遗产具有较强的公共属性,这一特点决定其权利主体所享有的绝对排他权应向更具公共效益性的方面弱化,以避免权利的过度垄断。权利适度弱化这一思路早在我国非物质文化遗产著作保护经典案例——《乌苏里船歌》侵权案中就已体现。在此案中法院认为:赫哲族人对赫哲族民歌依法享有相应的集体著作权;《乌苏里船歌》的词曲作者并未经赫哲族人的授权许可便擅自使用了其词曲创作作品,构成了对其权利的侵害。因此,法院判令郭颂和中央电视台以任何方式再使用歌曲作品《乌苏里船歌》时,必须注明"根据赫哲族民间曲调改编"并在《法制日报》上发表《乌苏里船歌》系根据赫哲族民间曲调改编的声明。[④]在这一案件的诉讼过程中,赫哲族人并未首先对《乌苏里船歌》的词曲作者行使绝对排他性质的停止侵害请求权,而只是要求在其改编作品中注明出处以及请求损害赔偿。如果《乌苏里船歌》的词曲作者愿意以合理条件与赫哲族人签订许可使用合同,那么,不仅双方当事人的利益获得了保护,而且《乌苏里船歌》可以继续传播,以满足人们的文化需求。这一案例表明,非物质文化遗产的精神权利主体有权从其受法律保护的作品中取得相应的利益;任何他人开发利用其作品,必须通过特定方式和部门(如权利代管机构)取得授权许可,否则就属于侵权行为;对于侵权行为,精神权利主体有权请求侵权行为人赔偿损失,并且请求侵权行为人以合理的条件与其签订授权许可使用合同;只有当该侵权行为人无正当理由拒绝以合理条件与精神权利主体签订授权许可使用合同时,精神权利主体才有权请求其停止侵害行为。也就是说,当精神权利主体的权利被侵犯时,首先应向侵权人行使损害赔偿请求权和授权许可合同缔结请求权,而不是马上行使基于绝对排他原则的停止侵害请求权。权利的适度弱化是对创新以及在授权许可的前提下开发利用非物质文化遗产的激励,有利于非物质文化遗产最大限度地转化为生产力。但是,由于非物质文化遗产类作品易于改动和模仿,所以在界定创新与侵权以及界定原创者与跟进者的问题上常有争议。对此,知识产权理论与制度的创新、司法经验的积累以及大量的论证必不可少。

4. 非物质文化遗产数字作品的版权保护。2006年12月29日,全国人大常委会表决通过了我国《关于加入〈世界知识产权组织版权条约〉和〈世界知识产权组织表演和录音制品条约〉的决定》,表明了我国在信息技术和通讯技术领域,特别是互联网领域积极保护版权人、表演者和录音制品制作者权利的态度和决心。[⑤]目前,国内外非物质文化遗产数字作品大致分为以下几种类型:(1)利用先进的二维三维扫描、数字摄影、三维建模与图像处理等技术,实现非物质文化遗产物质载体或物质表现形式的高精度获取与保存。此类作品多用于非物质文化遗产数字化虚拟博物馆、民俗馆、展览馆等。

(2)通过数字化工艺辅助设计系统,进行基于非物质文化遗产的工艺创新设计。(3)基于传统音乐、诗歌、故事、戏剧的数字化编排作品。(4)非物质文化遗产数据库。例如,山西省音乐舞蹈曲艺研究所建立的山西民间艺术数据库;印度建立的非物质文化遗产数据库,等等。(5)对非物质文化遗产的生成背景、艺术特征、传播传承、工艺流程等相关内容进行动态展示的作品。

数字作品应受数字版权的保护。数字版权是由传统版权所衍生出的新概念,是指计算机软件、电子数据库、电脑游戏、数字文学作品、数字图片、数字动画、数字电影、数字音视频作品等具有独创性、以数字格式存在的文学、艺术和技术作品的作者所享有的权利。广义的数字版权还包括数字邻接权,即数字作品的传播者、录制者以及广播组织者等对经其加工、传播的作品所享有的权利。[6]但在实践中,非物质文化遗产数字版权的保护难度很大,其主要原因是:第一,数字技术对版权中的复制权、发行权、传播权、修改权、完整权等权利形成前所未有的威胁,各项权利的界定发生混乱,权利的内涵趋于复杂,数字版权人难以像在印刷时代那样对各项权利实现有效控制。第二,网络传输具有高效率、跨地域、开放性的特点,极易导致侵权行为的发生,而且对侵权行为的认定及制裁极为困难。第三,数字作品是否都应受版权法保护,目前还存有较多争议。例如,数字作品中的数据库是一种汇编作品,涉及对原作的改编、翻译、注释、整理、加工,此后产生的作品版权归属很难断定,而且数据库又是一个内容可以不断增加、修改、删除的动态的数据集合,其保护期的计算也是一个难点。因此,数字版权的保护方式和保护程度还需要有一个长期的探讨过程,或者需要另外制定专门的法律法规。

三、非物质文化遗产的商标权保护

商标权亦称商标专用权,是指商标使用人对其注册、核准的商标依法享有的独占权利。商标大体分为四类:1.商品商标,是指商品的生产者或经营者为使其生产或经营的商品与他人生产或经营的商品相区分而使用的标志。2.服务商标,是指服务经营者为将其提供的服务与他人提供的同类服务相区别而使用的标志。3.集体商标,是指以团体、协会或其他组织名义注册,供该组织成员在商事活动中使用,以表明使用者在该组织中的成员资格的标志。4.证明商标,是指由对某种商品或服务具有监督能力的组织所控制,而由该组织以外的单位或个人使用于其商品或服务,用以证明该商品或服务的原产地、原料、制造方法、质量或其他特定品质的标志。

根据我国《商标法》第16条和《商标法实施条例》第6条的规定,申请人可就地理标志作为集体商标或证明商标申请注册。地理标志有两个构成要件:一是指示商品来源于某地区；二是该商品的特定质量、信誉或者其他特征，主要由该地区的自然因素或者人文因素所决定。地理标志具有产地对其商品的特殊品质和制造工艺的证明和担保作用，并以此赢得消费者的信赖。因此，地理标志中隐含着无形的产权财富，这也正是相关国际组织和众多国家将地理标志纳入知识产权保护范围的原因所在。世界各国对地理标志的知识产权保护主要有两种模式：一是通过专门立法的方式进行保护，比如法国；第二种是通过注册集体商标或证明商标的方式进行保护。我国采取的是第二种保护模式。

在《商标法》中，没有因非物质文化遗产年代久远而不能申请注册的相关规定，而且，商品商标和服务商标的保护期可以多次续展，地理标志的保护更是不受时间的限制。这就有利于核准注册的非物质文化遗产的文化历史价值持久地转化为企业的无形财产，进而有利于其开发式保护和文化经济的发展。目前，我国非物质文化遗产中的一些老字号，如同仁堂中药、云南白药、张小泉剪刀、全聚德烤鸭、瑞蚨祥绸缎、贵州茅台等等，均已成为驰名商品商标或服务商标。但是，以非物质文化遗产申请注册商品商标或服务商标，往往会出现申请机构对其注册商标的独占性与非物质文化遗产权利主体的群体性的矛盾。也就是说，将非物质文化遗产商标的专有权赋予某一个机构缺乏事实上的合理性。而将非物质文化遗产作为地理标志申请注册集体商标或证明商标，就在一定程度上避免了这个问题。这是因为，地理标志不属于某个特定的机构或个人独占或专有，而是属于特定地域的所有生产同类产品或提供同类服务的企业和个人共同占有。

在重庆市铜梁地区，有一种源于铁炉业的传统龙舞表演——"铜梁火龙舞"，通常由两条火龙配合玩舞，外加吹灯乐队、干花队、铁水花队以及喷花、烟火、火流星等助阵。2004年6月4日，国家商标总局核准重庆市铜梁县高楼镇火龙文体服务中心注册"铜梁火龙"为证明商标的申请，使龙具造型、队员着装、龙舞套路、火花施放、吹打乐等一系列"活态"内容纳入到商标保护范围，[⑦]开辟了以传统表演作为地理标志申请注册集体商标或证明商标的保护模式。本文认为，除传统表演以外，其他类别的非物质文化遗产，如我国的贵州蜡染、苏州刺绣、潍坊风筝、户县剪纸、安塞腰鼓、吴桥杂技等，均可适用此保护模式。这一方面表明了非物质文化遗产的来源及特定品质，使真假产品和真假服务易于区分，能有效防止他人对非物质文化遗产地理标志的虚假使用；另一方面可以鼓励有资格的企业借此发展当地经济，并同时对这些企业是否能保持"非物质文化遗产基因谱系的连续性和根脉的原真性"进行监督管理，做到开发与保护并举。

将非物质文化遗产作为地理标志申请注册集体商标或证明商标，需要注意以下几个方面的问题：第一，集体商标或证明商标并不保护特定的技术、知识和艺术表现形式，而仅仅是防止地理标志被虚假使用。第二，集体商标具有封闭性，不得许可集体商标注册人专属成员以外的人使用。第三，证明商标的使用权归属于证明商标注册机构以外的符合使用该商标条件的自然人、法人或其他组织，控制权归属于具有监督管理能力的证明商标注册机构。也就是说，证明商标注册机构对核准使用该商标的企业生产的商品和提供的服务负有检测、评定、监督、控制等管理责任，但不得在自己提供的商品和服务上使用该证明商标。第四，许多国家正在设计或已经设计了"在先权利保护与歧视性使用禁止"的商标注册制度，即，非物质文化遗产发源地群体对其非物质文化遗产享有在先权利，不能为他人任意作为商标使用、注册或进行不正当竞争。排除非物质文化遗产发源地群体之外的人未经许可或者可能冒犯该群体，注册与其相关的词语、肖像或其他与众不同的符号作为商标。虽然我国目前无此项制度，但在将来的立法实践中，此项制度应具有重要的参考指导作用。第五，我国许多地方尚未意识到利用证明商标或集体商标来保护非物质文化遗产。对此，各级政府及相关部门应鼓励、支持对非物质文化遗产类商品或服务具有监督能力的组织申请注册证明商标和集体商标，然后引导当地符合资质要求的企业或个体经营户向证明商标持有组织申请使用证明商标，或向集体商标持有组织申请加入该集体。第六，商品商标和服务商标是企业或个人的私有财产，可以转让他人；而地理标志是其所属地的共同财产，不具有可转让性，也不得许可产地以外的个人和组织使用。

四、非物质文化遗产的专利权保护

专利权是指申请人依法定程序取得的在一定期间内对其创新创造专有利用的权利。专利保护客体分为三类：(1)发明，即对产品、方法或其改进所提出的新的技术方案；(2)实用新型，即对产品的形状、构造或其结合所提出的适于实用的新的技术方案；(3)外观设计，即对产品的形状、图案、色彩或其结合所做出的富有美感并适于工业应用的新设计。

近年来，一些发达国家借助强势研发能力不断将发展中国家的非物质文化遗产开发转化为自己的专利，如美国现已拥有135项基于印度瑜伽的技术创新专利。[⑧]这引起了发展中国家空前的焦虑，非物质文化遗产的专利保护也随之成为焦点问题。非物质文化遗产是发展中国家的差异性优势，为将其纳入专利保护范围以维护自身权益，发展中国家开始了多方面的努力。例如，积极寻求国际组织和理论研究的支持；联合签署非物质文化遗产知识产权保护的双边或多边协议；试图规定申请人有义务在专利申请文件中公开所利用的非物质文化遗产，并以此作为非物质文化遗产主体知情同意的证据，进而在将来实现惠益分享,等等。还有一些国家启动了非物质文化遗产数据库项目,以公开数据化文献的方式防止本国非物质文化遗产被他国授予专利。但就目前情况来看,这些努力的成效并不大,仍然难以撼动现有国际专利体系。其原因主要有三个方面:一是发达国家设置了层层阻碍;二是发展中国家非物质文化遗产开发转化能力的落后及强势文化对其国内市场的占领。这是发展中国家维权之路艰辛而被动的根源;三是非物质文化遗产大多缺乏申请专利所需的科学性、精确性等条件。例如,由于缺乏化学结构和临床方面的现代科学意义上的系统研究以及精确表达,传统医药往往难以通过国际专利认可。有学者提出,以性能或制备方法来定义此类非物质文化遗产,同样可以申请专利保护。[9]但紧接着的问题是,此类非物质文化遗产主体(如传统藏药、蒙药、苗药所属民族)的群体性与专利权人的特定性及其对专利的独占性的矛盾难以解决。

虽然利用现有的专利体系保护非物质文化遗产有较大难度,但利用它来保护基于非物质文化遗产的技术创新却是可行的。基于非物质文化遗产的技术创新是非物质文化遗产兼收并蓄后的自我更新与良性变异,对其进行专利保护,例如,以发明专利保护基于传统医药配制的新的制剂组合物、新的提取方法以及新的活性成分;以外观设计专利保护基于传统手工艺的新的造型工艺以及新的设计制作工艺,等等,均是对非物质文化遗产"活态"的延续发展和合理的开发利用的促进。需要注意的是,一些基于非物质文化遗产的技术创新容易被变相侵权,所以在申请专利时应该对要求保护客体的技术特征进行尽可能宽泛的概括。一旦发生侵权诉讼时,就可利用技术特征分析来解决变相侵权的问题。例如,在基于传统医药配制的新的制剂组合物侵权诉讼中,被控方虽然增加或减少了药味,改换了名称,但如果是以类似的技术特征(结构、材料、工艺、过程等),产生了基本相同的效果,就算是变相侵权。

五、非物质文化遗产的商业秘密权保护

商业秘密,是指不为公众所知悉,能为权利人带来经济利益,具有实用性并经权利人采取保密措施的技术信息和经营信息。商业秘密中的技术信息有时被称为"非专利技术",例如一些传统医药祖传配方、景泰蓝的生产工艺、宣纸制作工艺、传统蜡染工艺、川剧变脸绝技等;商业秘密中的经营信息包括客户资料、招(投标)方案等。在现阶段,我国主要是通过《反不正当竞争法》将商业秘密纳入法律保护的范围。

许多非物质文化遗产是通过师传口授的方式世代传承,并未见诸文字,可以满足保密性要求。而且成为商业秘密权的保护对象不需要具有新颖性的特点,也不需要经过登记等程序。因此从理论上讲,商业秘密是此类非物质文化遗产最合适的权利保护形

式之一。然而在实践中,由于其仅适用于能够严格保密且不能通过反向工程推导出来的特殊机密,而且取证的难度和复杂性很大,所以保护的力度大打折扣。此外,工业化生产方式较高的透明度、涉密人员的流动性也使得许多产品的配方和工艺难以保密。因此,相关企业和个人应将保密意识贯穿于经营管理的各个环节,并采取严格的保密措施。

  非物质文化遗产的保护是一项系统工程,包括对其各个方面的确认、立档、研究、保存、宣传、弘扬、传承(主要通过正规和非正规教育)和振兴,单单只靠知识产权体系是无法承担这些重任的,所以,一方面应通过修订、创制相关法律法规,进一步缩减法规保护的"真空地带",另一方面应探索、实践更多的模式给予其多层次、全方位的保护。

---

① 联合国教科文组织官方网站上正式公布的中文版《保护非物质文化遗产国际公约》[DB/OL]. http://portal.unesco.org/en/ev.php-URL_ID=29008&URL_DO=DO_TOPIC&URL_SECTION=201.html/2005—05—30。
② 刘永明.权利与发展:非物质文化遗产保护的原则[J].西南民族大学学报,2006,(2):183—190。
③ 费安玲.知识产权法教程[M].北京:知识产权出版社,2003。
④ 王鹤云.《乌苏里船歌》案的启示[N].中国文化报,2003—02—17。
⑤ 我国加入世界知识产权组织两个条约 着力提升互联网版权保护水平[DB/OL]. http://news.xinhuanet.com/politics/2006—12/29/content_5548001.htm/2006—12—29。
⑥ 周勇.数字版权的适度保护及其实现[A].熊澄宇.文化产业研究战略与对策[C].北京:清华大学出版社,2006。
⑦ 齐爱民.非物质文化遗产的商标权保护模式[J].知识产权,2006,(6):63—68。
⑧ 赵军.瑜伽的可专利性分析[J].知识产权,2006,(3):65—68。
⑨ 张清奎.传统知识、民间文艺及遗传资源保护模式初探[J].知识产权,2006,(2):3—8。

上海市学生语言使用情况调查分析*

蒋冰冰

【内容提要】双言现象是我国当前社会语言生活中的普遍现象,有关研究是社会语言学中的一个重要课题。通过对上海市各级各类学生语言生活的书面问卷调查及访问式问卷调查,本文认为在上海市学生的言语交际中上海话和普通话在交际场合及交际对象上均有了明显的分工,同时上海市学生对待上海话的态度是肯定的,使用上海话的能力是良好的。进一步说,上海市学生的语言生活属于"双言现象",上海市学生属于"双言人"。

【关键词】上海话 普通话 双言现象 双言人

【作者简介】蒋冰冰,华东师范大学传播学院副教授

　　双言现象是指同一个人根据日常生活场合的不同,操两种或两种以上不同的方言进行口头表达交际。这包括在某种场合运用方言,而在另一场合运用标准语(本文指普通话)的情况。具备这种语言使用能力的人就是"双言人"。

　　随着我国普通话推广工作的不断深入以及教育的逐步普及,双言现象在中国已普遍存在。也就是说,各方言区的人多会说普通话,而且一般会根据交际情境的不同选用普通话或当地方言。由于学校作为推普重镇,学生的语言使用情况较以往发生了很大的变化,这些变化在当前提倡多元文化的呼声中正逐步引起语言学界、文化界、文艺界等有关人士的高度重视,因此其语言使用情况备受关注。为此,我们于2005年下半年对上海市学生的语言使用情况展开了实地调查,目的是了解当前上海市学生的语言使用情况。

　　此次调查采用了社会语言学的抽样调查方法,有效样本总计8661份。调查内容包括书面问卷调查和访问式问卷调查两项,具体涵盖了语言行为、语言态度和语言能力三

---

* 本论文是上海市语委研究课题"上海市学生语言使用情况调查"的成果之一。该课题的问卷设计工作得到了游汝杰先生的悉心指导,问卷调查工作得到了上海市10个区县教委及有关学校的大力支持,课题研究工作得到了上海市普通话测试中心王颐加和乔丽华两位老师的积极参与,在此一并表示由衷的感谢。

方面内容。调查对象分布于上海市19个区县,符合两代生于且长于上海的条件,具体包括大学一年级、高一及同等学历、初一、小学五年级、小学一年级及幼儿园小班等6个层次的学生。有效样本中,各级各类学生比例见表1。

表1　各级各类学生比例表

调查对象 项目	幼儿园 小班	小学 一年级	小学 五年级	初中 一年级	高中一年级 及同等学历	大学 一年级	合计
样本数(份)	900	1800	1800	1792	1795	574	8661
样本比例(%)	10.4%	20.8%	20.8%	20.7%	20.7%	6.6%	100%

注:下文提到"初中一年级""高中一年级(及同等学历)""大学一年级"时一律概称为"初一""高一""大一"。

由于"上海话"有广义与狭义之分,本调查主要采取广义上海话概念,即上海市所辖区县的当地话。狭义上海话主要分布于传统意义上的上海老市区。根据《上海市区方言志》及有关方言调查成果,本调查所指上海话包括上海市区话(即狭义上海话,分布于黄浦、卢湾、徐汇、静安、长宁、普陀、闸北、虹口、杨浦)、闵行话、宝山话、浦东话、南汇话、奉贤话、金山话、松江话、青浦话、嘉定话和崇明话。

本次调查发现,上海市学生群体的语言生活已经呈现出较为典型地使用上海话与普通话的双言局面,上海学生可算是"双言人"。本调查反映出以下四个方面的情况:

1. 随着学生年龄的增长,普通话与上海话之间的分工会更具体,功能会更明确。

随着社会交往的日益频繁,人们的语言交际经验更加丰富,应对不同交际场合的言语交际能力明显增强。本次调查证实,在上海市学生的语言生活中上海话和普通话在交际场合及交际对象上均有了明显的分工。

普通话有较多运用于公共场合的倾向(见表2),比如购物、问路以及师生之间的言语交际等使用普通话的比例都比较高。以师生交际为例,在学校这一特定的交际场合下,在师生这一特定的人际关系中,普通话是强化这些特点的关键因素。可以说,普通话是促使学校交际场景典型化的重要手段。

上海话则较多地运用于家庭环境以及像个人接听上海话的电话等这些较为私人化的场合,而且随着年龄的增长,说上海话的比重逐步加大(见表3)。

可见,在公共空间和私人空间这两大不同的典型交际场景中,语言使用者能够随之进行调整,以满足交际畅达的需要。也就是说,上海学生在不同语言环境中,以上海话或普通话等为交际工具确实能够达到了解、沟通的作用。只是年龄层次不同,使用上海话或普通话的程度有所不同。比较而言,年龄越小的学生越倾向使用普通话,而年龄越

表2 上海学生公共场合用语表(%)

交际对象及交际用语	调查对象	小学五年级	初一	高一	大一
学校课外交际	与会说上海话的同学 上海话	20	22	43	44
	普通话	44	39	25	27
	上海话与普通话	33	37	32	29
	其他情况	3	2	0	0
	合计	100	100	100	100
学校课外交际	与会说上海话的老师 上海话	15	13	28	27
	普通话	49	47	41	52
	上海话与普通话	33	37	31	21
	其他情况	3	3	0	0
	合计	100	100	100	100
购物时自己首先询问	上海话	15	17	24	30
	普通话	50	49	46	56
	上海话与普通话	31	31	27	14
	其他情况	4	3	3	0
	合计	100	100	100	100
问路时希望对方说哪种话	上海话	27	23	27	32
	普通话	42	41	39	47
	上海话与普通话	29	34	34	21
	其他情况	2	2	0	0
	合计	100	100	100	100

表3 上海学生个人空间用语表(%)

交际对象及交际用语	调查对象	小学五年级	初一	高一	大一
家庭交际	与父亲交谈 上海话	37	46	56	74
	普通话	24	16	12	9
	上海话与普通话	38	35	31	17
	其他情况	1	3	1	0
	合计	100	100	100	100

(续表)

交际对象及交际用语		调查对象	小学五年级	初一	高一	大一
家庭交际	与母亲交谈	上海话	36	43	55	72
		普通话	26	18	13	7
		上海话与普通话	37	36	31	21
		其他情况	1	3	1	0
		合计	100	100	100	100
家庭交际	全家一起交流	上海话	38	45	58	71
		普通话	23	20	11	7
		上海话与普通话	36	33	29	22
		其他情况	3	2	2	0
		合计	100	100	100	100
电话交际	打电话	上海话	14	15	27	30
		普通话	37	41	26	26
		上海话与普通话	43	40	45	44
		其他情况	6	4	2	0
		合计	100	100	100	100
	接听上海话电话	上海话	63	61	68	82
		普通话	17	19	13	8
		上海话与普通话	18	19	16	10
		其他情况	2	1	3	0
		合计	100	100	100	100

大的学生越倾向使用上海话。比如在跟上海话和普通话都讲得好的人交谈时使用上海话、普通话的比例,小学五年级学生分别为20%、38%,而大学生则分别是35%、29%。

由调查可见,随着学生年龄的增加、语言生活的丰富,其应对言语交际的能力也逐渐增强,即逐步掌握公共空间和私人空间之间交际差异的能力逐步增强。比如在家庭交际场合中,小学五年级、初一、高一和大一学生使用上海话的比例依次为38%、45%、58%、71%,使用普通话的比例依次为23%、20%、11%、7%。这种逐步懂得把语言工具进行分工以使其更好地为交际服务的情况,正是学生们语言能力不断增强的表现。

由调查还可见,年龄较大的学生交际经验相对比较丰富,能更好地遵循交际原则,灵活转换语码。表4是对"您跟上海话和普通话都讲得好的人交谈时,对方突然转换其中一种话,您会觉得"这一问题回答的统计,在几个选项中选择(3)(4)的最多,其中各类层次中选(3)的又超过了选(4)的。此外,随着年龄的增长,选(3)的比例逐渐上升,而选(4)的比例则逐渐下降。

表4　上海学生语码转换情况表(%)

调查对象 选项	小学 五年级	初一	高一	大一
(1) 从没遇过这种情况	7	5	7	1
(2) 很奇怪	10	6	7	3
(3) 自己会跟着对方转,不觉得有什么	47	55	57	74
(4) 仍坚持说原来的一种	30	27	17	12
(5) 不知道	3	2	2	1
其他情况	3	5	10	9
合　计	100	100	100	100

一般人们的言语交际行为往往是某个社会团体约定俗成的结果。不过这个"约定"不是一成不变的,而是不断与时俱进的。在新的语言生活背景下,必然会逐步约定出新的言语交际形式。本次调查显示,随着普通话推广深度的加强以及上海国际化进程的加快,在上海地区的言语交际中普通话与上海话之间的分工会更具体,功能会更明确。

2. 上海学生对待上海话的态度是肯定的,使用上海话的能力是良好的。

语言态度指语言使用者对某一种语言或者方言的价值评价和行为倾向。这种态度可能是积极的,也可能是消极的。在对上海话进行不同程度的评价时,有超过半数的学生对待上海话的态度是肯定的,积极的。比如在对上海话从"好听""亲切""有身份"和"有用"等4个方面打分,最低1分,最高5分(即1分、2分、3分、4分、5分)时,具体情况见表5。

表5　上海话印象分比例表(%)

	"好听"	"亲切"	"有身份"	"有用"	平均比例
1分	10	7	20	11	12
2分	13	11	19	13	14
3分	26	20	24	21	23
4分	22	24	16	21	21
5分	28	38	21	34	30
其他情况	1	0	0	0	0
合　计	100	100	100	100	100

"好听""亲切""有用"三个项目的打分中5分的比例都是最高的,且4分与5分合在一起的比例依次为50%、62%、55%。有超过半数的人对这三个项目的评价都是好和比较好的。"有身份"项目中3分比例最高,其次是5分的。4分和5分合计为37%,1分和2分合计为39%。对该项目的评分态度比较平均。

总的来看,5分的比例也是最高的,为30%。4分和5分合计为51%。这就是说有超过半数的人对上海话的打分属于好和比较好的。

不过尽管上海市学生对待上海话的态度是肯定的,但对自身上海话能力的评价却远远低于其实际的运用能力。在判断自身上海话能力时,对"常说,流利,准确""会说,但不够准确"以及"能听,但不会说"等三个选项中,认为不会说的均低于10%,而有超过90%的学生认为自己说得好以及比较好。其中,年龄较大的学生对自己母语(在此指上海话)的认同程度相对较高。不过,总的来看,跟实际上海话能力测试结果相比,自评偏低,见表6。

表6 上海学生自评上海话能力情况表(%)

	"常说,流利,准确"	"会说,但不够准确"	"能听,但不会说"	合计
小学五年级	52	43	5	100
初一	48	45	7	100
高一	63	33	4	100
大一	60	36	4	100

出现这种情况的主要原因,可能有这样三点:其一,在于对上海话的标准认识比较模糊;其二,在于以学习为主要生活的学生多是通过普通话及其书面语来获取知识、完成学习任务而对普通话给予更多关注的结果;其三,在于普通话社会声望的不断提高并通行于较多公共场合而具有较大影响力的结果。这就使学生不大会通过方言去获取各学科的知识,更不用说仔细检验自己的上海话水平了。由于学生们普遍低估了自己的上海话水平,因此认为自己不会说或说不太好的观点在社会上就有了一定的土壤。这一现象值得关注。

语言能力指语言使用者会不会讲某一种方言(语言)。本次调查还针对调查对象说上海话的实际能力进行了实地调查。就学生们实际运用上海话的能力看,有两个主要结论:一是上海市学生基本都能说上海话,只是说多说少、说好说差的问题;另一是学生说上海话的能力随着年龄的增长而增强。

第一个结论由表7可见,所调查的学生都能说上海话,只是程度不同而已。同时,从低年级到高年级满分的得分率逐渐上升。若把学生的说话能力大致分为"好""中""差"三个等级,则由表8可见,幼儿园小班、小学一年级、小学五年级、初一、高一和大一学生中上海话说得好的比例依次达20%、58%、74%、82%、91%和100%，这就很好地说明了第二个结论。跟其他层次学生的情况相比，大学生在单项测试满分和总分满分的比例都是最高的。大学生上海话能力属于"好"这一档次。

表7　上海学生上海话语言能力单项测试满分得分率数据表(%)

调查项目及得分比例	调查对象	幼儿园小班	小学一年级	小学五年级	初一	高一	大一
看图识词	满分30分	35	71	89	94	94	99
看图说话	满分40分	14	26	42	60	64	64
听力测试	满分30分	13	32	54	73	74	90

表8　上海学生上海话语言能力调查数据表(%)

调查项目及得分比例		调查对象	幼儿园小班	小学一年级	小学五年级	初一	高一	大一
总分及能力档次	80—100分	好	20	58	74	82	91	100
	60—79分	中	26	20	18	13	6	0
	0—59分	差	54	22	8	5	3	0
合　　计			100	100	100	100	100	100

　　这里对第二个结论略作说明。根据儿童语言发展规律，儿童在语言习得、语言学习过程中语言能力随着自身阅历的增加而不断提高，且这种提高就儿童个体来说在五六岁时是个高峰期。由上面调查数据可见，小学一年级学生的语言能力较学龄前出现了一个较大转变就是一个有力的证明。注意，这里提到的语言泛指各种语言，不是某个特定的语言。据实地调查看，幼儿园小朋友有限的识见，有限的语言表达能力，使其各方面的语言表达水平还不太高，这包括上海话、普通话在内。本次调查表明，随着生活、学习阅历的不断丰富，学生们说上海话、普通话的能力不断得到提高。如果不了解这一语言发展规律，就有可能会仅仅根据幼儿现有的语言发展水平而对其"盖棺定论"，认定其不会说或说得不好，甚至否定其上海话或普通话的语言能力会随着生活阅历的丰富而不断增长的这一客观规律。这种静止地、割裂地看待客观现象的态度是危险的，对于评价幼儿的语言潜能更是有害的。

　　3. 双言现象是一种复杂的社会现象，上海市各级各类学校的学生具体运用"双言"的情况又存在着一定的差异。

　　语言是一种特殊的社会现象，它依赖于社会的存在、发展而存在、发展。这就意味着它的发展会受到社会中诸多因素的影响和制约。

首先,语言使用者语言生活的表现在一定程度上受到年龄层次、心理成熟度的影响。有关数据表明,小学五年级、初一、高一和大学生在生活中具体使用语言时存在不少差异。年龄小的学生,对语言态度的心理成熟度较弱,容易受到"权威人士"的影响。学生生活以学习为主,深受学校教育的影响以及教师用语习惯的主导,由此年龄越小的学生在语言态度上越倾向使用普通话,在言语行为上越多运用普通话。从高一学生开始,语言心理逐步成熟,语言生活逐日丰富,语言分工逐渐明显。这种情况到了大学,则表现为对上海话和普通话的功能分工更明确,即适合使用哪种话语就使用哪种话语,而且这种情况在大学生群体中表现为——语言态度较为一致,语言行为较为统一。这都是一个成熟的语言使用者的表现。

其次,语言使用者运用语言在一定程度上受到性别差异的影响。有关大学生语言使用情况的调查显示,男生较女生在言语行为上多使用上海话;在语言态度上多认同上海话,比如男生认为上海话"很亲切"的比例明显高于女生。对于今后上海地区言语交流中比较重要的语言里,选择普通话的最多(其中又以女生的比例高),其次是选择上海话的多(其中又以男生的比例高)。在自评上海话能力时,男生认为自己说得好的比例又明显高于女生。总的来说,男生对上海话的感觉比女生的好些,而且男生较女生肯定自己的上海话水平。此外,在选择说上海话的理由时,选择"习惯说"的比例中男生高于女生。可见,在评价语言使用者的语言使用情况时不能忽视性别差异的因素。

此外,语言使用者运用语言时在一定程度上还会受到语言态度、语言心理、社会时尚等各种社会因素的影响。可见,在分析、判断双言这一复杂的语言现象时,切不可以偏概全,随意定性。

4. 双言现象是一种当代开放社会的语言图景。

人们的语言生活随着社会的发展变化而发展变化,双言现象就是社会发展变化的产物。

从对国际社会语言生活中双言现象的研究看,双言现象有一个产生、发展、稳定、消亡的过程。一个地区,特别是在一个移民程度比较高的地区,共同生活在其中的人们势必需要一种能为大家广为接受的公共交际语,也就是共同语。针对于我国全国范围内最广大的地区而言,共同语就是现代汉语普通话。就许多多种方言并存的局部区域而言,其中某一种方言势必会历史地成为当地的一种优势方言,也就是说,这一优势方言较其他方言在当地具有更高的通行度。上海话正是长江三角洲地区的优势方言。它长期在长江三角洲地区具有很高的通行度,更不用说在上海了。

改革开放后,随着教育水平的不断提高,普通话作为顶层语言已经逐步渗透到一些本来属于优势方言的"势力范围",这在教育影响力较大的地方(比如各级各类学校等)、公共沟通较为频繁的地方(比如公司企业、与外地人交往的场合等)以及移民程度较高的地方尤为明显。从已有调查看,在上海市学生的言语交际中普通话与上海话之间的关系,已从当初的"双言主从状态"(即以上海话为主,普通话为辅)发展到如今的"双言并存状态"(即上海话和普通话并存)。这一方面是因为各级各类学校普通话教育强度的加大,且学生在家庭接受普通话教育时间的提前;另一方面是因为信息化社会高度发达的媒体以及影像资料中普通话的强势影响力。其实,双言现象还涉及语言态度问题。在双语和多语(包括双方言和多方言)社会中,语言使用者的实际需要、情感和兴趣等都是影响语言态度的重要因素。一般一种语言(方言)的社会文化功能越强,人们对其的评价就会越高,从而便会以积极的态度学习它,掌握它。由于普通话社会地位的逐步提升,学生们能够认同并掌握双言的现象已是不争的事实。在问及所能熟练掌握的话(语言)中,有超过64%的学生同时选择了上海话和普通话。

当前,我国正处于改革发展较快的时期,语言发展变化也处于较快的时期。随着近年上海城市精神——"海纳百川、服务全国,艰苦奋斗、追求卓越"的提出,特别是伴随着上海国际化大都市建设进程的加快,双言现象将会得到进一步发展。在有关上海地区几种话语的语际地位的选项中,普通话的地位最高,其次是上海话,再次同时选择"普通话、上海话、英语"的比例也较高,见表9。可见,学生们对于上海在国内、在国际的地位都有一个清醒的认识,对于普通话、上海话、英语都有认同感。进一步说,上海市学生对于双语(汉语和英语)、双言(普通话和上海话)现象都是认同的。

表9 上海话语际地位表(%)

所选项目 \ 调查对象	小学五年级	初一	高一	大一
普通话	40	37	36	34
上海话	23	18	15	22
英语	11	12	10	7
很难说	18	19	20	17
普通话、上海话、英语	2	2	5	9
上海话、英语	0	0	1	2
普通话、上海话	3	8	6	3
普通话、英语	3	3	6	5
其他情况	0	1	1	1
合计	100	100	100	100

这就意味着,人们的语言生活正在或将要发生一些变化。在这一变化中,有的人能够适应,并与时俱进,而有的人则可能会感到不适。对于那些过惯了单一语言生活即一直较为单一或在较多场合使用上海话的人而言,在人们尤其是学生较多使用普通话时,往往会觉得到处都是讲普通话的,似乎没人愿意讲上海话了。而从已有调查看,这种想法是一种误区。比如在所有有关语言行为的各类调查中,学生们都有运用上海话的情况。即便在只有用普通话应答才算礼貌的言语交际行为的调查中也是如此,见表10。当营业员首先用普通话打招呼时,根据言语交际原则应当以普通话应答才算礼貌的交际方式,然而仍有10%左右的学生完全选用上海话。再者,在回答说上海话的理由时,选择"习惯说"这一理由的比例最高,达52%,远远高于其他选项。所以认为上海学生不讲上海话的观点有所偏颇。

表10 学生应答营业员普通话时的用语表(%)

用语选项\调查对象	小学五年级	初一	高一	大一
上 海 话	7	7	15	7
普 通 话	58	54	52	88
上海话与普通话	32	36	27	5
其 他 情 况	3	3	6	0
合 计	100	100	100	100

如前文所述,上海话有广义和狭义之分。其中狭义上海话主要分布于传统意义上的上海老市区。为了了解狭义上海话的使用情况,本次调查还单独对上海老市区学生的语言使用情况做了专门的统计。有关统计数据表明,上海老市区学生的语言使用情况跟全市的情况不仅相差不大,而且即便有所差异,也没有本质的区别。

由上可见,在上海地区上海话和普通话并存使用的双言现象不仅是历史地形成的,而且还将继续发展下去。可以说,双言现象正是一个当代开放社会的语言图景。

总之,双言现象是我国当前社会语言生活中的普遍现象,有关研究是社会语言学中的一个重要课题。双言现象是针对语言在社会生活中的使用层次而言的。由于语言使用者在语言行为、语言态度和语言实际能力等方面所表现出的差异有着各种复杂的社会原因,因此对于这一复杂的语言现象进行分析时,不能搞一刀切,不能只考虑个别因素,而应当通过实地调查、数据分析,实事求是地加以评价。

参 考 文 献

[1] 许宝华、汤珍珠:《上海市区方言志》,上海教育出版社1997年版。

［2］颜逸明：《吴语概说》，华东师范大学出版社1994年版。
［3］游汝杰、邹嘉彦：《社会语言学教程》，复旦大学出版社2004年版。
［4］李宇明：《儿童语言的发展》，华中师范大学出版社1995年版。

WEB2.0时代下的媒介生态初探

翟瑛栋

【内容提要】轰轰烈烈的虐猫事件结束了,不可否认的是,Web2.0时代下的网络在此扮演了主导的角色。本文从这一现象谈起,探讨了传统媒体议题获得渠道的变化和由新技术所导致媒介生态的变革,并且试图解释传统媒体向新媒体寻求议题的原因,回答以下几个问题:这些议题为何可以从互联网上波及到传统媒体?传统媒体与新媒体如何相互补偿?

【关键词】媒介生态 web2.0时代 议题选择

【作者简介】翟瑛栋,南通大学文学院广播电视新闻系教师

经常接触互联网和传统媒体的受众会发现,在互联网各大社区讨论得如火如荼的虐猫事件,仅仅在三天之后,也开始在传统媒体上有了大面积的报道。而类似芙蓉姐姐现象、虐猫事件以及"铜须事件"本来都是属于传统媒体不会"光顾"的个人事件,但是经过网民们的讨论和传统媒体的跟进报道,俨然变成了公共事件和媒介事件。

在Web1.0时期,网络的主要任务是完成人机对话,通过软件让机器完成文档处理或者获取信息。而在web2.0时代,博客的力量让个人成为互联网的主体。个人开始重新定位自己在传播活动中的角色,并试图对传者和受者的功能进行解构和颠覆。因此,在此基础上,传统媒体不得不去直面网民们对信息的价值取向并且时时准备着变化。

在这样的语境下,一种向网络寻求议题的新型媒介生态诞生了。

一、虐猫事件回放:从论坛帖子到央视报道

一只非正常死亡的猫的图片于2006年2月26号首先在一个流量非常大的网络社区上发布,在以后的一个星期里,全国大大小小的论坛、社区和个人站点开始了大量的转贴,数万名网友表达了对虐猫事件的看法,一时间在网络上形成了空前的影响。3天之后,3月1号的《北京晨报》上刊登了《网上出现穿高跟鞋女子踩碎小猫脑袋图片》一

文,是现在能够得到的传统媒体关于虐猫事件的最早报道。但是记者显然没有料到接下来虐猫事件带来的影响。该报道只有短短的500多字和那组虐猫的图片,而且这些内容显然都是从网上照搬下来的,在该报道的结束部分,该报道援引了法律工作者和动物保护协会官员的话,表明了对虐猫事件的看法:虽然残忍,但是没有违法。这些观点正是传统媒体在以后的报道当中体现出的主流基调。从3月1号虐猫事件在传统媒体上开始被关注,到3月15号央视新闻频道社会记录栏目的报道,仅仅半个月,传统媒体上关于虐猫事件就有500多篇的新闻、评论等各种形式的关注。(资料来源于新浪搜索。)

二、议题选择渠道的变化:媒介生态学的解释

国内学界对互联网能否进行议题设置持肯定态度,并且初步验证了议题设置在互联网上的存在。[①]但是,对于一个崭新的议题,在没有传统媒体进行先报道的情况下,互联网能否对传统媒体进行议题设置,国内尚无学者作出研究。议题设置研究是从对报纸设定的议题研究开始的,而且一般也认为,通常是报纸为电子媒体(电视)设置议题:电视节目通常在报纸上寻找专题,而不是相反。[②]

我国现在的媒介生态呈现出传统的媒体向电子媒体,特别是互联网寻求议题的现象。为什么会出现这种现象?我们可以从媒介生态的观点了解这一点。"在研究方向而言,生态学不主张孤立的考察单一的事物,而是把它与其环境中事物种群一起考虑,从整体着眼,了解事物之间的关系,进而对事物作具体的分析。"而且"生态环境的变化过程为研究对象,即了解物质、能量和讯息的流动情况。"由此可以延伸出"媒介系统"和"媒介共栖"的概念。媒介的环境系统中包括两类:信息的生产者和信息的消费者。[③]我们可以认定,不管是媒介的生产者和媒介的消费者,他们都不止选择一种媒介作为他们的寻求信息的来源。虐猫事件首先从网络上开始,对于这样一个具有典型的能够吸引受众的话题,媒介的生产者,包括编辑和记者,其新闻素养会让他们予以注意。而广大的网民在虐猫事件上强烈的反应,也为这个议题从互联网进入到传统媒体提供了很好的依据条件。

互联网对传统媒体的媒介生态的渗透,最近这两年愈发明显。传统的媒体开始越来越多的从互联网上吸取新闻线索。从早先的芙蓉姐姐现象,到现在的名人博客问题和到央视上报道的"铜须事件",传统媒体开始具有了一种把互联网上的内容全盘搬到自身上来的趋势。这一点在一些晚报和都市文化类的周报上尤为突出。正是由于网络上众多的论坛、社区和博客的影响,一些私人事件在互联网所构成的虚拟社

会中变成了网络事件,并经由传统媒体的跟进报道,逐渐变成了全社会关注的社会事件。

三、基于 WEB2.0 技术下的新闻传播生态:草根媒体的时代?

在互联网 1.0 时期,网络主要是完成"人机对话",通过软件让机器完成文档处理或者获取信息,比如办公软件、ERP 软件和浏览器等等。但是技术的发展完全颠覆互联网传播的范式,而以博客为代表的社会性软件的应用,促使互联网朝着个人媒体的方向发展,互联网的主体性开始消弭。传播的主体不再是以往具有话语权的记者、编辑们,而是在媒体霸权下以往无法发出声音和反馈的受众,它们忽然发现,自己的声音在互联网上虚拟的社区中,具有超大的能量。因此,他们也开始把网络作为自己的媒体,并且以一种前所未有的热情投入其中。于是,它在瞬间凝聚了不同社会类别的受众。比如博客,这一社会性软件绝对不能够仅仅用单纯的技术发展的眼光来看待,它的发展已经证明了这是一种颠覆了以往传播方式的一种力量。它作为一项技术的结果,给我们呈现的已经远远超出了技术的形式本身。虽然在麦克卢汉时代并没有网络和博客,但是他"媒介即讯息"的观点以哲人一样的预言印证了这一点。

博客让以往处于传播末端并且难以具有反馈的大众首次有了能够系统地发表自己意见的平台,而作为不具有意识形态属性的博客本身,从出现的第一天开始就被认识是草根媒体,并且是草根时代开始的标志。在人类社会新闻传播的历史上,受众(Audience)的地位并且能够显现出来的张力,从来都没有像现在这样有这么强大的影响。尽管有很多的研究表明受众是主动地获取信息,但是这种主动是在居于传播主导地位的媒体发出信息之后,受众也只可能主动地获取已经发布的信息。但是现在,受众有了发布新闻和信息的更简洁方便的渠道。被英国的《卫报》称为"全世界对国内影响最大的新闻网站"的韩国网络媒体 OhMyNews,它仅由少数的新闻专业人员协助,却有上千的"国民记者"提供新闻。这是典型的草根媒体,也是一定程度上技术促使媒介生态变迁的一个例证。

传统上,受众被看作是整体的一群,而不是有着不同文化背景、社会地位和消费能力的个人。在有着保守主义传统和精英意识的法国社会心理学家古斯塔夫·勒庞看来,群体只是依靠英雄生活的"群氓"而已,但是在大众文化成为主流和技术发达的现在,越来越多的普通大众正在慢慢成为精英。因此传统意义上的受众,也开始被新闻业重新定位。

四、传统媒体对新媒体的相互补偿

很明显,传统媒体的优势是网络媒体无法否认的。但是,网络媒体所具有的凝聚网民力量的优势也是传统媒体如电视等无法具有的。这是因为,网络媒体和传统媒体的传播方式本身就是不一样的。传统媒体的传播方式基本排除了受众的参与,而网络媒体是一个更加开放的系统。之所以说它更加开放,是因为受众能够直接参与内容的创造与生产,并且,在这种生产和创造的进程中能获得相当积极的心理体验。

如果说以BBS、论坛所提供的素材还不足以让传统的电视媒体得到更加真实和形象的素材的话,那么视频网站的发展正好弥补了这一点。不管是国外著名的YouTube还是国内的优酷网,新媒体对传统媒体的补偿性正在进一步的体现出来。以2007年3月份的沈阳大雪为例,传统媒体在报道这场大雪时,因为交通条件的限制,它所扮演的角色基本是缺位的,而这种缺位正好给了新媒体大展拳脚的机会。居民利用手中的手机、DV等摄影设备,通过拍摄暴雪现场视频,上传到视频分享网站上,从各自不同的角度为我们展现了当时沈阳的情况,以近乎直播的方式"报道"了沈阳百年难遇的雪灾现场。而且,由于是网民自己所进行的拍摄,它比传统媒体报道视角更加宽泛,也更加贴近民生。

因此我们也可以认为,传统媒体和新媒体是基于共生关系形成的一种均衡机制。"共生"一词源于生物学概念,指不同种属的生物一起生活。随后该理论被应用于社会科学领域。我国袁纯清博士最早应用来研究中小型经济,他通过界定一系列概念,创造性地将生物学的共生说拓展到社会科学领域,给人们提供一种认识自然、社会现象的新的境界、思维和方法。根据共生理论外延概念,得出共生的本质是协商与合作,以期得到共同的发展。而传统媒体和新媒体的关系也可以被这样来解释。

五、媒介生态的变化的反思

尽管传统媒体越来越多地从互联网上寻找议题,但是我们也可以看到,传统媒体从互联网上所吸取的议题不是新闻性的,更多的是能够吸引受众的持续性话题。这种传统媒体和互联网反哺的现象,国内有学者称为是补偿性。[④]互联网作为一种受众高参与度的"冷媒介",它所凝结的受众是显性的,反馈能力的增强使得一个议题能够在短时间内迅速形成,而这些都是传统媒体所不具备的。因此说,传统媒体从互联网上寻求的议题,更是受众所关心的。但是,由此而来的另外一个问题也就出现了:据《第十七次中国互联网络发展状况统计报告》显示,网民上网最主要的目的是休闲娱乐和获取信息,选择这两项将近达到了50%,远远超过学习与知识浏览,社区、论坛与交友等选项。而且大多数人只是食、色和各种嗜好的综合体,因此,那些具有感官刺激的话题往往更容易吸引受众,也更能吸引他们去发表自己的意见,使自己的情感得以宣泄。所以,传统媒体从互联网上吸取议题后,应该发挥自己所具有的权威作用,以意见领袖的方式对事件进行剖析和解读,而不是对所选议题仅仅进行简单描述。

桑德拉·鲍尔-洛基奇认为:"传播技术本身并不构成社会传播形态,与其说是信息技术的形式上的特征决定其对于传播的重要性,不如说是如下这一点决定了信息技术在这方面的重要性:它是否被人们以某种方式用于延伸他们通过其他传播形态业已进行的活动。"所以,传统媒体无需担心本身的地位会不会被新的传播技术所颠覆,而更应该着眼于在新的媒介生态中利用自身的优势来发展。

---

① 陈一. 从《英雄》看网络媒体的议题设置功能[DB/OL]. www.cjr.com.cn
② [美]约翰·帕夫利克. 新闻业与新媒介[M]. 北京:新华出版社,2005。
③ 北京广播学院 IMI 创研市场信息研究所. 城市消费者媒介消费行为解析[R]。
④ 张咏华. 媒介分析:传播技术神话的解读[M]. 上海:复旦大学出版社,2002。

视觉场域的互文性传达
——以 2006 上海双年展部分作品为例

刘 晶

【内容提要】本文通过对 2006 年上海"超设计"双年展中《假女性艺术家的生活》、《佛药堂》、《义乌调查》三幅作品的视觉角度的解读,提供"学会观看"的三种视角,即女性气质、文化符号学、互文性阅读。视觉研究正在成为一门显学,但视觉理论似乎长时间止于本雅明所谓的"机械纯暴力的破译阶段",在这种意义上,中国上海的双年展作为一场视觉的盛宴可以以一种"全全表演"的姿态对发展着的视觉文化研究做出更好的诠释。机械复制时代一个最大的特点是,艺术成果可以惠及更多的受众,艺术不仅仅作为高雅的代名词滞留于有钱有雅趣的贵族阶层,杰作可以不再仅仅为富人独占,优秀的作品可以在美术馆、博物馆展览,可以经过复制临摹走进大众的视野。

【关键词】视觉传达 观看之道 女性视角 文化符号学 互文性

【作者简介】刘晶,华东师范大学传播学院 05 级硕士研究生

学会观看,学会解读,学会过"有美术馆、博物馆存在"的生活。1969 年布尔迪厄(Pierre Bourdieu)与阿兰·达贝尔(Alain Darbel)合著的《艺术之爱》中有一个关于美术馆参观者的教育类别百分比的调查报告(见表 1),以法国的百分比为例,没有受过教育的人口参观美术馆的百分比仅仅为 0.15,接受过基本教育的这个比例为 0.45,接受过中等教育的为 10.00,接受过中等以上教育的为 12.50。这个百分比表明,大多数人是不去参观艺术博物馆的,对艺术的兴趣与受过的教育有着密切的联系。中国的情况更不乐观。据中国第五次人口普查资料显示,2000 年我国从业人员中仍以具有初中和小学受教育水平的人员为主体,占 75% 左右,其中仅接受过小学教育的占 33%,而接受过高中和中等职业技术教育者占 12.7%,接受过高等教育的占 4.7%。如果把中国人口教育类别比例套用布尔迪厄的这个研究报告,艺术馆的观赏者比例仍然不大,但由于中国的人口基数大、复制时代的来临、中国教育的加速发展趋向以及艺术创作的空前自由四个要素使得中国的艺术品欣赏有很大的市场。这也是本文潜在而凸显的现实意义。机械复制时代一个最大的特点,艺术成果可以惠及更多的受众,艺术不仅仅作为高雅的

代名词滞留于有钱有雅趣的贵族阶层,杰作可以不再仅仅为富人独占,优秀的作品可以在美术馆、博物馆展览,可以经过复制临摹走进大众的视野。从这个角度讲,"学会观看"应该作为一门学问,一种思维,一种文化,一种批判的视角进入大众文化关注的领域。

表1 美术馆参观者的教育类别百分比[①]

	希腊	波兰	法国	荷兰
没有受教育	0.02	0.12	0.15	——
基本教育程度	0.30	1.50	0.45	0.50
中等教育程度	10.5	10.4	10	20
中等以上教育程度	11.5	11.7	12.5	17.3

资料来源:皮埃尔·布尔迪厄(Pierre Bourdieu)与阿兰·达贝尔(Alain Darbel)合著的《艺术之爱》,1969年,巴黎子夜出版社。

作品和观赏者之间是可以交流的,一方面,作品越具有想象力,就越能让观赏者与艺术家深入地分享对眼前景象的感受。人们最初进入艺术殿堂多少都有惧怕心理,会有"读不懂"的心理在作怪。这种"读不懂"是与艺术的神秘性相连的。艺术修养往往难于一蹴而就,欣赏者在多次失败的审美结果面前容易做出简单化处理,把艺术欣赏推向玄妙莫测的境地。书本上很难找到通用于每一幅作品的观看之道,优秀的观赏者也只是对有限的作品进行充分的阅读。毋庸置疑,艺术从起源开始便具有神秘性,并一直充当统治阶级神秘力量的工具,艺术与大众总保持鸿沟式的距离。时代与科技的发展,以及大量现实主义题裁作品的问世,正在冲淡艺术不可企及的神秘性,艺术可以是供更多人群欣赏的,交流的,复杂而多样的元素。另一方面,艺术表达是存在"诱惑性"的,艺术家通过多种诱惑元素传达给观者最大量的信息,使得交流成为可能。交流的基础是多元的,比如社会关系和道德价值的水乳联系,比如透过面孔展现出的紧迫感。有经验的观赏者总能找到艺术品的"穴位",道破艺术家的天机。当然许多艺术品是开放性的,观赏者可以从不同的视角解读,找到人性中的通融,似乎没有一幅作品是无法破解的,也甚或不存在"过度诠释"的问题,一千个人就有一千个哈姆雷特。

上海双年展自1996年开始已成功举办过六届,分别以开放的空间、融合和拓展、海上·上海、都市营造、影像生存、超设计为主题。自第三届开始引入"策展人制度",职业策展人的介入使得双年展具有鲜明的全球化眼光,把视觉导向文化空间。视觉观看具有多元的解读视角,通常包括女性、阶级、民族、社会形态、经济发展等,这给观看带来深度思考甚至迷惑不解。中国古语云"水至清则无鱼,人至察则无徒",一眼看到底的水乏味,一眼看穿的人无趣,交友之道"人无嗜不足与之交也",似通此理。笔者通过对2006年上海"超设计"双年展中三幅作品的分析与勾连,提供女性气质、文化符号学、互文性阅读三个视角,试图阐释美术馆、展览馆的观看之道。这三个文本都不是对客观现存物的简单模仿或者照搬,有超越柏拉图所谓"洞中的世界"之味,同时也可以放在现代和后现代的文化语境中思考周遭的生活。

一、《假女性艺术家的生活》与女性视角

作品《假女性艺术家的生活》(Fake Female Artist Life)是一组模型装置,作者马蒂尔德·海耶是一位居住于德国的法国女性艺术家,她的跨越国界的身份,以及特有的女性的性别符码,使她的作品在更广泛的意义上给人们以反思。海耶设计了几个看似橱窗模特的女子,据介绍该女子是男性所虚构的活跃在20世纪的艺术家。作者以她本人的容貌体态为原型,给模型设计服饰,装上内置扬声器。这是艺术家对自我的表达和审视,也令观众思考社会背景中女性艺术家身份的问题。身份从来都是一个问题,是许多女性艺术家创作的主题、渊源和焦点,通过性别身份探讨自我与政治、社会关系的复杂。

顺摸艺术发展史,观看女性的基本模式与女性形象的基本用途,仍无变更。描绘女性和描绘男性的方式是大相径庭的,这并非因为男女气质有别,而是"理想"的观赏者通常是男性,而女性形象则是用来讨好男性的。一方面,审美上赋予女性气质一种很被动的地位,女性需要时刻关注自己的形象,从幼年时期就开始被教育应该有怎样的言谈举止才能符合女孩子的身份,以性别的方式约束自己的言行,得体、自尊、贤淑、优雅这

样的社会标准对女性从内而外形成一种塑造。由于观念上的塑造,使得女性必须不断地注视自己,同时被教导和劝诫应该不时观察自己以及自己的行为。言论、视角给予女性的定位已经超越了作为主体的自我感觉。难怪有人说:女人活在虚假之中。谁说一代名媛阮玲玉的生命不是被糟糕的舆论环境所夺走! 另一方面,男性通常处于理想的观赏者的位置,而女性更多的充任被观赏者的角色。这是一种特有的"景观",在这种观察与被观察的关系中,男性充当了主动的角色,即施动,通过对女性的观察,确定将要给予她们的礼遇。而女性也在这种不言自明的关系中,注意着自己被别人观察,通过展现被社会塑造的形象,把自己变为一个极特殊的视觉对象:景观。这种景观是摄入性的,视觉把对象纳入固有的知识体系,从而构成日后言论的基石。

传播学理论之"托马斯公理"认为,如果将某种状况作为现实来把握,那状况作为结果就是现实。具体一点或者引申下去就是社会学者默顿提出的"自我达成的预言",即,如果人们根据对状况的错误理解开展行动,结果,就可能使这一错误理解成为现实。有一个例子,某医院把两个病员的化验单换错,结果,癌症患者没有死(因为化验单说他没有患癌症),而没生癌的患者竟然死去。被誉为"美国公众良心"的新女性知识分子苏珊·桑塔格(Susan Sontag)在她的很著名的文章《疾病的隐喻》(Illness as Metaphor and AIDS and Its Metaphors)中谈到,大规模的传染性流行病不仅是一个医学事件,而且被当作是一个文学事件,一个道德事件,一个政治事件,此外,还是一个经济事件。"使疾病远离这些意义、这些隐喻,似乎尤其能给人带来解放,甚至带来抚慰。不过,要摆脱这些隐喻,光靠回避不行,他们必须被揭示、批评、细究和穷尽"[②]。

在长期的社会塑造中,女性身体和身份已经作为一种社会真实被男性更被女性所接受。毕竟,现存的就有其合理性。真实是具有冲击性的,尤其是,当真实以集中的,凸显的方式呈现在人的眼前时,越是真实,越具有杀伤力。现代生活是具有反省性质的,或许,当人们在商场,在步行街,在展示台会忽视面无表情的漂亮的女性人工模特的存在,但如果有一天这些女性人工模特以展示的姿态独立于空旷的展示台上,模特就是舞台独立的作品的时候,这种展示是具有冲击性的。这样的作品让我们反思当下的生活。这是一种经过思考的生活吗? 是我们可以承受的生活吗? 漂亮、光鲜、华丽的外表之下你的内心是否受到了伤害? 以及,这样的身体是女性本身的吗? 在文化的意义上,性别(gender)指的是文化上形成的特殊的思维方式、行为方式和感觉方式。康奈尔[③]曾经提出过两个现在仍然被经常使用的术语:"霸权式男性气质"和"被强调的女性气质",这两个概念道出了在文化上占统治地位的性别符码,这些符码是电影、广告和现在的大众媒体所依赖和宣扬的,也是它们帮助构建的。伯格(Berger,1972)也说,男性重行动,女性重外观,女性利用她们的"外表",男性利用他们的"在场"。当代女性气质正是被一种强调式的意识形态所建构,它是一种"面具"(masque),通过这"面具",女性在与这些悖论的关系中达到暂时的妥协。

《假女性艺术家的生活》是一件给人深度思考的作品。作者对创作材质的选择和技巧上的把握可圈可点,视觉上观赏者已不是和材质模型打交道,而是在同一个有身份的女人在接触。在观赏过程中,经常可以看到有观赏者和这位女子合影、握手、搭肩、对视、停驻,已经超越了一幅雕塑的本身,显示出作品的艺术价值和社会意义。通过这一组女子模特,观者可以看到女性的身体,女性的生存状况,女性的孤单与落寞。这种卓越的表现首先是一种艺术上的功效,其卓越之处就在于对一个性质根本不同于雕像的物质材料的对象灵巧熟练的再现。但仅仅因为熟练便成为作品唯一的艺术价值那也不足一提,关键是作品的社会意义和其诱发的社会思考。艺术不是一种模仿,而是对现实的一种发现。一个艺术家就是一个对现存形式的发现者,有一双善于发现的眼睛和善于组合的"发现思维"。正如一个科学家是事实或自然规律的发现者一样,一个时代的伟大艺术家都认识到艺术的这种特殊使命和特殊禀赋。列奥纳多·达芬奇用"学会观看"(Super vedere)来说明绘画和雕塑的目的。艺术家的最高禀赋或许就在于发现并凸显了现实。换句话说,衡量杰出艺术的标准不是感染的程度而是强化和照亮的程度。

二、《佛药堂》与内心符码

作品《佛药堂》(Buddhist Pharmacy)的表现类型也是装置。作者展望是中国当代非常重要的艺术家之一,他常以"中庸"的方法来解读中国以前的文化和人文变迁,崇尚传统文化,但又借传统艺术形式"改造"现代艺术。这是一幅让人不会错过的作品,形式、特有的药物的味道、佛龛都是发人深省的触点。作者在展览现场搭建了一个中西药房,外形像胶囊,内部像佛堂。 面是中药药丸,另一面是西药药片。佛与药被整合在一起,变成既是佛又是药,既是药又是佛;药房和佛堂融合在一起,既是药房又是佛堂。这种类似西药胶囊又类似佛龛的空间实际上是一个对人的身体和内心具有双重疗法的空间。

视觉传达并不是一个很难理解的概念,通过媒介传递信息,同时依靠人的视觉来接受的信息传递过程都是视觉传达的范畴。一个良好的视觉传达可以描述为这样一个过程,即,大众在特定感觉与期望状态下,进入他们视线中的符号触发了他们的注意,然后导引其内心深藏的情绪,促进、增加其相关知识,继而形成一种观点或者思想,驱使其近于行动。艺术是无声的语言,有时比有声语言来的更有力量,更加持久。正如所有其他符号形式一样,艺术不纯粹是现成的、既定的现实的复制,它是把人引导到对事物和人类生活的一种客观观点的途径之一。艺术承担不起拯救人类的使命，但是在社会人文的意义上可以更大程度地有所作为。

视觉理论认为，人们通过观看来解读艺术品，而这种观看是以一种视觉的方式来实现的。艺术品的表现形式包括构图、色彩、线条、形态等视觉语言，在视觉传达的过程中寻求解读的符码，这是区别于传统语言解读的主要特征。心理学研究显示，人们接收到的外界信息中有83%来自眼睛，视觉较之其他感官在人们的知识构成方面有举足轻重的作用。在艺术领域里，视觉传达的信息尤为重要。建筑学和美术学在视觉方面是相通的，比如，梁思成和林徽因关于建筑的作品中就有许多对美学的阐释。建筑是在城市空间中作画，良好的建筑需要技术功能，也需要美术功能。

视觉的一个观测点取决于符号的解读，《佛药堂》这部作品可以更多地从文化符号学的角度"观看"。"符号"正是这样一种东西，某种对某人而言在某一方面或以某种能力代表某一事物的东西[④]。通过符号可以发掘日常生活表面以下的深层意义，并揭示出这些意义是如何被包含在权力关系和统治结构中的，以及对表象之下的权利关系进行文化批判。从神学经籍到医学专著，对符号这一术语都有过深刻描述。古希腊医学家希波克拉底的《论雨后诊断》、古罗马医师兼哲学家盖伦的《症状学》，直到今天西方语言中的"症状学"，都通过符号来解读症候病状。视觉传播正是通过符号的中介而传达意义。人是突出的应用符号的动物，符号总是代表着某一事物，它既脱离传播关系的双方而独立存在，又贯穿于传播活动的全过程。

文化符号学研究的集大成者罗兰·巴特的符号理论主要集中于《神话集》(Mythologies)和《符号学原理》(Elements of Semiology)，前者主要是符号理论的应用，后者主要是符号原理的建构。《神话集》简要阐述了建立在文化研究方法上的解码活动的一些重要方面。20世纪60年代，大众传播的迅猛发展以及滚滚涌出的各种符号，人们往往视为自然而然的"客观"现象，从而忽略或者根本无视其中有一项共同的意义运作在起支撑作用。正如巴特的传记作家特伦斯·霍克斯在他的名为《结构主义和符号学》的书中所言，"他无情的剖析了由法国大众传播媒介创造的'神话'，揭露了它为自身目的而暗中操作代码的行径。尽管这些媒介的公开态度是：根本不存在这种代码，他们不带任何偏见的描述真实的现实世界，但是巴特的分析揭示了一个相反的目的：为了创造、证实和强化一个特殊的世界观，其中，资产阶级的价值观在各个方面都以习以为常的、不可避免的、'正确的'面目出现……"。

符号是一种关系。索绪尔所说的"能指"就是符号形式，亦即符号的形体；"所指"即是符号内容，也就是符号能指所传达的思想感情，或曰"意义"。如同一枝玫瑰，其能指是作为植物的玫瑰，其所指是爱情的意念。作为植物的玫瑰和作为符号的玫瑰完不同,前者是空洞无物的,后者则是充满意味的,而使之充满意味的正是其意义之所在。符号就是能指和所指,亦即形式和内容所构成的二元意指关系。符号必须组成系统才能产生意指作用。例如,交通路口的信号灯之所以有意指作用,就是因为它们组成了系统,否则只有单独的红灯没有任何意义,红灯正是处于红黄绿的系统中才具有了停止的意义。意义问题是符号学的核心问题,符号学研究,归根结底就是为了更好的理解符号的意义,获取客观事物的讯息。《佛药堂》作品中视觉传达出的符号包括药房装置、佛龛、中药和西药,以及一个一个装药的瓶瓶罐罐,作者试图赋予其更多的社会意义。人们在认识事物过程中往往形成把精神和物质分离开对待的习惯,比如,宗教解决人的精神问题,医院解决人的肉体问题。其实,精神和物质是不能分离的,心灵和肉体的搏斗是人类的最大困惑,佛药堂的空间就是把宗教的"医"心和药物的"医"身合并,这也许是找到解决这一问题的最佳方式。中国社会正面临一个信仰失重的问题,在都市化和现代化的过程中,物质丰厚了,而人与人之间的关系却淡漠了,在日趋物化的生存空间中,文化的尺度、人的尺度都面临新的考量。

三、《义乌调查》与互文性的视觉传达

《义乌调查》(Yiwu Investigation)是一部以侵入的姿态进入观赏者视线的现实主义题材的作品。作者刘建华把来自"小商品之都"义乌的三万多件物品带到双年展现场,

并制造了它们从桔红色集装箱一端倾泻而出的场景,脸盆、书包、刷子、闹钟以及密码锁、计算器、手电筒,甚至还有产自上海的知名品牌红灯牌收音机。众所周知,浙江省义乌市是名副其实的"世界工厂",制造和聚集的商品已辐射到世界上两百多个国家和地区,每天平均有6000到8000个外商在义乌采购商品并直接用集装箱运出。

作品如何在设计中体现"世界商品批发之城"这样一个主题,看似简单,实则有艰难的构思在其中。《义乌调查》从中国的低设计生产方式着手演绎人类学和社会学分析,今天的义乌是中国作为世界工厂的一个微缩版,设计匮乏,"低设计"繁盛。而这恰恰从"制造的工业化"或者"工业化制造"对于"艺术化创造"提出问题。艺术家收集的几百种小商品虽然有着低设计、低成本、大量复制的特点,却是日常生活中不可或缺的,更是大众文化的象征。义乌是从实用和效益出发的经济形式最典型的代表,也折射出中国与全球化的关系,以及中国社会转型中的生产特征。

这里涉及艺术的深度,或者审美标准问题。托尔斯泰讲,不但感染性是艺术的一个标志,而且感受的程度也是衡量杰出艺术的唯一标准[5],这里的感染的程度体现为艺术作品强化和照亮的程度。有许多种强化是以平静的姿态出现的,我们感觉到艺术作品的形式和它们的生命,而不是它们的重负,艺术作品的平静,似非而是的是一种活动而不是纯静态的谧。艺术家的作品中,激情的力量本身被构造成形式的力量,这种力量往往以一种平静的方式表达。正如《义乌调查》这部作品,作者只是平静而客观的展示了一种存在,而这种存在却深深的刺痛中国无数的消费者,这就是我们的日常生活吗?

艺术作品大多具有互文性,没有完全封闭的艺术作品。"互文性"一词源于拉丁文intertexto,意为在编织时加以混合,学术界公认它作为术语是20世纪60年代后期由克里丝蒂娃[6]发明的。克里丝蒂娃提出"互文性"的概念,所针对的是将文本视为自足的封闭实体的传统,她宣称任何文本都是对其它文本的吸收与变形。这一范畴获得了其他后结构主义者的首肯。巴特探讨了在文学背景中的互文性,得出了任何文本都是过去的引文的新织物的看法。德里达则将互文性确认为文学研究的唯一方式,将文本理解为自我参照的系统。"互文性"是相当宽泛的,不只适用于文本之间、书本与作者之间的关系,引推人视觉领域,可以适用于作品与观赏者之间。

对话是以言语的方式存在的交互关系,无论是直白的或者隐喻的方式,对话者是处于解释或交流的境遇。如同说话的过程一样,艺术的过程也是一种对话和辨证的过程,观赏者不纯粹是被动的角色。正如这幅作品,有人认为是纪实性的,有人认为是批判性的,有人为义乌成为"世界市场"的供应商而啧啧称赞,有人为这种低设计的商品稍许内疚,毕竟在世界舆论的领域里,有一种很尴尬的说法,全世界什么东西,中国一做,价格就下去了,中国一买,价格就上去了。艺术作品给观者以启示,观者给予艺术作品多元的意义。这是对艺术作品"互文性"的解读。在艺术作品表达的明确性方面作品自身之内会包含显示特征的空白,即各种不确定的领域,并非所有作品的决定因素、成分或性质都处于实现的状态,而是其中有些只是潜在的。这样,一件艺术作品就需要一个存在它之外的动因——观赏者,通过观赏与作品合作,从而形成一种新的创造活动,或者说,按自己的读解去"重建"作品。这样,在某一点上,作品就是艺术家和观赏者共同的产品。本次超设计双年展上可以做这种"互文性"解读的作品就很多。

在互文性的读解中,对文本的阅读是一种创造活动。罗兰·巴特的著作《S/Z》,就是互文性阅读的经典范本。这本书将巴尔扎克的短篇小说《萨拉辛》切成561个阅读单元,逐一进行讨论,然后以令人惊讶的错综复杂的方式将这些讨论组织成文,在这一过程中生产出篇幅远过于原作的文本。巴特心目中的理想文本,是读者可以从几个不同入口访问它,没有一个入口可以由作者宣布为主要的。虽然克里丝蒂娃本人未曾明言,但互文性看来并非文本自身的一种特性,而是对它的阅读在作者及读者之间制造的某种默契。正因为作者与读者在某种程度上享有共同的知识背景,或者说作者与读者之间并不存在鸿沟天堑,互文性才得以实现。在可视的文本中不存在独立的孤岛,许多文本都以互文本的形式出现,都可以与观赏者产生互动,这种互动,既包括认可、赞同,又包括对已有文本的模仿、质疑。

四、在"视觉场"中学会观看

科学在思想中给我们以秩序;道德在行动中给我们以秩序;艺术在对能视、能触、能听的现象的理解中给我们以秩序[7]。艺术的秩序大多是通过视觉传达进而唤起人们的内心感受。几乎所有的美学理论及美学家在有一点上基本达成共识,即,美不是事物的一种直接属性,美必然要涉及人的内心。休谟在他的《审美趣味的标准》一书中也谈到,美并不是事物本身之中的一种性质,它只存在于观照它的人们的心里。而这,似乎可以理解为一个哲学命题,美,或者说是艺术,与人类的心灵必然是相通的,美的火花在于与生命和社会的撞击。

什么样的深度可以撞击你的内心?艺术的深度在哪里?观点一认为:越是艺术,越是真实[8]。由于艺术并没有作假,即艺术所表现内容的真实并不是虚设的,因而,艺术也就参与了启蒙。观点二认为,存在一个纯粹的艺术的深层,这个深层在艺术中被显现。观点三认为,观赏者得到的愉快越多,这个艺术作品的价值就越大。通常,这时的艺术作品被当作一种唤起这样那样美感的工具,对体验者来讲,愉快表现为对艺术作品价值的一种虚妄的幻想,而这种幻想经常表现为一种任意性,并随着不同主体在不同时间的不同感受而变迁。

视觉已然成为一种场域,简称"视觉场",只要与看有关的行为都被纳入视觉场,无论高雅还是大众,无论视觉艺术还是图像文化,无论展现地点或方式。眼睛是一种贪婪的器官,观看总是先于言语,但人们显然已经不满足于简单的观看。一方面,传统的绘画、建筑、雕塑等模式必须实施更新、动用各种手段添加更多的元素,从而实现视觉传达的丰富多样性。多媒体技术是将传统的、相互分离的各种信息传播形式(如语言、文字、声音、图象和影象等)有机地融合在一起,进行各种信息的处理、传输和显示。这样,视觉传达的表现手段和表现范围得到了大大的扩展,未来的视觉传达是综合性的,涵盖了人类全部感官的全面设计。这已经超越了现有视觉传达的概念。另一方面,人们试图在观看中确立与周围世界的关系,比如身份、地位、话语权、生存空间以及阐释现代化带来的奇特景观。观看的方式受到知识、经验、环境和信仰的影响,我们只看见我们注视的东西,注视是一种选择行为,在可以选择的范围内,甚或通过触摸,把自己置于与对象的关系中,不是简单的注视,而是审度物我之间的距离与关系。

看无处不在。但本文的看,更多的指涉隐匿性的看,这种隐匿性是包含在权力结构之中的,即,文章开头提到的,不是一湾清水的看,而是透过现象与本质、可见性与不可见性、外在性与内在性、隐匿与敞开、肉体与灵魂、感觉与理性等元素二元交织的方法,看的更透彻,更准确。最难读的作品是拥有开放性结尾的,给人无穷的遐想,这也是高智商的作者与受众玩的一场较智游戏,作者通常获得游戏的胜利,但受众也不输,有一个皆大欢喜的双赢局面。视觉传达的至高境界也是这样,创作者只有确定的主题,顺藤无限延伸,给人遐想,以至无穷,不给观赏者最终准确无误的答案。每一幅作品只是观赏的开始,像引擎带动思想、诱发心灵。

无论是女性视角、文化符号学视角还是互文性视角,都很难单一的阐释作品的全部意义,还需要结合国度、时代、阶层等背景元素多元分析。比如在性别问题上,视觉中心主义的景观认定男性要优越于女性,中国三千年封建社会男尊女卑、三从四德的礼仪观念正是这种景观的全景再现、全景敞视。中国古典文艺作品大多可以用这种视觉中心主义的性别景观来解读,这与中国的社会背景有关。而在西方的性别景观中则有更多的阶层烙印,女性被不同的阶层所束缚、所塑造,其衣着、装扮、礼仪、表情都被纳入阶层范畴,严格恪守,西方绘画和雕塑都要反映这些规范。

包括艺术家在内,很少有人会说,不用学就能理解一切艺术。观看事物的形式这项工作其重要性和独立性并不比认识事物的原因来的差。艺术教会我们不是纯粹的把事物概念化或利用事物,而是把事物视觉化。艺术给予我们的是一个丰富的多、更为生动和色彩绚丽的现实形象,是一种对现实的形式构造更为深刻的洞察。艺术家并不是描写或复制一个确定的经验对象,如一个小山或者大山,一条小溪或者河流,他给我们的东西是这风景的个别的瞬间的面貌。他希望表现出事物的气氛、光和影的摇动,还要探讨艺术灵韵或者光韵的问题。现实的纯而又纯的复制品只能是一种非常成问题的价值,只有把艺术设想为我们的想象和我们的情感的一种独特的倾向,一种新的方位,我们才能理解艺术的真正意义和作用。

视觉研究正在成为一门显学,但视觉理论似乎长时间止于本雅明所谓的"机械纯暴力的破译阶段",在此意义上,中国上海的双年展作为一场视觉的盛宴可以以一种"全全表演"的姿态对发展着的视觉文化研究做出更好的诠释。当代视觉文化不仅仅被看作只是"反映"和"沟通"我们所生活的世界,也在创造这个世界。人们生活在媒体构造的景观之中,信息、知识、价值观、经验判断会长时间受所见所闻影响。视觉传达给我们的都是真实的吗?让·波德里亚(Jean Baudrillard)惹人争议地宣称,海湾战争从未爆发;好莱坞电影真的如同国内院线所展示给观众的那般吗;迪斯尼乐园的模式是否比真实的美国社会还要真实……视觉文化在重塑着人们的记忆与经验,不管是"视觉的狂热"还是"景象的堆积",日常生活已经被"社会的影像增殖"改变了⑨。在看与被看的景观中,观看者应该有一个较为主动的角色意识,"学会观看"理应纳入个人的判断体系。

参 考 文 献

[1] John Berger:《观看之道》,广西师范大学出版社,2005年1月第一版。
[2]《艺术世界》上海双年展2006年增刊,总第197期。
[3] 阿雷恩·鲍尔德温等著,陶东风等译:《文化研究导论》(修订版),高等教育出版社,2004年7月第一版。
[4] 李彬:《符号透视:传播内容的本体诠释》,复旦大学出版社2003年。
[5] 卡西尔:《论人——对人类文化哲学的一个介绍》第九章——艺术,1944年发表。
[6] 阿多诺:《美学理论》第一章 艺术.社会.美学。
[7] 张国良主编:《传播学原理》,复旦大学出版社,1995年12月第一版。
[8] 瓦尔特·本雅明等:《上帝的眼睛——摄影的哲学》,吴琼编,中国人民大学出版社,2005年12月第一版。

① 此表复制于《观看之道》,John Berger 著,广西师范大学出版社,2005年1月第一版,20页。
② 参见苏珊·桑塔格(Susan Sontag)《疾病的隐喻》(Illness as Metaphor and AIDS and Its Metaphors)结尾部分。本书出版于2003年12月,此时中国正经历非典的肆虐,全国人心惶恐,对于疾病的隐喻也会有更深的思考。
③ 康奈尔,2003,《男性气质》,社会科学文献出版社。
④ 美国哲学家查尔斯·皮尔斯(Charles Peirce)对于符号的定义。
⑤ 参见列夫·托尔斯泰《艺术论》(丰陈宝中译本),第140—150页。

⑥ 朱丽亚·克里丝蒂娃(Julia Kristeva,1941—)是法国精神分析学家、语言学教授、符号学家、小说家与修辞学家。所出版的著作涉及符号学、文学批评、心理分析、哲学、政治学、神学,以至于半自传体的小说。

⑦ 卡西尔《论人——对人类文化哲学的一个介绍》第九章艺术第三部分。

⑧ 此观点源自诺瓦利斯所说"越是诗的,越是真实"。见 J. Minor 所编的《诺瓦利斯》第三卷第 11 部分。参见 O. Walzel:《德国浪漫主义》(Alma E. Lussky 英译本 1932 年纽约版)第 28 页。

⑨ 安妮·弗莱伯格:《移动和虚拟的现代性凝视:流浪汉/流浪女》,见罗岗、顾铮主编:《视觉文化读本》,327—328 页,广西师范大学出版社,2003。

从自明的宏大叙事到自觉的细节构建

——对外汉语教学传播观念的变迁

高奕兰

【内容提要】本文从传播学的角度出发,透视了经济发展带来的"汉文化热潮"现象给对外汉语教学带来的机遇与挑战,并且从文化研究的角度,分别从"从自明到自觉的文化","从小写的文化到大写的文化"和"跨文化意识:文化身份的觉醒与构建"三个阶段内所取得的研究成果和研究方向的转换进行了梳理和概括。

【关键词】对外传播 外汉教学 文化因素 跨文化传播

【作者简介】高奕兰,华东师范大学传播学院2005级研究生

随着中国经济的快速发展,中国文化的魅力也前所未有地得以展开。从八十年代被指为充满"后殖民"倾向的《大红灯笼高高挂》到今天贾樟柯充满温情的《三峡好人》,从李安从容温雅的《卧虎藏龙》到张艺谋充满符号意味的《十面埋伏》,无不显示出世界对于中国文化的需要。而且,中国文化已经不再只是繁复的汉字、神秘的武侠,也不再只是一段茉莉花的小调儿,一袭火红的旗袍,或者几张抽象的京剧脸谱所拼凑起来的程式化快餐式模版……中国文化可以是古老和神秘的,可以是博大精深的,可以是诙谐睿智的,也可以是幽默纯朴的。而更重要的是,他应该是活生生的,是在葆有中国文化精髓的基础上,在不断的吸收与融合过程中发展变化着的,是生活的。对外汉语教学的深入开展,孔子学院如火如荼的开办应对的正是这一社会和文化发展的需要。然而,对外汉语教学仅仅是汉文字和语言的教学吗?没有了文化的血肉,文字如何附着?孔子学院是全球化进程中汉语言的教学所抑或是汉文化的游乐场?这是一个现实操作的不同取向问题,更是一个不同的传播观念问题。随着传播手段的日益丰富,传播技术的突飞猛进,以及我们传播态度的调整,我们的对外传播呈现立体型的发展,电影电视,网络乃至人际传播。庞大的留学生人群,现在使得人际传播这种最为古老的传播模式在我国的对外文化转播终于占据了举足轻重的地位。如何表述中国,如何呈现中国文化,

成为一个问题。

"汉语热""汉文化热"给了世界一个契机了解中国,也给了中国一个契机介绍自己。如何应对这一契机,顺应瞬息万变的对外文化传播形势,是作为对外文化传播的前沿阵地——对外汉语教育界所面对的一个大问题。那么改革开放以来,随着社会形势的不断变化,对外汉语教育界对外汉教育的文化转播的认识发生了怎样的变化,又是如何来应对最新的形势的呢?对外汉语教学被认为是最正统的汉语对外教学渠道,其文化传播的重要意义在近20年来开始逐渐为社会所认识和重视。20世纪80年代开始就有学者对外汉教学的文化传播功能进行了探讨和研究,经历了近30年的发展,我们现在可以从前人的研究成果中总结出对外汉语教学文化研究的三个研究阶段,在这三个阶段内,外汉教育界对于其文化传播的意义实现多次突破,有了长足的进步和发展。

从自明的文化意识到自觉的文化追求

对外汉语教学,由本国的教师以母语教授外籍学生,其本身就具有特殊性。作为中国人,我们长期沉浸这样的语言环境中,对自己每天所使用的语言再熟悉不过,因此我们大多数情况下对于汉语所包含的,或者所蕴含的或所结构的文化,习焉不察。这对于有效地进行跨文化的传播是一个很大的问题。因为不同于拉丁语系的语言,汉语是一个高语境的语言,对于文化语境的要求相当之高。过去我们在对外汉语教学的过程中没有能够旗帜鲜明地提出文化的问题,使得汉语教学还是汉文化教学处在一种似乎是不言自明的混沌状态之中。直到1980年之后,社会形态的急剧变化,也使得外汉教学界对自身的立场与职能有了更深入的思考,在这一轮思考与论争之中,一种自明的文化意识渐渐从论争中进化为一种自觉的文化意识。

外汉最早关于文化的论争发端于上世纪80年代。早在1981年吕必松先生就曾经谈到风俗习惯、文化传统以及观念和心理特点对语言学习的影响,指出文化背景知识介绍在外语教学中的重要性。[①]然而中国对外汉语教学界形成自家特色的文化研究的开端和导向则是在1984年之后,是年,学界由张占一先生正式提出了"交际文化"的概念[②](P64),即将对外汉语教学中的"文化"界定为"交际文化",进而引伸出文化的二分法:从功能的角度出发把语言教学中的文化背景划分成"知识文化"和"交际文化"两种。自此从前那种习焉不察,不言自明,只可意会不可言传的混沌的"文化",有了初步的界定标准。张占一提出的这一系列的论断,获得了学界大多数学者的认同与共鸣,一时间,围绕着这一话题的论述纷至沓来。在肯定了张占一先生的"交际文化"概念的基础上,也从自己的观点和角度出发对这一概念进行了一些修正和发展,[③]但基本没有本质上的修改,多为外延的扩大或者是内涵的进一步深化。在认可了"交际文化"这一概念之后,学者们开始将研究的视角转移到了排除跨文化交际障碍所遇到的语言中内含的文化因素上④。因此在此后至 80 年代末期,学界逐渐摆脱了一般性的讨论,有意识地去探索与对外汉语有关的文化因素的性质和范围,这种以定性和定量的方式来研究外汉的文化功能的尝试,虽然最终没能取得突破性的进展,但不啻为一种有益的尝试,也获得了一些阶段性的成果。⑤这些成果对于外汉教学文化传播功能的研究具有一定的推动作用,文化因素的渗透性多元性和复杂性逐渐明朗起来,从而对于较为武断和宽泛的"文化二分法"本身的不科学性和不完全性有了进一步认识。2000 年时,许嘉璐教授明确表示了对这一概念的不支持态度,他表示自己坚持认为"文化是人类创造的一切物质、制度与精神"的观点。⑥学者也纷纷反思,学科中文化的定位决不只是作为"语言下位概念"的"交际文化因素",而应当是满足不同水平层次学习者提高语言文化素质需求的包括物质文化和精神文化在内的中华文化和中外比较文化。汉语教师应掌握中外各文化间的异同规律,用文化的观念提升语言教学的层次,站在跨文化的角度进行语言教学。至此,该轮次关于文化的二分法,以及外汉教学中的文化因素的讨论基本告一段落。

这一轮的讨论可谓是外汉教学界文化研究的起步阶段,以前"文化"在语言中那种"不言自明"的模糊性才被自觉地认识并得以描摹,汉语作为一种符号系统,其工具性之外的文化载体功能被自觉得意识到,其表征的过程被意识为一种文化反映与表达过程。并且在对这一过程中,语言系统所内含的文化因素,也进行了内涵和外延界定性的研究。比之 80 年代以前学界将文化教学看成是置于语言教学之外的文学历史课,或是课文后附录的文化知识来无疑是前进了一步。

从小写的文化到大写的文化

1994 年的青岛会议之后,学界最终明确了外汉教学应该是针对外籍学生的汉语语言教学,而非汉学教学。其培养目标应是具备跨文化交流能力的学生。外汉教育的定位确定下来之后的这一阶段内,研究的重点就从关于文化因素的定性定量上转移了,承接先前的研究成果的同时,更多学者开始将注意力集中在"汉语"本身作为一种文化的重要意义上,不再仅仅停留在将语言或非语言符号系统作为简单的意义和文化因素的载体来研究,而开始关注对语言如何以及应当如何结构出活生生的,并且是我们希望表现出来的当代社会文化上面。这样的研究基本上是基于对教学经验的分析和对教材文本选择的分析之上,因此,在这一阶段内涌现出了大量的教学法以及教材创新方面的优秀论著。这其中笔者认为,陈申基于对 Kramsch 的后结构主义在教学法上的引进而提出了三点值得借鉴的经验,对于该阶段的研究有着提纲挈领式的意义。在他看来,汉语本身作为文化的一部分更应该引起教师的注意,对外汉语中的"文化"应该是双向的,多元的,因此,教师应当积极为外国留学生在学习中创造文化互动的环境与条件,不仅在教学内容,而且在教学过程上下功夫。⑦

通过对众多论文对于教材文本与教学法改进的分析筛选,我们不难从中发现这一阶段内学界对于外汉教学的文化功能研究的几项重大成果。

第一,明确区分了外汉教学中的文化和外汉文化教学的概念。⑧为以后的研究明确了方向,构建了平台。

第二,在第一点的基础之上,学者们将研究的重点从对文化因素的范畴界定和文化因素的性质规定上转移到了通过对预设的解码对象的性质分析,开始有意识地通过编码过程来结构活生生的文化。⑨

第三,文化教学不再是为了文化而文化,文化不再是一个附加于语言教学之上的生硬部分,而是成为教学过程中融合于整个过程的不可分解的一部分。⑩

第四,外汉教学界开始研究如何通过对教学内容、文本材料和教学形式的有意识的筛选与组合这样一个有意识的"选取代表"的表征过程所构建的文化意义,来表征一个外国学生渴望了解的,同时也是我们作为文化的输出方所乐于呈现的"文化中国"。⑪

在这一阶段内,有几个关键词频频出现:生活化,实用性,情境主义,针对性,意义构建。对外汉语的文化传播逐渐走出了宏大叙事阶段,采取一种微观的,在地的,多元的视角与方法来认识和组织外汉教学中的文化传播。而不可忽视的是,除了学界自身的研究在不断的深入和进步之外,现实的留学生生源背景和他们的学习诉求也对外汉教学的文化研究的前进起到了一定的推动作用。⑫

跨文化:文化身份的觉醒与构建

所谓文化身份或文化认同,包括文化认同和文化构建双层含义。身份也是一种文化环境下的编码。

近些年来,在文化的各个领域我们都在试图重新认识和塑造当下语境内,中华文化的身份认同。语言教学本身就是文化传承发展不可或缺的基础形式之一,而"对外汉语教学"又站在了对外文化传播的风口浪尖之上,文化身份问题的提出也是迟早的事。

2000年以后,外汉教学界提出"跨文化交际能力"的概念,并给予极大的重视投入研究。早在1998年,就有学者开始提出外汉教学对跨文化能力的培养是一个重要的命题。此后虽然陆续也有学者关注跨文化交际这一命题,但是,将跨文化交际提升到跨文化意识和能力的高度,则要到2000年之后。2000年之后是来华留学生的数量猛增的开始。在这期间,学界对外汉教学中的跨文化内容进行了界定,也对影响跨文化交际的因素进行了列举与分析。"所谓跨文化的能力是指语言学的理论能力,语言的交际能力,进行有效交际的能力和掌握本国文化和异国文化的能力。"⑬

而文化身份(认同)作为跨文化传播领域中的一个核心概念,自然有着举足轻重的影响。尽管在众多学者的论文当中没有非常明确地提出这一概念,但是在很多论文的论述当中我们已经能够看到文化身份意识的觉醒和对文化身份的着意构建。周健提出在对外汉语教学中的文化教学,要求教师具备双文化意识。[14] 刘政光、何素秀进一步提出母语文化是外语文化教学中的重要组成部分这一观点。他们认为,目的语文化教学的对比性特征要求母语文化教学为基础,而外语教学目的的多元性则呼唤重视母语文化教学,因为外语教学同时肩负着本国文化的输出和培养人的素质的责任。在这一过程中,我们可以清楚地看到外汉教学过程中,对于汉语主体意识的强调和对外方向的坚持,体现了汉文化主体性的重要性;对于学生母语文化背景的强调,体现出了对学生本身文化身份的重视,在目的语言学习的过程中,学生对自己的文化身份的清楚明晰肯定,对于学习目的语言的比较性掌握,以及避免文化迷失至关重要。与此同时,对教师在文化传播的过程中所采取的立场与身份也有更自觉地意识以及有意识的构建。在教学的进行过程中也同时是对自身文化的不断定位。

纵观整个外汉文化研究的发展史,我们不难发现其中所贯穿的一个对于表征系统的从不自觉到自觉的过程。在开始,对于文化在外汉教学中的自觉,语言作为文化的载体,文化作为语言教学的补充被研究时,认识仍停留在表征的反映论阶段。其后,对于文化两分法的反思和对语言本身作为一种文化的重视和研究,则上升到了意义建构的层面。最后,在教材研究和教学法研究的论著当中,以及跨文化传播的文化身份构建的论文中,我们不难看出,有意识地运用对素材的选择和组合对新的意义进行生产的企图和过程。在这一过程中对编码过程的逐步认识和利用也贯穿其中。

通过上述对外汉语教学的文化研究在新的形势之下发展的总结和回顾,我们不禁感叹,文化不论其形式如何纷繁复杂,其面临相同的社会发展状况时其发展的轨迹竟会是如此的殊途同归。我们从国外获奖电影的变化谈到了对外文化传播面临的新情况,而这样的新情况给予了中国的对外文化传播新的契机,也有新的挑战,而在对外传播最前沿的对外汉语教育由于近年来在学术和经济收益上的突飞猛进着实引人注目。作为最为简单和基础的传播形式,人际传播的一种——教学,其又开始被激发出新的活力和变化。这些年来在实际的社会状况以及学科自身的发展规律的引导下,外汉教育在对外文化传播方面的研究获得了不少的成就和突破。然而外汉教育的文化研究还是很年轻的,其面对的环境正在变得日益复杂,也就意味着其已经而且必将面对很多的问题。与如此火爆的对外汉语教学实践相比,该领域的文化研究的发展还有很长的一段路要走,还有很多的问题需要解决。比如,目前尚未有研究明确揭示表征过程中被代表被遮蔽的部分,揭示对文化有意识的构建的实质,以及编码过程中的把关/选择原则的分析,从而未能较明晰地揭示跨文化交流中作为强势的文化输出方所可能存在的意识形态或者文化霸权的问题。对于对外文化传播的解码过程和解码效果的分析也很鲜见。与其他媒体和文化形式相比较，其发展还是相对落后的。

但是，可喜的是，这门学科本身是有活力的而且正在变得更有活力和动力，其发展必然会是蓬勃的。理论的研究落后于实践的操作经验这是大多数新兴社会学科都会面临的问题，相信在充足的实践经验积累的基础上，对外汉语的文化传播研究必然会迅速发展起来，并能获得应用，更好地指导对外文化传播的实践，作为文化的一部分为重构我们的"当代中华文化"的艰巨使命尽到自己的力量。

---

① 吕必松."听说法"评介[J].语言教学与研究 1981,(4)。

② 张占一.谈汉语个别教学及其教材[J]语言教学与研究,1984,(3)。
文中对于交际文化的定义是："所谓交际文化，指的是两种不同文化背景熏陶下的人，在交际时，由于缺乏有关某词、某句的文化背景知识而发生误解。这种直接影响交际效果的文化知识，我们就称之为'交际文化'。"

③ 1990 年，张占一先生在《试议交际文化和知识文化》一文中，对其"交际文化"定义作了补充，加上了非语言文化因素，即"所谓交际文化，指的是那种两个文化背景不同的人进行交际时，直接影响信息准确传递的语言和非语言的文化因素"。1992 年，吕必松、赵贤州先生亦将"非语言中的文化因素"补充进其定义中。

④ 1996 年，林国立对对外汉语教学中的文化因素在理论上作了定位、定性与定量的研究。他先从两个方面给文化因素定位，一是强调"文化因素和语言的下位关系、文化因素和文化的下位关系，即语言是文化的一部分，文化因素是语言的一部分"。二是强调文化因素和语音、语法、词汇在语言中相等的地位。周思源也提出："在初级阶段，文化定位确实基本上表现为'文化因素'或'文化背景知识'。但是目的语学习越往中高层次，其所接触的文化就越不限于'因素'的成分。"

⑤ 1988 年 6 月，国家对外汉语教学领导小组办公室发表的 1988 年—1990 年《对外汉语教学科研课题指南》对对外汉语教学界的跨文化理论研究起到了很大的推动作用。其中明确地将"文化因素在对外汉语教学中的作用"、"中国文化与外国文化的双边或多边比较研究"及"汉语和汉语教学在外国人接受中国文化并形成中国文化观过程中的作用"等作为基础理论研究的内容。

⑥ 2000 年 10 月 9 日，许嘉璐教授在北师大"汉语文化学院"命名大会上明确提出："我不同意把对外汉语教学中的文化教学分为'知识文化'和'交际文化'。一是在实际教学中两者无法科学地分开，只能由教学者主观地决定；二是'知识文化'和'交际文化'其实都是围绕着语言交际而展开的，只不过二者所说的文化对语言交际的作用有直接和间接的不同，而所谓直接和间接也是难以区分和预料的，何况还有非语言交际存在。"他赞同"文化是人类所创造的一切物质、制度与精神"的观点。

⑦ 陈申.语言文化教学策略研究[M]1 北京:北京语言文化大学出版社,2001。

⑧ 张英.对外汉语文化教材研究兼论对外汉语文化教学等级大纲建设,汉语学习,2004,1。
"对外汉语教学中的文化教学"与"对外汉语文化教学"是两个内涵和外延并不相等的概念。前者指的是在汉语作为第二语言教学中语言教学所包含的文化因素，二者是一种包容关系；后者指的是汉语作为第二语言的教学，还包含了与语言相次第的文化教学，二者是一种主次关系。

⑨ 王黎.试论新一代初级精读教材编写的几个问题兼论对外汉语教材的编写,海外华文教育,2001,4。

王黎在《试论新一代初级精读教材编写的几个问题》中提出了两个非常具有启发意义的问题。一、输入与输出的关系问题。1.对"输入"和"输出"的解释一般的观点认为,输入的量应该等于输出的量,即输入＝输出。另外的一种方法,是输入大于输出的方法,即输入＞输出,也就是说输入的量稍微大一些,教师确定教材哪些是学生在这一课必须掌握的内容,哪些是可以掌握(提前掌握)也可以不掌握的内容(过若干时间掌握)。这不免让我们想到,教师成为了在教材的编者之外的另一重把关,教学过程中的把关人,是教师对原始教材的理解之上对教材进行的再编码的体现。

二、初级教材的针对性问题。这里谈到的"针对性"有两个含义,一个含义就是以往的教材使用对象不清楚,编教材的人不知道他们的学习对象是以什么母语为背景的。针对性的第一层意思是指我们编教人员在编写教材的时候,要尽可能多地考虑到学习者的年龄特征以及由年龄特征引发的一系列个性特征。不仅如此,我们还要考虑到学习者自身的文化背景、意识形态等因素。

⑩ 张德鑫.中外文化漫议[M]北京:华语教育出版社,1996。

张德鑫曾提出:"对外汉语教学的最佳模式就是语言文化一体化教学,将文化教学渗透、融化在语言教学之中。"在《润物细无声——论对外汉语教学与汉学》([J]1语言文字应用,2001,(3).)中,张德鑫认为"语言文化一体化教学"与中国传统的语文教学有其相通之处,就是对外汉语教师同样具有授业、解惑、传道的责任,也同样肩负着启迪人、培养人、化育人的使命。语言和文化密不可分的关系决定了语言教学和文化教学应是同步进行。所谓"导入"、"揭示"、"融合",其实质都是把语言中蕴涵和承载的文化因素更加"自觉"和"有意"地传导给外国学生。

⑪ 刘正文.对外汉语阅读教材的创新,世界汉语教学,2001,2。

⑫ 以北京为例,2005年,在京攻读博士学位的外籍留学生14人,硕士学位1193人,本科学位8389人,专科39人,短期培训15947人,短期留学的比重日益增大。而且生源也来自各个大洲。现实的情况也决定了教材与教学法必须向两个方向发展,一是注重交际功能的生活化倾向,二是加强对不同文化背景和汉语层次的学生的针对性。这两点也恰恰在上述的教材创新理论中得到体现。

⑬ 袁新.跨文化交际与对外汉语教学,云南师范大学学报(对外汉语教学与研究版)2003,1。

⑭ 周健.论汉语教学中的文化教学及教师的双文化意识 语言与翻译(汉文),2004,1。

娱乐新闻标题用语的若干现象分析*
——以大陆及香港地区的部分报纸为例

郭书含　富彩萍　孙　慧　周婷晶　虞筱青

【内容提要】由于文化背景、社会状况等方面的差异，大陆与香港地区的语言使用情况存在较大差异。但随着两地交往的日益密切，香港作为时尚之都对大陆各方面的影响正渗透到日常生活的诸多方面，其中包括语言方面。本文以报纸"娱乐版"新闻标题语言现象为参照点，重点在娱乐新闻的称谓、修辞方式、字母词等三个方面对北京、上海、广东和香港等地的几大媒体进行了实证研究，以期对大陆及香港地区的娱乐新闻的用语特点有所认识。

【关键词】新闻标题　称谓语　修辞　字母词

【作者简介】郭书含、富彩萍、孙慧，周婷晶、虞筱青，华东师范大学传播学院03级广播电视编导专业学生

　　由于文化背景、社会状况等方面的差异，大陆与香港地区的语言使用情况存在较大差异。但随着两地交往的日益密切，香港作为时尚之都对大陆各方面的影响正渗透到日常生活的诸多方面，其中包括语言方面。本文以报纸"娱乐版"新闻标题语言现象为参照点，运用实证研究的方法对娱乐新闻的称谓、修辞方式、字母词、缩略词语以及标点符号等方面的问题进行了研究。

　　本文语料来源是北京的《北京晚报》《北京娱乐信报》，上海的《申江服务导报》《新民晚报》，广州的《羊城晚报》以及香港的《大公报》（下文分别简称为《北晚》《北娱》《申》《新》《羊》及《大》）的娱乐新闻版（包括其中的文娱新闻版面）。语料选取时段为2005年7、8月以及2006年1至3月（见表1"新闻标题收集情况表"）。下面依次对各类语言现象进行统计分析。

---

　　* 本文是华东师范大学2005年"大夏大学生科研基金项目"的成果之一，指导老师蒋冰冰。在此对"大夏"基金的资助以及蒋冰冰老师的指导表示感谢。

表1　新闻标题收集情况表（单位:条）

收集时间	北晚	北娱	申报	新民晚报	羊城晚报	大公报	总计
2005.7—8.	1163	244	136	598	1694	2285	6120
2006.1—3.	3156	942	190	936	1316	2444	8984
总计	4319	1186	326	1534	3010	4729	15104

一、称谓现象分析

称谓语的研究一直受到重视,其中以亲属称谓系统及其制度、职位称谓系统及其制度等方面的研究比较突出。目前对新闻语言中相关问题的研究成果不多。本文所考察的标题中的"称谓"是指除了通常的直呼其名以外的称谓方式。娱乐新闻标题中,称谓涉及对象主要是艺人,还有具有一定知名度的运动员、作家等,此外也有一些国家高层人物(主要是国家元首及其家庭成员)。

含有称谓语的标题占总标题数的46%。其中有关艺人和国家高层人物的称谓特点明显,下文就此两方面展开讨论。

（一）艺人

在《现代汉语大辞典》中,"艺人"的释义有二:一是戏曲、曲艺、杂技等的演员,二是某些手艺工人。这两种释义显然都不太适于当今所说的"艺人",或者说释义的内涵有所缺失。本文在第一个释义的基础上把"艺人"界定为所有舞台艺术以及银幕艺术中的演员、主持人。根据调查,对艺人的称谓方式有以下几类:

1. 援用演员的角色名、主持人在节目中的称呼

（1）援用演员角色名的称谓方式在大陆地区的报纸使用频率较高,具体又分两类:

其一,"加引号的角色名+演员名字"。

例1　"第一大少奶奶"孙宁回顾拍摄《一江春水向东流》(《新》2005.7.18)

其二,只用加引号的角色名。

例2　文弱"邦德"首场武戏撞碎门牙(《羊》2006.2.21)

上述情况在《大公报》中一共只有6条标题,占此类称谓方式的6.59%,而且其中只有1条涉及香港演员,其他则为大陆或者国外(韩国)演员。之所以如此,无不与香港地区影视剧产业的蓬勃兴盛有很大关系。以电视剧为例,香港本地的"无线"与"中视"两大身居霸主地位的电视台在电视剧市场上的营销策略是争取每天都能让观众看到两部新片。如此频繁的拍片节奏很容易造成一段时间内,剧中主角基本就是那么几张熟悉的面孔,演员们可能在同一时间同时在几个电视剧中出现,这样,媒体也就不太

可能选用演员在某一部剧中扮演的角色对其加以称呼。相比之下,大陆演员极少有在同一时间内有两部或更多新作同时面世的情况。此外,也不排除利用这种称谓方式对艺人及其所出演的新片进行炒作的可能性。

（2）援用主持人在节目中的称呼

《大》中有3条标题是用主持人在节目中的角色来称呼,对象都是《肥妈私房菜》的主持人瑪利亞。该档节目以"肥妈###"命名,类似用演员的角色名进行称呼的方式。

例3　肥妈开蚝有惊无险（《大》2006.1.1）

2. 昵称

昵称,一般指表示亲昵的称呼。本文所指标题中的"昵称"指媒体在报道中不直呼艺人本名,而以其名字的简称、艺人的英文名、或者圈中人约定俗成的名称代替。

例4　康康拿吴宗宪说事儿（《新》2006.3.9）

这类标题共有692条,其中《大公报》的条数占称谓标题总数的72.83%。可见,香港媒体偏向用更加随便或者说更加亲密的方式来称呼艺人,让读者和艺人自己都觉得有种亲切感,而直呼其名则容易使人有一种严肃感。

3. 封号

这里的封号是指艺人们参加各种比赛得奖的头衔,或者由于其在某一方面的特殊地位而获得的诸如"天王""天后""亚姐"等能体现出其特殊地位和某种身份的称号。具体有三种类型比较典型:其一,"封号 + 姓名";其二,只有封号;其三,封号和姓名分别在主副题中。这类标题占称谓标题总数的2%。

4. "#女郎"

除了"邦女郎"（即出演007系列影片的女演员）这种固定用法外,还用于指称出演名导影片的女演员。调查发现,媒体基本上只会对两位导演——张艺谋、周星驰选中的女艺人使用。

（二）国家高层人物及其亲属

尽管这类语料不多,只有27条,但其用法值得注意,具体包括下面两种情况:

1. 对于国家的实际高层领导人(不包括如英国女王等没有实际职权只有外交象征地位的领导人),若媒体觉得读者对他们已经非常熟悉,则通常会省去其职位头衔而直呼其名。

例5　格林斯潘:人走茶不凉肖像价更高（《北晚》2006.2.5.）

2. 对于只有外交象征地位的领导人,通常会采用"职位头衔和姓名"的方式。

例6　戴妃与多迪已很冷淡（《羊》2005.7.）

总的来说,娱乐新闻版面有关国家高层领导人的内容不多;有关艺人称谓的一个显著特点是大陆喜欢用艺人的全名而香港则特别偏爱使用昵称。此外,如果某部影片成为一段时间内人们关注的焦点,大陆的标题称谓中就喜欢以角色名称呼艺人。

二、修辞方式分析

制作新闻标题的一般原则是力求准确、鲜明、生动。这就需要调动一切积极的语言手段,修辞就是其中一种。"修辞总是被理解为对语言的修饰和调整即对语言进行综合的艺术加工。"[①]修辞手法的运用,能够增强新闻的可读性,吸引观众的眼球。

运用修辞方式的标题占总标题数的2%。下面主要对常见的修辞方式进行分析。

（一）拟人

拟人即将事物"人化",使所写"人"或"物"色彩鲜明,描绘形象,表意丰富。在所调查修辞方式中拟人的使用频率最高,达37.98%。

例7 京剧太多京味太浓:春节戏曲晚会有点"偏食"(《羊》2006.1.30)。

"偏食"一词形象化地点明了春节戏曲晚会在节目安排上不够合理,不够平衡的特点。

（二）比喻

比喻,可以化平淡为生动,化深奥为浅显,化抽象为具体,化冗长为简洁,产生强烈的审美欲望,吸引读者去阅读具体的内容。在有修辞方式的标题中,比喻的运用频率也较高,为31.73%。同时,比喻的三种常见形式明喻(例8)、暗喻(例9)和借喻(例10)都有,其中借喻用得最多,为23.07%,明喻最少,为3.85%。其中的主要原因一是在于借喻在句式上最简洁,能节约版面;二是因本体省略了,从而更易激起读者阅读内容的兴趣。

例8 EP三天销量过二十万张,张靓颖北京签售像台机器(《新》2006.1.11)

例9 齐秦演唱会升降台成夺命陷阱(《北晚》2006.1.1)

例10 "新中国电影摇篮"重焕活力(《大》2006.1.1)

（三）设问

相对于拟人和比喻,设问的使用频率相对较低,为12.5%。设问虽没有前两者生动、形象,但设问这种抛出问题的形式却能够引起读者的兴趣,激起读者产生进一步阅读的欲望。

例11 谁是2006剧场潜力股? 首选国话先锋小剧场(《北娱》(2006.1.24)

（四）对偶

对偶能使标题读起来琅琅上口,有韵律感。不过由于对偶讲究上下句的对仗,对语言文字功底要求较高,因此使用率低于其他几种形式。

例12 聆听江南丝竹 回顾越剧历史——春节期间上图连续四天办讲座(《新》2006.1.27)

（五）排比

排比的运用可以加强语势，强调内容，加重感情，提高表达效果。不过在几种修辞方式中，排比的使用频率最低，因为排比虽有气势，但最起码要有三句，这样标题可能会显得冗长，从而不利于版面安排，不便于读者快速接受信息。

例13　李英爱献爱心、陈绮贞亮歌喉、奥斯卡秀美食（《北娱》2006.3.4）

总体而言，六份报纸中，除《申》是以娱乐为主的报纸外，其他四份都属综合性的报纸。后者在运用修辞的比率上比较接近，其中《新》为19.23%，《羊》为23.56%，《北晚》为21.16%，《北娱》为19.23%。调查还发现，大陆报纸不仅较多地使用修辞手法，而且比喻和拟人的使用频率较高。不过需要注意的是，在标题中恰当运用修辞，有时确实可以起到画龙点睛的作用，但是否运用修辞，并不是评价一个标题好坏的唯一标准，香港媒体直接简单的标题就很符合当地的快速生活节奏，比如《大》中，娱乐标题基本就是新闻事件最简短的概括。

例14　黄圣依拟提前与星辉解约（《大》2005.8.9）

三、字母词现象分析

信息社会，国际交流频繁。一大批新词语涌入人们的生活，简洁易记的字母词格外引人注目。字母词因直接性和简洁性的优点十分符合新闻标题言简意赅的要求而在新闻标题中的运用逐渐增加。本文调查中，含有字母词的标题占总标题数的3%。根据是否使用缩写形式，本文将字母词的使用分为以下三种情况：

（一）直接使用外语原词

其中包括有中文对应词语的（例15）以及没有中文译名的（例16），后者多为一些专有名称（如品牌名、公司名等）。

例15　Fans拐左，记者向右（《羊》2006.3.1）

例16　sogou女声成都唱区出5强　女生"中性美"不受欢迎（《北娱》2006.3.14）

（二）使用外语缩写词

例17　《霍元甲》正版DVD2月28日正式上市"（《北晚》2006.1.26）

调查中常见的还有CEO、MTV、KTV、DV、MVP、PK等。

（三）以某一字母代表一定含义

例18　蔡依林新MV泪眼朦胧哀悼双J恋（《羊》2005.8.12）

其中周杰伦和蔡依林的英文称呼分别为Jay、Jolin。

调查发现，在字母词的使用上，一方面香港远大于大陆，这与英语长期作为香港的官方语言不无关系;另一方面有些字母词先在香港报纸上出现后,继而传到大陆。比如调查中使用率最高的字母词 fans,共出现 31 次,其中《大》有 27 次。进一步说,在 2005 年的字母词语料中,只有《羊》使用过一次,其余全是《大》使用;而 2006 年的语料中,《北晚》也开始使用了。可见,fans 一词已由香港媒体扩散到了大陆。

调查还发现,《大》和《羊》的字母词标题超过了字母词总标题的一半。广州媒体大量使用字母词的原因可能主要在于广州与香港很近,交往密切,受香港影响较深。而在北京和上海两地具有影响力的报纸上则鲜见字母词的踪影,即使使用也大多是引用艺人的一些歌曲名、专辑名或者书名等。这可能与近年来越来越多的专家学者批评滥用字母词的现象有关。

除了上述三类语言现象外,本文还对标题中缩略词语和标点符号的使用进行了调查统计。

对缩略词语的统计表明,其在各地报纸标题中的运用都比较频繁。缩略词语总标题数中,《大》占 52.96%,《羊》占 33.25%,《新》《申》分别占 34.29%、14.06%,《北娱》、《北晚》分别占 40.93%、36.27%。由于《大》中地名出现的概率很高,因而地名多用的节略式缩略语明显高于其他缩略形式;而《申》中缩合式的比例远远大于节略式,究其原因在于该报喜欢将其简称放入标题中,比如"《申》报'八周年八重奏'划上圆满句号"。不过上述两种缩略形式在北京的两份报纸上的比例比较均衡,这可能与其比较注重使用正式的表达方式有关。

综上所述,大陆及香港地区报纸的娱乐新闻用语特点在本文所做的调查研究中得到了一定的体现。由于作者学识有限,不足之处请各位专家学者批评指正。

参考文献

[1] 胡裕树:《现代汉语》,上海教育出版社,1995 年版。
[2] 雷义治:《例谈标点符号的用法》,天津人民出版社,1980 年版。
[3] 李元授、白丁:《新闻语言学》,新华出版社,2001 年版。
[4] 梁章钜著,王释非、许振轩点校:《称谓录》,福建人民出版社,2003 年版。
[5] 凌远征:《现代汉语缩略语》,语文出版社,2000 年版。
[6] 史有为:《汉语外来词》,商务印书出版社,2000 年版。
[7] 苏培安:《标点符号用法讲话》,北京厂能出版社,1990 年版。
[8] 王吉辉:《现代汉语缩略词语研究》,天津人民出版社,2001 年版。
[9] 尹世超:《标题语法》,商务印书馆,2001 年版。

① 黄伯荣、廖序东主编:《现代汉语》,高等教育出版社,1997 年版。

·媒介经营与广告·

广告的说服艺术与道德自律

崔银河

【内容提要】说服艺术是广告传播中的一个主要艺术属性。在市场经济社会,为了能千方百计地说服消费者购买该产品或者接受某项服务,有些广告主则不顾及起码广告道德和法律规范,用虚假、违法广告行为诱骗消费者上当。基于这一现象,本论文将对广告传播给和谐社会建设带来的负效应根源展开探讨,对广告法制建设相对滞后的原因进行分析;找出"有法不依"和"无法可依"的症结。此外,和谐广告传播的原则有哪些,广告主体如何在实践操作中规范自己的广告行为等等,也是本文要阐述的内容。同时,论文还试图从真实广告诉求与真实广告信息接受这一基点入手,研究消费者对广告的认可心理,找出两者和谐统一的对策;探究只有真实广告信息方能带来长久经济效益的辩证法原理,寻找提高广告社会责任感的方法。

【关键词】说服艺术 和谐广告 广告道德

【作者简介】崔银河,华东师范大学传播学院教授,硕士生导师

  道德与法律尽管同属意识形态,同是上层建筑之分支,但二者间又有很大不同:法律依据的是统治阶级为维护自己的统治而强行制定的条文规定,道德靠的却是百姓的自觉意识,靠人们相互间约定俗成的规范约束去调整,靠社会上各种舆论的监督。

  在中国古代思想家的论述中,道德的含义较为宽泛;古代思想家认为:"道"是表示事物运动变化的规律和准则。当人们认识了"道",用"道"内得于己,外施于人时便称作"德"。内得于己指的是由客观存在所决定的个人意识形态、善恶评价标准等等自身的形成;外施于人则是一种用来调整人与人之间相互关系的具体行为准则。这一理论如果上升到哲学层面则可以称之为道德哲学;但是它不同于西方哲学中对"真"、"美"的执着追求,只注重于对"善"的认同;这种认同拿今天的眼光来看,其实只是对人际关系和谐的强调。因而西方那种非常明确的是非观念在中国百姓的心目中则常常变得模

糊不清。伽利略为了证明地球引力相等可以义无反顾地向统治意志宣战,布鲁诺宁可被烧死也要捍卫科学真理,哥白尼为了阐明"日心说"更是不畏惧西方神权统治的残暴淫威。但在我国古代就连司马迁这样的思想志士也不得不在皇帝的宫刑下屈服忍辱。尤其自唐代以后,儒、道、佛三位一体的思想学说占据了中国思想界的正统。儒家的入世,提倡现实生活中的人际和谐;道家的不假外在之神的内心宁静之说;佛教的轮回、来世、涅磐等等与支配西方人精神的基督教义有着极大的区别。在西方,宗教被称作为老百姓良心的代言人。基督教义中把人类的不幸和错误归之为人类祖先的原罪。人一生下来就要为自己祖先的罪过背上"自责"的十字架。因此基督教的"原罪说"就成了西方人对自身内疚意识的一种普遍的内在驱动力。这种内疚同时亦潜移默化地影响着人们自觉自愿地遵守各种道德规范。西方人在中国候车时他宁可排在最后上不去也决不会向中国人那样一窝蜂似地乱挤;外国人从来都不会随地吐痰,而我们国人却将随地吐痰当成了一道必修的功课;外国人往我们城市大街上的垃圾箱里扔废物时一次扔不进去就从地上拣起来再往里面扔,直到扔进去为止。而我们中国人自己则只扔一次,不管扔进扔不进去,从不搞第二次作业。这种外国人认为正常、而中国人却决不可能为之的现象,正是中西方不同哲学观念影响下的不同道德自律意识表现。

　　广告道德作为一种影响面很广的职业道德,是指被特定政治、经济关系所决定的,广告人在这一具体社会现状下,在从事广告活动时所应遵循的行为规范和道德准则。广告职业道德既是整个人类社会道德体系中的一个组成部分,又与商业经济有着密不可分的关系。自从人类社会有了商品生产和商品流通以来,商业行为中就存在着道德规范。像我国古代社会中的"童叟无欺、货真价实"就是对道德规范的遵守;而"君使服于内,犹悬牛首于门而卖马肉于内"(《晏子春秋》),从道德这一角度看则是对违背道德行为的揭露。

　　今天,由于商品经济的大潮越来越猛烈地冲击着各个民族的传统文化和人们的文化观念,广告宣传作为商品经济大潮中的一个弄潮儿,始终搏击在这一大潮的潮头;因此,我们必须把广告活动中的道德自律意识作为广告人应有的一个基本素质来要求、去重视。

　　广告是靠一个个创造性的好点子、好主意来说服消费者的,因此它又是一门说服艺术。另一方面由于广告所具有的说服性质,因而就有可能被人利用作为商业冒险、投机,甚至诈骗的手段;所以广告的真实性要求就是广告人对广告道德自觉遵守的一个底线,同时更是企业 CIS 策划与市场竞争能力增强的重要手段。

　　在我国社会主义制度下由于精神文明建设的深入,广告人和企业主的道德意识与道德自律在总体上已经发展到了比较高的程度。比如在全国各地开展的声势浩大的

"百城万店无假货行动"、"全国质量万里行"、《3.15消费者权益保护日》等等,这些活动的开展与引向深入,在很大程度上对企业、广告主、广告人的道德意识、道德品质、道德文化等方面的素质的提高起到了较好的导向作用。比如某大城市的一家商厦在电视媒介上作过这样一则广告:"本商场非常厌恶假货,如在本商场购到假货者,本商场不仅照价退款,同时凭发票赔偿货价两倍之损失。另外,由于个别员工的素质较差或工作中的疏漏,可能在个别商品的出售过程中质量上有误差;因此凡有顾客在本商场购得的商品,十日内发现质量问题的,本商场保退或保换,并承担运输费用。"这则广告既实话实说,又把讲信誉作为广告的主要诉求点;讲信誉就是讲道德的具体表现,这样的广告自然赢得了消费者发自内心的喜爱。该商厦的销售额在广告发布不久就一个劲儿地往上增加。

据中央电视台报道:长沙市五一路的数百家商店在开展创建"百城万店无假货"行动中,提出了"购物由你选,质量我监管"的情系消费者、让消费者放心活动。一次,一位顾客从五一路一家眼镜店购得一副眼镜,回家一试戴发现眼镜在对视力的矫正上存在缺陷。第二天他带着眼镜找到了店里。眼镜店的负责人对此事很为重视,在他们经再三检测仍未能找出毛病的情况下,专门从上海请来眼镜专家进行检查。后来,当检测仍未有结果时,他们又从广州请来有关专家对这副眼镜进行检测,终于找出了毛病所在,并且依照技术参数重新免费为顾客配制了一副。

在广告创意中体现广告道德准则时应注意少用干巴的政治说教,多用具体生动的形象来说服受众。国内有一则很有创意的宣传保护森林的电视公益广告:画面上,电锯吼叫着正疯狂地锯割树木,从锯口流出来的并不是白色的木屑,竟是浓浓的血浆。在这触目惊心的画面中,人们看到的是扼杀大自然生命的罪恶行径,从中深切感受到了人类的自毁行为。这一形象表现极具感染力的画面使人看之便能深刻理解广告主题,并深深地唤起了人类爱护大自然、珍惜人类唯一生存环境的自觉行动意识。

职业道德自律是广告职业道德中的一项基本行为准则,作为广告人的职业道德自律来讲,重点应体现在行业自律上。在世界各国广告业的发展过程中,为保持人们对广告及其行业的依赖,广告业逐步自发地形成了行业自律体系。这一体系的具体范畴是,每个国家的广告行业都有其全国性的行业组织,通过制定完善的、广告行业共同遵守的行业条约,把国家的广告管理法规变成行业自身的行为准则,配合政府维护行业竞争秩序,实现自我约束,规范其广告行为。广告行业自律具体是指广告主、广告经营者、广告发布者通过章程、准则、规范等形式来进行自我约束和管理,使自己的行为更符合法律、社会道德和职业道德的要求。这一自律行为建立在理性、责任感和远见卓识的基础上。遵守行业自律,是广告活动主体的自愿行为,不需要也没有任何组织和个人对其强迫,更不像法律那样依靠国家的强制力来保证其实行。因此，广告行业自律主要依靠广告主、广告经营者、广告发布者的自觉理念和在社会舆论的监督下不断去调整其广告活动。对违反行业自律的行为主要靠舆论的谴责使其改正。

大连市星海广告文化公司在创办之初就将自觉遵守广告人的职业道德作为其开展广告活动的行业自律准则，为此他们在公司业务大厅的醒目位置张贴了这样一则告示："本公司承诺将自觉遵守国家工商行政管理局制定的《广告活动道德规范》和中国广告协会制定的《广告行业公平竞争自律守则》等相关广告活动准则。讲求广告人职业道德和行业自律是我公司的宗旨；因此凡是有发布《广告法》中所规定的六种特殊商品广告的客户，必须事先提交相关机关的检验、审查报告书，未能提交检验、审查报告书的广告业务，本公司恕不接受。"虽然这是一家规模并不算大的广告公司，但他们在开业之初就制定了一个很好的广告人自律守则。一次，一个客户来洽谈一笔费用可观的广告业务，公司发现他们提供的广告语有误导消费者的嫌疑，就提出要进行修改的具体意见，但是客户坚决不同意，并且威胁说如果不按照他们的要求把这句广告语加进去，就要撤回这笔业务；公司最后宁可失掉了这项业务，也没按他们的要求使用那句有虚假之嫌的广告语。星海广告文化公司的这一做法就是用行动在实践着广告人的职业道德自律精神。

当前，在广告业中出现了不容忽视的不正当竞争现象。比如有的广告公司为了揽住某项广告业务，开出的回扣数额越来越大，有的广告公司甚至提出利润分成，回扣入股的邪招。这一现象所造成的危害将使广告制作中的实际成本投入越来越低，广告作品的质量越来越差，观众的广告观赏欲望自然会趋于下降。如此恶性循环下去，就会波及观众厌恶其他的所有广告宣传，结果将会把广告这一消费者与商品之间不可或缺的信息传播媒介变成过街的老鼠。更有一些广告公司采用形形色色的公关手段拉拢腐蚀广告主。比如，或让游山玩水，或提供境外旅游，或弄来小姐"三陪"……总之，广告公司不惜工本、费尽心机来达到"签单"目的。这样做的后果除了广告作品质量低劣外，同时更把许多企业主拉入犯罪深渊。基于这些问题的存在，如何认真贯彻《广告法》和《反不正当竞争法》，使广告行业通过合法的竞争手段取得效益，以及建立相应的《行业反不正当竞争法》等诸种法律问题的解决已经刻不容缓。

在这方面，国外有不少"反不正当竞争法"的成功经验很值得我们借鉴。比如美国，不少相关法规规定在比较性的广告中不能把竞争对手的产品扔在地下或丢进废物箱里，喝啤酒不能直接从瓶里喝必须倒进杯子里。日本也规定，为了竞得某项业务采用行贿、腐蚀等不正当手段者，除课以高额罚款外，并处当事者三至七年徒刑。实际上我国早在解放前许多报馆在广告刊登简章中就曾制定过自律条文，像"有关风化、损害他人名誉或迹近欺骗者概难登照"，"伤风败俗，荒谬绝伦、概难接受"，"害人贪利之药品，诲盗、诲淫之书籍，以及谈相算命迷信一流之广告亦概不登载"的规定等等。愿广告人尽快建立起新时代的广告道德、广告自律的自觉意识来。

广告的真实性是指广告应当如实地介绍商品或者服务，不能进行任何形式的虚构和夸大，不得欺骗和误导消费者。正如许多学者所指出的：广告应当真实，这并非只是某个社会制度下的广告特点，它是世界各国商品经济中对广告的基本要求。无论什么时代，也无论什么社会，不真实的广告绝不可能赢得公众的信任，因而也必然会失去其存在的价值。我国对广告真实性的具体要求是：广告宣传的内容要真实。广告宣传的商品和服务应当与实际销售的商品或提供的服务相一致，也就是必须实事求是、如实地传播商品的性能、特点、属性等信息，广告必须对用户和消费者负责。因为广告的目的是向社会传播信息；尤其是商业广告，对消费者更是有着很强的导向性，现实生活中许多商品和服务情况的信息，消费者都是从广告中得知的，如果广告中含有虚假内容，就会欺骗和误导消费者，消费者就会上当受骗。但是近几年来，随着市场经济的深入发展和国民经济发展水平的不断提升，虚假、违法广告也呈现出一个不应有的上升趋势。比如仅在2005年，北京市就查出21400多条违法广告，其中医疗广告高达20100多条，占到了90%以上。北京市中医药管理局广告监管处在2005年所抽查的北京市576条中医医疗服务广告中只有5条合格。这是一个非常让人担忧的情形。造成这一违法现象的一个重要原因就是广告主、广告经营者和广告发布者未能将广告真实性的道德原则作为其职业行为中的一个自觉操守所致。

国家工商行政管理局制定的《广告活动道德规范》第10条规定："广告主实行广告服务招标，应当尊重投标者的劳动成果，自觉履行招标承诺，自觉抵制和纠正以虚假招标形式引诱投标者投标，以及窃用投标者的广告策划和创意的不公平交易行为。"当前有个别企业为了广告业务能更好地开展下去，在企业内部设立广告公司，而这样的广告公司往往并不具备从事广告活动的资质，为经济利益驱使，他们采用欺骗手段用比稿、招标等方式来骗取广告公司的策划书、创意文稿，然后改换成自己的作品；比如内蒙古某白酒厂内部设立的企业广告公司就用比稿的方式骗取了广东一家广告公司的四条创意文稿，随后拼凑为一条电视广告文稿找人拍摄成一条十五秒的电视广告；这一做法不仅是典型的违法行为，同时违反了《广告活动道德规范》中的规定。

同时我们也忧虑地看到，目前国内不少企业为了自己能谋取到短期利益竟然毫不顾及最起码的职业道德，用劣质、有害的原材料加工、生产产品，然后再将这些假冒伪劣产品通过做广告的形式推销出去，损害消费者的身心健康。比如像中央电视台前不久报道的全国著名醋乡——山西清徐县的一些醋厂在广告宣传中大肆吹嘘自己的产品质量如何过硬,以此取得消费者的信赖。但在实际生产时为了降低成本竟然用国家严令禁止使用的工业醋精勾兑醋,并且不但不对那些回收来的旧瓶子进行消毒处理,而且连洗都不洗就把勾兑了醋精的醋装进去销往全国各地。此外还有不时被曝光的假药、假烟、假酒、假化肥、假农药、假种子……以及老百姓日常生活所必须食用的大米、白面、肉食、副食等等,可谓数不胜数。如果我们的执法机构再不加大打击的力度,如果我们不能尽快地制定出相应的法律法规来惩治这些犯罪活动,那我们的人民——不但大人、就连童真的孩子也会无奈地发问:"我们到底还能吃什么？用什么？还有什么产品是让人放心的……"

除了企业造假外,目前国内播放、刊登的广告中仍有不少误导、诱导消费者的现象出现,除了创意人员自身道德意识丧失、法制观念淡漠外,还与商品经济大潮中所泛起的铜臭味熏陶有关。2002年10月17日,武汉晚报出现这样一则广告:"本色拉灯"性保健食品在江城各大药房现身。在这则广告中,"色"字的字体非常小,和其他三个字比起来就像是一个黑点,猛地一眼看过去,简直就是那位令全世界人民都惊恐万分的恐怖主义头目的名字——本·拉登。广告画面上是一位正在发力的光头男子,旁边配有一句语惊四座的广告语:"拉灯之后,尽显男人本色。"该广告在该报一经刊登出来,立即引起了全市百姓的极大愤慨,同时亦引发了社会舆论的强烈谴责;广告最终受到了有关部门的查处。

在我国社会主义现阶段中,由于国外资本主义思想意识的影响和经济大潮的冲击以及传统文化中的模糊性和谐,使某些企业经营者在自己的思想中形成了一股"只谋财、不害命"的坑害消费者的不道德意识。这样的不道德意识同样应引起我们的警觉。

写到这里忽地想起一事,1998年夏天,那场我国历史上极为罕见的长江流域大洪水被千百万解放军官兵和人民群众战胜后,中央电视台曾举办过一场大型抗灾义演晚会。晚会上许多企业家在现场前排座位上频频亮起各自手中花花绿绿的大字牌:××集团捐1000万,××企业捐款500万,××公司捐款100万。奉献爱心,慷慨解囊,这番情景好让人一番激动,还是我们社会主义制度下的企业家有良心;观众同时也从屏幕中牢牢记住了这些捐赠企业的大名,这些企业在行善义举的同时亦给自己巧妙地做了一则隐形企业形象广告。但时间过去了一年、两年,直到现在,这些企业中有相当一部分只是借当时那一难得的场合做做广告而已,并未真的把自己许诺下的钱款捐给灾区一分。对于这样的投机者,我们仅仅从道德上去谴责他们就够了吗？

马克思曾说:"道德的基础是人类精神的自律。"用社会主义思想、马列主义理论来研究、揭示、规范广告领域中的道德意识、道德现象及其本质规律,进而指导社会主义精神文明建设,提高广告从业人员的道德自律意识和精神文明素质,才会使我国广告业沿着一条正确道路向前发展。

今天,在全国人民正积极响应党中央的号召,努力构建和谐社会的时候,作为商品经济信息传播的主渠道——广告业来讲,更要有一种职业道德精神,用广告人职业道德自律精神把新时代的中国广告业经营成为既传播商品信息,同时更传播精神文明建设的一个窗口,使广告业成为构建社会主义和谐社会的一个典范。

上海新华传媒运营模式初探

金 健

【内容提要】1949 草创的上海新华书店直到 90 年代中期依靠全市最多的营业网点以及教科图书的垄断发行权牢牢占据着上海图书发行业的半壁江山。然而,受到近 50 年传统管理理念以及经营模式的影响,进入 90 年代后期,随着电子商务、民营书店的崛起,上海新华遭遇到严峻挑战,销售业绩与其成本资源严重不符,品牌形象也日渐凋零。进入新世纪以后,上海新华先后成立新华出版集团以及新华传媒,通过调整管理层和资本市场运作等一系列措施,整合企业资源,激发企业活力,优化企业形象,让"新华"品牌重新崛起,以打造"出版行业第一股"的概念,成为行业领头羊。本文旨在总结新华传媒的成功运营经验,为同类企业提供参考。

【关键词】新华传媒 运营模式 传媒品牌

【作者简介】金健,华东师范大学传播学院 05 级硕士研究生

1937 年 4 月 24 日,新华书店在延安清凉山创立。12 年后成立的华东新华书店上海分店从仅有 3 个门市部的地方分部发展到 90 年代中期拥有两千多位员工、全年销售图书 3.07 亿元、出货 6.76 亿、利润一千多万的上海市最大规模的国营图书发行中心。在近 60 年的历程中,上海新华依靠全市最多的营业网点以及教科图书的垄断发行权牢牢占据着上海图书发行业的半壁江山。

然而,受到近 50 年传统管理理念以及经营模式的影响,到 90 年代后期,随着电子商务、民营书店的崛起,上海新华遭受到同行业佼佼者的严峻挑战,销售业绩与其成本资源严重不符,品牌形象也日渐凋零。进入新世纪以后,上海新华先后成立新华出版集团以及新华传媒,通过调整管理层和资本市场运作等一系列措施,整合企业资源,激发企业活力,优化企业形象,让"新华"品牌重新崛起,以打造"出版行业第一股"的概念,成为行业领头羊。

"新华"作为一个具有 70 年历史的优质品牌,早在改革开放时期就酝酿改革。从 1982 年最初提出的"一主三多一少",到 1988 年提出的"三放一联",新华总店逐步向各地分店放权承包、放开批发渠道及购销形式。90 年代中期,各地新华书店开始向建立

图书批销中心、建立代理制和发行企业集团转变。为了探究新老新华的转型之道,我们不妨细查一下上海新华改制前所处的内外环境:

一、外部环境

1. 法律政策方面,发行门槛降低,打破"一家独大"格局。

长久以来,全国出版发行业仅有国营的新华书店同时拥有国家新闻出版总署授予的"两权",即"出版物国内总发行权"和"全国性连锁经营许可权"。然而,在2004年,随着总署授予山东世纪天鸿书业有限公司"两权",这种"一家独大"的局面被打破。同年,总署还修改了《出版物市场管理暂行规定》,取消了图书订货会、全国书市参展单位所有制限制。放宽政策无疑为民营书业大开绿灯,对于发展民营成本的投入有极大的刺激作用。总署出版物发行管理司司长刘波还表示"民营书业应该享受平等待遇,跟国有书业在同一时间、同一地点、同一条件下竞争"。目前未开放的教科图书发行权竟成为全国新华赖以生存的核心支柱盈利点,一旦总署开放该发行权,对于新华系的打击不言而喻。

2. 社会文化方面,我国国民阅读率持续走低。

根据中国出版科学研究所国民阅读倾向调查的数据显示:1999年首次调查发现国民的阅读率为60.4%,2001年为54.2%,2003年为51.7%,而2005年为48.7%,首次低于50%。越来越多的人不愿意走进书店选购图书无疑是所有书业经营者值得警醒的事实。当然,现代生活节奏的变化以及网络媒体的日渐强势的确使得相当一部分人抛却纸制媒体。这不仅仅发生在中国,即使在传媒中心的美国,图书销量也并不乐观。美国书业研究集团(BISG)的报告显示,2003年美国图书销量比2002年整整减少了2300万册。VSS投资银行的数据显示,1998年,美国人年读书时间为120小时,到2003年,已跌落至106小时,到2006年,这一数字将进一步减至103小时。当然数据显示的也不尽是坏消息,那些与纸制媒体渐行渐远的读者反而愿意花更多的时间在互联网上:从1998年的54小时,暴涨至2006年的213小时。这也为我们的书市从业者提供新的商机,如何从传统渠道向新媒介转型也是上海新华这样的大型企业需要关注的课题。

3. 行业环境方面,国外资本涌入,中外民营书商逐鹿我国书市。

"狼"真的来了。海外资本的引入并不仅仅资金方面的到位,还有全新的运营理念,以及价格优势。1995年2月,德国最大的书商贝塔斯曼集团与直属上海市新闻出版局的中国科技图书公司合资成立了上海贝塔斯曼文化实业有限公司,公司旗下的贝塔斯曼书友会现有一百五十万会员，从黄金会员卡到白金会员卡的升级形式极大地激发书友们的购买欲望，使得贝塔斯曼书友会成为中国最成功、最新鲜的图书销售方式。而后兴起的卓越、当当等购物网站提供低折扣率的书价，而选书品种完全可以和大型书城比拟。这种灵活多变的销售策略对新华系式的大型连锁书店提出了严峻考验。而2004年全球最大的电子商务网站亚马逊收购卓越更意味着强强联手，亚马逊充沛的资金、灵活的销售策略、专业的管理团队也的确让卓越更上一层楼。而上海新华系仍旧坚持原有的价格策略，并没有打动读者的优惠价格，这也是为何销售额迟迟无法突破的缘由之一。

二、内部环境

1. 有形资源

上海新华遍布全市的门店为其构建起庞大健全的分销渠道。2002年，上海新华发行集团全年又新增经营网点142家，新增营业面积1.7万平方米，实现了连续5年以每年新增10000多平方米营业面积的速度扩展。到2004年底，上海新华拥有的使用权房达98处，评估值约为3.69亿元。此外，上海新华财务基本面良好，2004年底，账面资产2.6亿元，评估价为10.4亿元，近三年每年净利润都在3000万元左右，从未发生亏损。作为有形资源，正如上述材料所显现，并不能直接生产利润，关键要看企业领导者如何合理分配利用这些资源，以创造最大、最有效的价值。

2. 无形资源

由迈克尔·A·希特所著的《战略管理》一书把无形资源分为3个部分：人力资源、创新资源和声誉资源。由于无形资源更难被竞争对手了解、购买、模仿或替代，所以企业更愿意把无形资源作为他们能力和核心竞争力的基础。书中提到："一种资源越不可见，在他之上建立起来的竞争优势也就更具有持久性。"上海新华原本属于事业单位，共有4000名员工，其中正式员工3000人，大多为门店销售人员，整体文化水平不高，服务行业意识淡薄，销售人员作为新华品牌的窗口，所担负的责任并不仅仅限于销售图书，如何更好的维护品牌形象，与读者良好互动才是更为核心的元素。尽管"新华"品牌受到各方挑战，但它毕竟还是拥有70年历史的老品牌，仍然拥有很高的知名度和诚信度，我们从亚马逊牵手卓越首先筹划向新华系采购图书就可窥见这个品牌的影响力。如何让"新华"这个老字号焕发新风采，则需要领导层更新观念，制定新的广告计划来宣传品牌。

三、转型之道

正是在上述背景下，上海新华发行集团决定实行"三步走"战略，即从国有独资发展到国有多元，再发展到混合所有制，最后一步就是上市。

2004年9月9日，上海精文投资有限公司、解放日报集团、文广集团、世纪出版集团、文艺出版总社，分别按照36%、34%、10%、10%、10%的比例担任股东，上海新华发行集团从国有独资转变成"国有多元投资"格局。这样，该集团开始由上海最有名的几家媒体、出版集团共同持有，在产业链上也形成了一体。同年11月24日，在众人的期待中，股权转让在上海联合产权交易所开标，上海房地产巨子——绿地集团以3.48亿元购得上海新华49%的股份，名列第一大股东。至此，上海新华发行集团顺利完成了第二步战略改制，从国有多元集团转变为混合所有制文化集团，并历史性地成为全国"新华系"首家产权改革成功的企业。

改制后的上海新华针对自身问题进行内部调整，具体有如下六大措施：

1. 引进职业经理人制度，规范企业管理。

对于有效地制定和实施战略的大型企业而言，职业经理人是一种重要资源。领导团队的决策决定着公司结果和目标是否能够达成。上海新华在绿地集团接手后，开始完全市场化的运营模式，首要任务就是寻找适合自身企业发展的职业经理人。2005年4月，经过连续三个月全国范围的招聘，上海新华总经理一职终于物色到满意的人选。董事会给予新领导层的销售目标也很明确，即2005年利润总额目标为5000万元，比上一年净增2000万元。新的领导团队也没有令董事会失望，一经上任，即全面推行源自海尔集团的管理法则"OEC"(Overall Every Control Clean)精细化基础管理平台，包括集团对各经营实体的目标管理体系和控制考核体系，以及与之相配套的考核和激励机制，力求做到全方位地对每个员工、每天每事进行清理、控制，极大地提高了员工对企业事务的参与感和责任心，使得董事会设定的目标提前半年完成。在取得一定成绩后，董事会进一步精简管理层队伍，使得公司领导层向年轻化、高学历化转变，整个管理团队平均年龄45.2岁，拥有硕士学历的占据半数以上，经营管理能力大大加强，职能分工也更为明确。

2. 资本市场运作，新华传媒成功分拆上市

根据上海市委、市政府有关部门的整体安排，上海新华推出了"股权收购+资产置换+股改"的具有创新意义并能实现多方共赢的方案。上海新华发行集团首先出资设立"上海新华传媒股份有限公司"，公司除承继了新华发行集团图书发行主营业务外，还收购上海部分文化企业部分或全部股权,形成以出版物发行为基础、以大媒体产业发展为方向的传媒企业构架。第二步,收购华联超市非流通股45.06%的股权,成为华联超市控股股东。然后,与华联超市进行资产置换。最后,完成股改上市。整个过程从2006年5月开始启动,前后仅用了半年左右的时间。本次"借壳上市"使得上海新华"华丽转身",成功的资本市场运作不仅仅提升了新华传媒的市场价值,同时促进了资源的集中和积聚,也为企业提供了足够的宣传曝光率。

3. 注重社会公益,提升品牌形象

上海新华发展至今离不开社会各界的支持,适时地回馈社会、报答社会,加强与读者的交流可以巩固双方关系,提升"新华"品牌的亲切感。上海读书节活动期间,新华传媒开创的"书香人生"流动吧正式启动,三大柜崭新的畅销书在徐家汇街头供路人免费阅读。文广集团的知名主持人还在现场签名售书,帮助实现书吧中50名困难家庭青少年的读书愿望。集团下属的书香俱乐部还举办"我的新华情"大型征文活动,围绕全市书香俱乐部会员读者与"新华"之间的渊源和故事,通过具体的事例、生动的细节、丰富的情感来讲述读者与新华书店、上海书城间息息相关的成长故事与心声,拉近了读者与新华的距离。此外,新华传媒还向建于嘉定区毛家村的"农家书屋"捐赠图书,为满足农民的文化需求做出贡献。

4. 灵活多变的营销策略,以人为本的服务精神

为了创造更好的销售业绩,新华传媒领导层在把握市场脉搏,迎合读者需求的理念下制定出灵活多变的营销策略。以上海书城长宁店为例,其前身是长宁路新华书店,虽然地处闹市,但销售业绩总是平平,与书城级别的门店规格极其不符。转变为上海书城长宁店后,通过改变卖场布局和陈列、开展主题营销活动、主动上门接洽团购单位等方式大幅提高营业额。2006年上半年营业额同比增长65%。书城连锁店在教师节期间以"尊师重教、书香更浓"为主题,集中陈列教育理论读物,为老师、学校选书购书提供方便。书城淮海店还为学校提供一条龙服务,包括图书送货上门、将图书编目、贴条形码、加盖编目印章等工作,获得该区域学校的好评。2007年2月,新华传媒五角场书城为06年"超女"冠军尚文婕举办了新书签售会,3个小时内火速售出900本,值得一提的是该签售会完全零成本运作,尚文婕以零出场费友情现身活动现场。如今的新华传媒已越发重视市场运营的规则,极力与时尚、流行结合在一起,吸引新兴读者群,为这个老品牌注入新内涵。

5. 结合新媒体,创增盈利点

正如上文所提到的,网络、手机等数字新媒体的出现尽管影响到纸质媒体的传播,但只要运营得当,企业完全可以变劣势为强势,寻找到新的盈利点。上海新华上市前收

购"炫动卡通"频道的部分股份后,立即"炫动"展开战略合作,在各重要销售点设立动漫角,增加动漫周边产品,如电子宠物"拓麻歌子"即取得相当好的销售业绩。此外,新华传媒为了颠覆人们对新华书系图书"不打折"的刻板印象,正式改制原上海书城网站,成立"新华淘书网",以低折扣率回击卓越、当当所抢占的市场。去年年底,该网还推出"移动钱包"手机支付业务,将多种新媒介完全引入至图书销售的各个环节,为读者提供便捷服务的同时亦增加了网上书店的销售业绩。

6. 社店共赢,同时参与上游业务

上海新华长期以来作为图书批发中心,很少涉及出版业上游。公司领导层意识到自身作为图书发行企业与读者最为贴近,能够直接收到大量反馈信息,对阅读需求的把握也更为直观,于是新华传媒与部分出版社合作推出专营图书,如与青岛出版社以包销形式出版的《细节决定健康》,开创了国内社店联合的新模式。该书由于涉及到读者所关心的保健问题,不到2周,首批5000册就告售罄。另外,对于未来图书交易契约化和电子化的发展势头,新华传媒着手建立社店信息电子化对接。截至2007年1月底,新华传媒已与上海世纪出版集团、北京科学出版社、电子工业出版社等六家出版社实现了社店信息交流平台,营造了社店共赢的基础。

结　语

在市场运作日渐成熟化的今天,引入规范的管理机制对于企业能否成功有着举足轻重的作用。至少,就目前取得的成绩而言,上海新华尝到了规范的市场运作的甜头。新的管理团队带领着新华人走出困境,创立了新业绩。上市后的新华在市场的道路上走的更快、更稳。当然,新华的成就也不会仅限于此,我们看到新华人雄心勃勃,他们要打造中国传媒出版业的龙头企业,是领头人而非跟随者。新华传媒在营销、管理方面的创新精神成为他们宝贵的无形资源。我们所期待的是更多这样的企业的出现,来活跃我国的传媒市场。我们也更期待自中国传媒第一股之后,涌现更多的上市传媒企业。

参 考 文 献

[1] 迈克尔·A·希特等:《战略管理》,机械工业出版社,2004,P96—103。

[2] 项国雄/胡莹:《传媒产业路在何方》,《传媒观察》,2004.12,P33—34。

[3] 崔晓月:《传媒集团化的特点及发展趋势》,《郑州轻工业学院学报》,2005.10,P21—27。

[4] 新华传媒集团官方网站提供数据及相关新闻资料,www.xhmedia.com。

· 主持艺术与传播 ·

关于采访与倾听的随想
——由《可凡倾听》想到

沈嘉熠

【内容提要】 著名主持人杨澜曾经说过主持人是一个以问为生的职业,而访谈类节目主持人则不仅要懂得如何"问",而且更要懂得如何"听"。如今,访谈类节目在中国电视荧屏上如火如荼,很多主持人都非常愿意在这样的节目中更多地体现自身价值。他们在节目中所表现的不同的问与听的技巧也决定了不同的节目风格。

【关键词】 访谈类节目　主持人采访　提问　倾听　思维　契机

【作者简介】 沈嘉熠,华东师范大学传播学院讲师,上海戏剧学院在读博士

　　意大利记者法拉奇说:"采访是一种探讨事实真相的战斗。"把采访说成战斗也许见仁见智,不过在新闻采访中仅用你问我答式提问采访常常难以取胜。因此,记者要"正确认识报道对象并搜集有新闻价值的事实",或者要全面掌握事实真相,就必须调动多种手法展开全面进攻,进行"全感采访"。[①]

　　时下,谈话类、访谈类节目蜂拥而至,具备采编播才能的主持人也比比皆是。在如此一个纷繁的电视媒体世界,如何立足,如何争取属于自己的固定的观众群,是每一个电视人积极思考的问题。在经过与《可凡倾听》的几次合作后,不由我再次想到时下正流行的访谈类节目的思维纷乱,但也丰富,现采撷如下:

碎片一:提问

　　学新闻采访或电视节目制作的学生经常会抱怨他们在做采访时"不知道该如何提问"。有的老师会毫不客气地说:"不管你问什么,首先确定这是一个问题。"这种说法当然有些唐突,但是却不失为一个好的回答。

　　法国启蒙思想家、哲学家、作家伏尔泰曾经说过:"判断一个人的思想,不是通过他

的回答,而是通过他的提问。"②可见,在一段访问中,问题的设计显然是非常重要的。

那么究竟问什么,怎么问呢?简单说来,就是运用访问者自己所有的人类本性中的好奇心。信息恰恰来源于人们对于潜在的好奇心的回应而非问题本身。

著名的新闻传播学者肯·梅茨勒在他的《创造性采访》中曾提到这样一个例子:一个美国记者在采访一位成功的商场女强人时,曾这样问道:

记者:夫人,如果这不太失礼,您能告诉我为什么您一直未婚?是因为您对生意的兴趣大于男人吗?

夫人:"对男人不感兴趣?我可以告诉你,在过去的二十年里,我大约有三十三位情人。"③

前面说到了好奇心,正是由于这个人类的天性品质之一,访问者往往会涉及到被访问者的"隐疾"。这不光被访者感到尴尬,访问者有时也会不知所措。上文提到的那位记者所面临的尴尬场面有时也会发生在经验老到的主持人身上。

当偷拍事件在海峡两岸闹得沸沸扬扬,演唱会在新加坡又取得了巨大的媒体谈资后,凤凰卫视的陈鲁豫做了一次璩美凤的访谈。

璩美凤:我不会再把太多的力量和注意力放在过去,我会尽力把我的注意力放在将来。我心里只把过去的东西当作是一段历史,一个历程。

陈鲁豫:一个人经历那样的事情之后,不可能轻描淡写地说一句,过去的事情就是一个生命的历程。你不觉得这样太轻描淡写了吗,那样的伤痛不是说这样一句话就能过去的。

璩美凤:那你来教教我吧。

……

陈鲁豫:我不知道有一件事情你会不会想起,这个世上流传了那么多那个光碟,它们什么时候会消失,它们一天不消失,你的生命就一天不能平静。

璩美凤:所以就是你一而再,再而三提醒我这件事情。④

鲁豫当然是遵循了自己和大众本性的好奇心来安排这次访问,但,显然效果并不理想。

怎样才能让一个问题揭开被掩盖的态度呢?很多学者都讨论过如何消除访问双方的敌意,访问者站在被访者的角度,消除偏见,建立统一战线可能不失为方法之一。在这一点上,《可凡倾听》的曹可凡也许有些心得。他曾总结出提问要掌握好三个度:精度、角度和坡度。精度是指问题要提在节骨眼上,提在关键之处。角度就是要求你要与众不同。坡度这个提法大家比较少见,他指的是要有起伏,单一问题与整组问题、组与组的问题之间要有内在的逻辑关系,而非东一榔头西一棒槌的。让我们来看看他的几

次敏感问题的访问吧:

(采访赵忠祥)

曹可凡:就像你自己说的我会是越斗越勇。

赵忠祥:那得看怎么斗,其实这个就是人生的一个过程。我觉得尼采有一句话说得很精彩。他就讲我不是要去辩解,我需要的是人的理解。

曹可凡:那你觉得从事这个电视是差不多有半个世纪了,在这样一个节骨眼上,突然被卷进一场莫名其妙的官司。你心里感觉到委屈吗?

……

曹可凡:你是不是最近这段时间就不胜其烦?

赵忠祥:也没有。这点你现在觉得挺了不起的,有什么?其实没什么了不起的一个大事,也没有发生什么天崩地裂的什么事情。只不过是目前的一种沸沸扬扬。当这种沸沸扬扬都过去以后,我们平心静气地再回首它的时候,你就会觉得没什么呀。

曹可凡:本来无一物,何处惹尘埃。

赵忠祥:那你是这一种。本来有物的这样的一种,另外一种禅机了。你应该很坦诚的,就是你最知道你自己是怎么回事的,仍然是你自己啊,你既然知道你自己是怎么回事的话,你对面前的这些虚幻的东西就无所谓了,我倒觉得这是一种很虚幻的东西,我觉得一切都可以尘埃落定的。⑤

……

(采访余秋雨)

曹可凡:这些年,我觉得您差不多成为中国文坛最富有争议的一个作家,我一直也在想这个问题,我想你自己也一定在思考这个问题,就是说为什么会受到这么多的批评和攻击?

余秋雨:因为读者非常喜欢我,他们忌妒了,只有一个原因,没有第二个原因了。

曹可凡:苏童说过一句话,跟你说得差不多是忌妒,为什么忌妒余秋雨,因为他什么都有了。

余秋雨:倒不是什么都有了,就是因为不是人生的,就文章本身能够让全国不同年龄,不同层次,不同身份的人都在阅读,我的书一直在排行榜前面,这点使他们非常难过,我对他们只能用这种不留情面的话来说,因为我就看到他们多少年,找不到任何理由,因为如果说你文章写得不好,那你可以写一篇好一点的文章给我们看看,你就永远写不出来,那当然是忌妒。⑥

你能说这样的提问里除了现场的灵感,毫无技巧可言吗?如果这些关于文化的复杂问题,无法令你看出端倪的话,那我们来试试简单问题。有时候,简单的问题也会显得非常棘手,就像捉迷藏一样。

问:明天会下雨吗?

答:不会。

问:那明天的天气会不错吧?

答:那得看你所谓的"不错"到什么程度。

问:晴天?

答:不是。

问:那会是什么?

答:下雪。

问:那你刚才为什么这么说?

答:你也没有问呀。⑦

不要笑话这个笨拙的对话。这样的问话规则出现在我们电视媒体的很多访问中。这位记者显然忘了他的职责,盲目的问关于下雨的问题。如果他这样问:"你对明天的天气如何预测?"那么这位回答者显然会说:"明天会下雪。"的确,这位气象预报员在和记者玩游戏,但是,这个教训也表明了:问你想问的。否则,会有很多官僚的、狡猾的被访者,例如璩美凤,会从语言的模糊游戏中受益,成功地逃避你的问题。

碎片二:倾听

记者们所作的访问是不相当的:有些人可以从同一嘉宾中得到更多。他们往往不用所谓的机警的问题或咄咄逼人的策略来达到他们的目的。正相反,他们得到更多的信息是因为他们问的问题更少,更热切地去倾听,去回应他们所听到的内容。记者在倾听时应该非常精准地抓住自己所需要的契机。如果一个记者想要找到可引用的引证或奇闻轶事,那么他必须先学会当个认真的听众,并且随时发现契机的存在。当然,作为职业记者,找到这个契机时,更要学会反应,以此来鼓励被采访者继续下去。

职业记者的倾听不仅仅是被动的倾听,而是"有的放矢"地倾听。这看上去好像是一对矛盾的关系。当记者在全神贯注地试图抓住对方所说的话背后的意义的同时,更要凭自己口头和非口头的反应努力地鼓励被采访者。

根据主持人的个人风格不同,节目的采访手段也不同。下面我们来看看两个风格迥异的男主持人和同一位女明星的访问:

(水均益采访梅丽尔·斯特里普)

水均益:……《克莱默夫妇》是那个年代的一个缩影。

梅丽尔·斯特里普:没错,是一部反映当时社会的电影。

水均益:您在演这个角色的时候,您有没有想到自己会被提名为奥斯卡最佳女配角？或者说想象自己会得这个奖？

梅丽尔·斯特里普：没有，我从没想过，那只是一个小角色。

水均益：当那天终于来了的时候，您意外吗？

梅丽尔·斯特里普：那确实是个意外，我根本不敢相信，心想这不可能，这是很久以前的事情了，但至今我还记得当时的那种感觉。……⑧

（曹可凡采访梅丽尔·斯特里普）

曹可凡：……你是不是喜欢修改剧本？

梅丽尔·斯特里普：哈哈，对，总是喜欢，不过不能常做而已。

曹可凡：在"克赖默夫妇"的法庭那场戏，和达斯汀·霍夫曼的对话中，你修改了台词。有没有谁对此表示不满？

梅丽尔·斯特里普：对，这其实是导演的主意。因为他不喜欢法庭这场戏的剧作，他觉得它生硬。然后达斯汀说："我来写这段。"我说："不，这是我的台词。"所以，导演巴里说："那好吧。我们大家回去写，明天早上来选出谁的更好。"于是，达斯汀回去写他的版本，罗伯·比特写他的，斯坦利·杰克森写他的，我回去写我自己的版本。第二天我们大家到会议室，我的版本被选中了。但是这并非常常发生。事实上，到目前为止仅仅一次，以后就再也没有发生过。……⑨

……

（水均益采访梅丽尔·斯特里普）

水均益：……但是为什么您在十四岁的时候决定做个巨大的改变，您摘掉了眼镜，扔掉牙套，还把头发染成了金色，为什么？

梅丽尔：我觉得那是大多数那个岁数的少女都会做的事情，不光是我自己，有很多女孩子长大了，就会感觉有些不自在，她们开始讨厌自己现有的样子，期待着重新塑造理想中的自己。当你长大成人，变成了一个成熟的女人，这些困扰都会消失，但是对少女来说，她们就是非常在意自己的外表，这很正常。

水均益：就像我女儿现在。

梅丽尔：我的女儿也是这样，她们站在镜子前没完没了地照，化妆。

水均益：这就是人的天性。

梅丽尔：是的，人的天性。……⑩

（曹可凡采访梅丽尔·斯特里普）

曹可凡：……那么，年龄可能是女演员的最大障碍，不只是在好莱坞，在其他地方也是一样的。然而，它似乎并没有影响到你的事业，你如何做到这一点的？

梅丽尔：噢，你能这样说真是太善良了。这不是真的。我想电影是一个表现在银幕上的幻觉。我们在做一个梦幻。作为观众,看角色就是在看一个他们自己理想化的翻版。从这方面看,就很好理解为什么年轻的,美丽的演员们是我们大家都愿意看到。(但)我们更多地接受故事(而不是演员)。我不知道。我觉得人是有意思的,我不在乎他们的年龄,我认为婴儿是有意思的。你看过电影"波娜特"吗?那是一个法国电影,拍的是一个3岁或者4岁的小女孩儿,这个女孩儿是整部片子的女主角。这是一部非常严肃的电影,拍这个女孩的感受。这是我这辈子所看到的最棒的东西。我不知道,我所感兴趣的只是人,他们的样子对我来说完全不重要。

曹可凡:你觉得你喜欢挑战嘛?

梅丽尔:我想是的。我想我一直努力成为更好的演员,表演一直在教会我如何生活。这非常有意思,任何艺术形式都会对于人们的生活有很多启迪。

曹可凡:人们总喜欢把演员分成两类,偶像派和演技派。你当然是演技派,这是否意味着你就不漂亮?你是怎么想的?

梅丽尔:嗯,我从来没以容貌做为我的最大的特长,没出过容貌牌,你知道,漂亮不是我最大的兴趣所在。我没有这样做过。有太多漂亮的男演员和女演员了。这大概和演员的素质有关。他们对我从来没有因为我是否漂亮,因为,这不太容易持久。……[11]

同样在采访大明星梅丽尔·斯特里普及她的重要作品《克莱默夫妇》时,前者的访问是一种参与的对话,你一言,我一语,被访者到主持人的节目中来做客。一手拿着笔(虽然有时这就是一个道具),一手拿着所准备的文稿和资料。所不同的是主持人对不同客人的交流方式,展现的是两个人之间的交流。这种正面的一问一答的交流风格打上了主持人本人的深刻的烙印;笔者个人认为一问一答,这种采访方式容易气氛紧张。如果设法把问答变为交谈、聊天,使采访人情更浓,生活味更浓,往往效果更好。而后者,沪上的《可凡倾听》则更好地运用了引导性提问,假设性提问,甚至激将性提问等采访技巧。由《可凡倾听》的画面安排和节目的整体风格把握上可见,主持人尽力希望观众忘记他,让被访者充分表达,在被访者表达不清晰的情况下,主持人对他进行小小的启发和提醒,诱发被访者侃侃而谈,他则又悄悄退到一旁。

在画面处理上,两者也体现了不同的风格。《高端访问》的拍摄运用高调光线和大特写画面,这些确实给人留下了深刻的印象,更透着一种和主持人风格相符的咄咄逼人的气势,仿佛在镜头前暴露被访者的内心。

《可凡倾听》,则是另一种悠然的姿态。光线用的是自然光效果,画面都是中景,这些和主持人的提问一起形成一种悠然,放松的节目风格,也许被访者会觉得不那么紧张吧。很多优秀的访问都是在宽松的环境下产生的。观众也和主持人一起保持一定距离地,观察,聆听被访者。

那么,采访者如何来解决思维活动和被访者步调之间的鸿沟呢?换句话说,如何才能"诱使"被访者说出记者想要得到的东西呢?(当然,任何成功的采访都是记者与被访者之间精诚合作的结果,单靠哪一方面都无法取得成功。)著名的新闻传播学者拉菲尔·吉·尼古拉斯曾写道:最好的聆听者会注意抢在被访者之前思考,有时会在被访者之前就得到答案了。[12]

最好的聆听者往往会花更多的精力去考虑被访者已说过的话,不停的去回顾被访者刚才所说的东西。根据这些暗含的信息,经验老道的聆听者会努力去猜测被访者所将要说的东西。这样当然能有的放矢地,及时地抓住访问中的"契机"。观众也会跟着主持人参与到寻找"契机"的过程中,从而体会到乐趣。

美国著名的新闻学家麦尔文·曼切尔曾写道:"记者必须学会用孩童般的眼睛观察世界,他把每件事都看作是新鲜的,各具特点的。"[13]我想聪明的记者不仅有孩童般的眼睛,还应该有聪明长者般的耳朵,用以区分有意义的东西和无意义的东西。

何谓有意义?我想应该不是形式,而是生命中绝对不可缺少的东西。文化类,新闻类电视节目,所具有的意义应该就是让人们在看完节目以后引起思索,审视自身,并感到自然和放松。一个真正的聆听者,一个真正的有大智慧的访问者能做到。

---

[1]《新闻报道与写作》,麦尔文·曼切尔,华夏出版社,pp—68。
[2]《镜头里的"第四势力"》,王纬 主编,http://www.read.cnread.net。
[3]《创造性采访》,肯·梅茨勒(美)中国人民大学出版社,pp—33。
[4]《鲁豫有约》,凤凰卫视2002年4月16日播出。
[5]《可凡倾听》,上海东方电视台文艺频道2004年9月5日播出。
[6]《可凡倾听》,上海东方电视台文艺频道2004年12月12日播出。
[7]《Question & Answer》Nichols Ralph http://www.smcps.k12.md.us/mbms/writing/qa.html.
[8]《高端访问》,中央电视台国际频道2004年6月20日播出。
[9]《可凡倾听》,上海东方电视台文艺频道2004年7月4日播出。
[10] 同注7。
[11] 同注8。
[12]《Are you listening?》,Nichols, Ralph G. New York:McGraw Hill,pp 128,1957.
[13]《新闻报道与写作》,麦尔文·曼切尔,华夏出版社,pp—68。

分众化时代谈话节目主持人"可持续发展"策略

马 力

【内容提要】本文主要分析了分众化时代电视谈话节目及主持人面临的现实环境，提出通过创造性的实践，不断强化"本土化"、"品牌意识"、"精品意识"，拓展话题、细分受众，整合元素、优化环节等"可持续发展"策略，努力拓展电视谈话节目及主持人发展空间，探索出既不失本民族审美品格，又具有鲜明时代性，体现丰厚人文精神的电视谈话节目发展路径，从而满足广大观众日益提高不断变化着的电视文化需求。

【关键词】品牌意识 分众化路线 可持续发展

【作者简介】马力，华东师范大学传播学院讲师，播音主持艺术专业委员会主任

我国电视谈话节目及主持人还有广阔的发展空间，大批实践者的探索和思考启示我们：未来国内谈话节目之间，以及国内与国外谈话节目之间的竞争将更加激烈。"优胜劣汰，适者生存"是世间万物发展的必然规律。在文化全球化浪潮中，电视谈话节目及主持人的交流是双向的，一边倒不是"交流"。中国电视谈话节目起步初期，由于强弱对比的惯性，由于技术层面和电视制作理念的相对滞后，我们提倡"借鉴、融合"。经过多年摸索，中国电视谈话节目也探索出一些值得坚持、弘扬的特色和优势。中国的电视谈话节目及谈话节目主持人如何通过自己创造性的实践，树立"本土化"、"品牌意识"、"精品意识"、可持续发展，既不失去本民族的审美品格，又具有鲜明的时代性，能体现当今中西文化碰撞后带有思索性的人文精神，以自己独特的电视精品和高超的有声语言表达样式，形成超越国界的规模化文化共享，去面对加入WTO后的各种新挑战，从而满足广大观众日益提高不断变化着的电视文化需求，是值得我们深入思索和探讨的一个重要课题。

一、打造品牌 提升品质

2003年，央视通过重奖"十佳"主持人来加快塑造精品栏目和名牌主持人的步伐，

促进了节目质量的提高和收视率的上扬。因此,"主持人和栏目的品牌打造"又成为一个广为关注的热点话题。

遥控器时代,观众在电视媒体的消费方面早已进入买方市场。人们在更换频道、选择节目的同时,有意无意地走向了品牌消费。从电视受众的角度看,品牌是节目在观众心目中的固定化和标识化,是长期观赏经验中积累的一种"集体无意识",具有很强的吸引力、感染力和号召力。从市场营销的角度看,品牌既是无形资产的载体,也是提高收视率和广告收入的骨干。从文化传播的角度看,品牌是节目的品位、特色、信誉的文化象征。我国电视谈话节目的发展经历了艰难的生存阶段、稳定的生长阶段,目前正接近于成熟的"品牌阶段",因而创造高知名度、高信任度、高美誉度的品牌,成为节目最终追求的目标。否则,固步自封的结果只能是被激烈的竞争淘汰"出局"。

实施品牌战略,要以提高节目的质量为根本,同时重点加强节目的整体策划和包装。无论是谈话节目的理念、栏目的标志,还是主持人的服饰、风格,以及特别活动创意,都应该纳入整个形象识别系统。例如,央视二套《对话》节目的片花是由五支羽毛汇聚而成的金色翅膀,节目的理念也与此相关,叫"给思想一片飞翔的天空"。观众每次看到屏幕上的片花,就会产生节目联想,从而把它与其它电视谈话节目相区别。《夫妻剧场》凸显的节目标识"英达 VS 名流夫妻"、"笑谈名流情感、真诚承载永恒"、"欢声笑语承载情感之重"的定位特色以及较具特色的几种"市场资源":(1)"品牌"主持人英达全国电视栏目主持"仅此一家",拥有很强的市场号召力与吸引力;(2)"名流婚姻家庭情感话题"全国也为数寥寥,且属于能适应不同地域观众收看的"全国性话题",有很强的"观众缘卖点";(3)由于地缘优势,这类节目在北京制作成本较低,因此只要设计得好、制作精良,便能得到各地方电视台的青睐与欢迎,有着很强的"发行辐射力"。(4)固定的主持人和固定的样式、固定的风格。这些都使其成为一个成功谈话节目的品牌标志和外部质量标准,也是为观众提供的一个信誉保证,"准确、清晰,具有差异化的品牌核心价值确定以后,必须以非凡的努力去坚持此定位,起到向消费者传达核心价值或提示消费者联想到核心价值的作用"。①

特别应该谈到,主持人是品牌栏目的重要组成部分,节目的品牌体现在主持人的品牌上,从某种角度上说主持人就是一个品牌的人格化身。品牌栏目主持人除应具备主持人最基本的素质之外,最主要的是要与栏目的风格相适应。著名电视人孙玉胜在他的《我看电视之"主持人媒体"》中提及"主持人是节目的品牌,品牌意味着产品质量的稳定性。只要牌子在,产品的品质就被观众信任着。"

主持人作为媒介的品牌,一般有三个层面构成:一是基本层,它是指媒介产品能够满足使用者的基本需求;二是功能层,它强调为特定受众提供特定的需要与期望值;第三层是扩展层,其实就是"附加值",是感性的、人文的东西,是一种消费者(受众)难以具体描述的情感或人文价值,这些价值通过市场营销组合等要素而传递到产品中去。

随着大量节目的"上星"和节目竞争的加剧,品牌化、明星化主持人的出现不仅成为可能,而且成为必须。节目主持人必将成为未来电视节目中的支柱人物,这意味着主持人是栏目制作群体的中心人物。这不仅表现在主持人自身在栏目中的地位更为人关注,还表现在栏目制作群体共同努力下实现的对主持人的包装。在当今人们推崇"包装"的氛围中,主持人作为栏目的文化形象,风貌表征要与栏目相契合,并达到相对稳定的效果,包装是必不可少的。但只有"包装"与内在涵养相吻合时,才能相得益彰、锦上添花,否则就会给人"金玉其外,败絮其中"的感觉。而且这里的"包装"是一个大的概念,不仅仅指对主持人的形象以及对节目的包装,创作者们为主持人提供大量所需的知识性背景资料,为主持人提供进一步学习充实的机会,从内到外地提升主持人的素质与品格,我们也说它是对主持人信息量的"包装";此外,相关的宣传、社会活动也使宣传主持人成了栏目宣传的先遣。

二、话题拓展 受众细分

目前,我国的谈话节目还处在泛话题时代,很多谈话栏目还没有形成各自独立的谈话群,也没有形成稳定的受众群,因此,走分众化路线应该是谈话节目实现繁荣发展的有效途径。

针对特定受众群的口味确定选题相对要容易些。这类节目虽然不容易引起轰动、得到广泛的关注,但是收视群体比较稳定,因此节目的生命力和影响力也相对持久。在当今电视节目竞争激烈的情况下,这类节目也更符合电视的分众化发展趋势。正如清华大学尹鸿教授所说:"先要考虑受众定位谈话类节目给现代人提供了一个交流的空间,而很多栏目失败的原因是你要提供一个什么样的平台,这就是你的受众定位的问题。节目制作之前要先考虑受众的定位,你给哪个群体的人看,这样制作节目才有针对性。连定位都搞不清,当然失败。"

为了留住观众瞬间的注意力,电视进入目标市场细分的阶段,频道专业化成为电视改革不可阻挡的趋势。电视谈话节目必须进入目标市场再细分,走窄题化道路,以形成相对稳定的受众群。在美国,电视谈话节目对公共空间的划分已经非常清晰。仅以专门针对女性受众的谈话节目为例,这个频道里一群家庭主妇可能正在聊各种家庭问题,另一档节目中几个职业女性正在畅谈未来的发展前景,再一台节目《男人来自火星》,专门谈男女婚恋;观众可以各取所需,选择自己想看的频道。而在我国,谈话节目还处在泛话题时代,很多谈话栏目还没有形成各自独立富有特色的谈话群。电视谈话节目的细分市场关键是话题的再细分,具备普遍重要性的话题定位越具体就越能锁定这部分受众,以至每到节目播出之际,具有"约会"意识的这部分受众成了"常客"。

中国的电视谈话节目发展到今天,亦日趋成熟,但好的谈话节目依然太少。大凡是主题宽泛、定位模糊、风格游移不定、话题不着边际的谈话节目,往往也不大受观众的欢迎。其实,这也是电视节目由"百货店"、"杂货店"向"专业店"、"精品店"发展的大势所趋,是电视业由贵族阶层走向平民需求的角色转换。谈话节目为了在激烈的"眼球"竞争中立足,今后应进行内容空间界面上的高度细分,进行时间段位上的专业化分工,这样可以有意识地、有针对性地培养栏目的固定观众群,而且可以针对不同受众群体的需要,制作不同内容、不同层次和不同文化内涵的谈话节目。比如《对话》以关注经济动态并具决策能力的社会精英人士为目标,探讨经济事件和现象;《谁在说》以白领和知识分子为对象、以青年人的视点关注社会热点;《龙门阵》定位在"老百姓桌上的闲聊",突出地域特色;《国际双行线》是中国惟一的以中西文化冲击碰撞为话题的双语谈话节目,表现的是中西文化的交流。"《夫妻剧场》就做夫妻,定位多纯,一个节目如果定位太宽泛,最后就什么都抓不住,定位越窄抓得就越准。"[②]必须进一步研究市场,研究受众,走分众化、小众化路线,锁定"忠诚"的观众。观众分层化和频道专业化已经成了电视发展的一个大趋势。从开拓电视市场、抓住观众心理的角度上说,加强观众目标研究,打造自己品牌特色,整体推进节目创新,是推动电视谈话节目走向成熟的重要方面。

三、整合元素　优化环节

电视受众的分流在客观上要求电视人必须把自己的节目做得更好看,以便留住、吸引、扩大自己的受众群。

(一)适当微调节目定位。电视谈话节目诞生后过了生存期,还要经历成长期、品牌期,直至最后步入衰退期,在每一个时期都要采取不同的市场策略。在体制所允许的范围内,最大限度地扩展自己的视野、放开自己的思路,单凭"改版"无法从根本上解决这个问题,可以考虑将栏目的定位微调。如《艺术人生》进入成长期后,微调定位,请几位年轻嘉宾就生活中的某一方面感悟做横截面式的谈话,而不是像老艺术家那样纵向谈其人生;与此类似,《夫妻剧场》请故去的冰心、艾青、吴祖光、英若诚等已故名流的子女与观众共同分享经典的婚恋故事和精神财富,都是在原有定位基础上的微调与拓展。

(二)加强完善策划环节。策划者要结合自己栏目的定位从小角度进入,不能"大而化之"。策划不是改变原生状态下的事实或人物,而是通过策划,使事件或人物个性以最佳的状态在谈话现场呈现。

（三）观众是"谈话场"的有机组成部分,现场观众应该是栏目目标受众群的代言人。谈话节目要适应民意、顺应人们既有的成见、强化观众已有的看法和情绪,吸引观众最好的办法是追求思想性、追求精神力量的情感沟通。

（四）优化环节设计,为谈话升温。在节目的具体操作方面,采用各种手段（大屏幕资料片、典型道具、现场即兴表演、网上观众提问、现场互动游戏等）不断设置谈话的兴奋点,尽量把谈话节目做得故事化、情节化,也可以考虑设置一些悬念、冲突感等具有争论性的话题。

四、主持人素质和语言传播能力的"新标高"

前不久,中国广播电视学会节目主持人委员会理事长白谦诚在央视国际网站与网友交流时提到电视谈话节目主持人未来的发展时说:"我们国家的主持人,我说过一句话:'又多又少!'多是指数量多,全国恐怕有几万节目主持人,但是真要选出来广大观众喜欢的,优秀的主持人,或者是要开办一个频道,开办一些栏目挑选适合的主持人又非常难找。应该说我们缺少各种类型的优秀主持人,但是现在最急缺的我认为一个是谈话类的主持人,因为各地现在办了很多谈话类的脱口秀节目,我们急需像优秀的谈话类节目主持人。""谈话类主持人节目在我们国家现在风行一时,欠缺的是他们的风趣和幽默,因为谈话节目本身是比较枯燥的,它主要是靠语言取胜,因此谈话节目要选择一个好的话题,靠主持人来调控。我们现在还是风趣幽默的谈话节目,当然,谈话节目也不可能是一种模式,应该是百花齐放的,不同人来主持谈话节目应该有不同的风格。谈话主持人不要去从表面上模仿,应该有自己的个性,把自己的个性融入到栏目的定位里。我相信我们会不断地涌现出来优秀的谈话类节目主持人。"[③]

相比其它的节目而言,谈话节目更能充分而及时地反映出主持人的自身素质和人格品性。可以说,主持人的基本素质、文化积累、生活阅历、人生感悟、敬业精神、前期投入直至现场主持,都会给节目带来重要的影响。

中国电视业经过数十年的发展,经历了从中央到地方的国内各级电视机构的节目的改版、扩版、上星、直播等各种样式的实力与节目激烈的竞争。而与此同时,国际节目竞争的第二个战役已悄悄拉开了新一轮竞争的序幕。随着卫星电视和网络在全球的飞速发展,跨国、跨地区甚至跨洲的节目覆盖和无孔不入的网上直播、网上渗透都在切分着全球受众这个大蛋糕。许多电视机构已借助科技的力量突破了地域的界限,节目进入到一个地域的"宽播"和受众的"窄播"时代,节目质量的竞争更加剧烈,对节目主持人的要求自然也提升到了一个崭新的高度。

一、树立终身学习观念,提高学识能力。在日新月异的二十一世纪,一个漠视新文化、新知识、新科技的人是难以适应社会的。知识经济时代对传媒人才的知识结构提出了新的要求。加入 WTO 之后的中国电视,具有国际性、开放性的特点。主持人应主动调整自身的知识结构,迎接挑战。而不断学习、提高素质则是必由之路,别无捷径。树立终身学习的观念,掌握以科学的方法和手段不断充实自己,建立合理的知识结构,实现知识结构的优化和专业化,提高自己的学识能力,同市场需求相适应,是节目主持人立于不败之地的"护身法宝"。

二、除了具有较高的政治素质、全面的文化知识、过硬的专业技能、端庄的仪态仪表之外,具备双语、多语能力,即通晓和应用母语以外的一种或者多种外语的能力,也是很重要的。作为节目的表现者,节目主持人当然会有自己的领域,或许也不常接触外国人,但是在资讯发达、知识爆炸、环球国际化的今天,多一种知识储备就多了一种工具,多会一种语言,主持人就像脚下多了一条路。

三、对于未来的节目主持人来说,直播、演播室卫星连线和直接采用网际新闻的播出已不鲜见。现代技术可以在任何一个方面来协助你最快地、最完美地实现你的节目构想,但同时,它也对使用者提出了更高的要求。谁能更好、更快、更有创造性地使用新技术,谁就能更快捷、更完美、更有表现力地制作、播出节目,谁也就更能在竞争中处于主动。

在大家都意识到人才尤其是优秀主持人是竞争制高点的时候,主持人自身所具备的素养和知识结构、个性特点成为人们关注的焦点。个性、个人魅力、气质风度和独特而精深的知识层面、应变能力甚至包括阅历、视野、人文精神、幽默感等等都被提到了一个新的高度。

总而言之,我国电视谈话节目还有广阔的发展空间,未来本国谈话节目之间,以及本国与国外谈话节目之间的竞争将更加激烈。"优胜劣汰,适者生存"是世间万物发展的必然规律。随着竞争的规范有序,一个沟通与交流的良性格局终将形成,一个真正群星璀璨、众声喧哗的电视时代终将到来。

---

① 鲍强军:《本土品牌的五大硬伤》,《南风窗》2002 年第 4 期。
② 《谁在说》制片人田向平访谈《真正的谈话节目还没出现》tom 网 2003 年 8 月 28 日。
③ (白谦诚) 央视国际(www.CCTV.com) 2003 年 11 月 12 日 09:38。

·传媒信息教育·

影视教育的基本任务：培养正确的视听思维观念

宋 杰

【内容提要】本文针对目前影视研究及其教育中过分依赖或强调文学性思维和解剖式分析的方法和现状，提出了尖锐的批评，同时从本体论和思想观念的角度出发，呼唤适应视听媒介本性的教育方法和思维方式。

【关键词】理性 知觉 视听媒介 文学式思维 视听思维 影视教育

【作者简介】宋杰，云南艺术学院电影电视艺术系系主任，教授，硕士生导师

在所有的艺术形式或媒介系统中，电影电视无疑是最为感性的形式或媒介。电影电视的观众时常经历流泪、哭泣、惊叫等情绪的冲击，但我们在欣赏美术作品、观看舞蹈表演、阅读文学作品时，却不大可能产生这样的情绪反应。

可是，正是这样一种非常感性的媒介，却正在经历着前所未有的各种偏见、理性推理和生硬的肢解分析的扼杀。在各种多如牛毛的影视学术书籍和报纸副刊的影视评论里，在大学的课堂上，在各种关于影视的研讨会或学术报告会中，出现了一批自称是影视理论家、史学家、评论家等的所谓专家，他们机械地运用各种看似高深的理论，力求对电影电视做一番科学式的分解和研究。在他们的报告或论文中，关于电影电视的描述或解释，基本上停留在故事和情节的层面，而对于构成电影电视的基本元素——光和声，他们则采取了回避或一带而过的态度。这是一种本末倒置的、排斥本体研究的错误现象。令人遗憾的是，这些反本体言辞反而成为一种堂而皇之的主流理论。

人类不可能生活在一个没有过去和传统的文化世界中。正是由于传统文化的积淀，人类文明才有可能在传统的基础上不断地发展，我们也才有历史和文化的依归之感。可是过分依赖或强调传统的作用，我们的文明就会停滞不前甚至萎缩、退化。尤其是科学技术的迅猛发展，给人类生活增添了许多新生事物，如果只用过去的文明或理论

是无法解释今天的世界的格局的。新生事物之所以以新称呼,就在于它是过去没有的。以不变应万变,以旧有的观念和原则来解释新事物,显然违背了起码的逻辑关系。

人类都有一种承袭传统的惰性。在电影电视的研究中,运用文学等的思维方式来解释或研究电影电视的惰性的力量不仅强大,而且已经形成了非常大的危害。正如美学家、心理学家阿恩海姆所说:"我们继承下来的文化现状,不仅特别不适宜艺术生产,而且还反过来促使错误的艺术理论滋生和蔓延。我们的经验和概念往往显得通俗而不深刻,当它们深刻的时候,又显得不通俗。这主要是因为我们忽视了通过感觉到的经验去理解事物的天赋。我们的概念脱离了知觉,我们的思维只是在抽象的世界里运动,我们的眼睛正在退化为纯粹的度量和辨别的工具。结果,可以用形象来表达的观念就大大地减少了,从所见的事物外观中发现意义的能力也丧失了。这样一来,在那些一眼便能看出其意义的事物面前,我们显得迟钝了,而不得不去求助于我们更加熟悉的另一种媒介——语言。"[①]

不良的理论和评论如果只是在自身范围内肆虐也就罢了,可是在目前的中国,人们却偏偏过分地相信理论的力量。在中国电影电视界,理论界与创作界的关系之密切可能没有任何一个国家可与之相比,而创作者如此认真地倾听甚至甘愿屈从于那些自以为是错误理论的指导,恐怕也属世界领先水平。如此一来,这些理论不但误导了许多创作者,也造就了一批被动的不动脑筋的观众。久而久之,人们敏锐的感觉器官变得麻木了,对那些违背人类感知的视听现象也习以为常了。结果,创作者越来越忽视了观众通过感觉到的经验去理解事物的天性,普通观众通过自己的眼睛和耳朵去发现意义的能力也逐渐衰退了。

上个世纪九十年代初,我在北京攻读电影理论研究生。有一次我在北京师范大学心理系的实验室里,与几位心理学研究生讨论电视专题滥用解说词现象时,在旁的一位本科女生不解地质问我:"电视不就是这样拍的吗?"

理解、知觉电影电视不像读小说那样需要经过很长一段时间的念书识字过程。从来没有人像学习文字那样去学习如何看电影电视。影视信息的接受给人以无需学习的印象。再加上以传统思维为主导的影视理论、评论的影响,大多数观众观看电影电视,主要是在看表演和听故事,他们更多地注重演员的表情、动作和说话。对于其它的视觉、听觉元素,一般人很少关注。因此,《黄土地》这样的影片只能被冠之以艺术电影的美名而束之高阁。《一个和八个》是中国第五代导演的第一部作品,影片十分注意视觉造型的表意作用。当我第一次在昆明的新建设影院观看这部影片时,我被强有力的视觉造型深深震撼。可是,当我随观众走出影院时,不少人却在大呼上当。

从接受美学的角度上看,作品是在观众的大脑里完成的,这是每个人自己的事。但是,我们要问,观众的美学和价值趋向、主观的倾向性是否与我们的视听文化教育有关呢?答案是肯定的。

正是这个原因,我以为提高民众的视听文化水平理应成为我们影视教育的基本任务之一。云南艺术学院电影电视艺术系是在本人的倡导下建立起来的。建系初期,我曾邀请周传基教授前来指导。周先生认为,我们的影视教育应该从认识电影电视的本体开始。何谓电影电视的本体呢?这就是纪录性。电影可以比任何一种媒介更加精确、逼真和具体。电影发明之初,它并不是一种讲故事的媒介,它只是一种纪录工具,记录生活的表象。传统的媒介也能记录生活,但这种记录是非常片面和主观的。

我们一年级学生,不论是那个专业的,都要学一门课——《影片读解》。这个课程在其它学校的教学计划里也有,所不同的是,其它学校主要讲解故事片,而我们是从图片和纪录片开始的。这门课的教学任务主要是培养和恢复学生的视听观察力、记忆力和辩解的力,学会观察和记忆组成图片、影片的各种视觉、听觉信息,基本知晓各视觉、听觉元素是如何形成的,并在此基础上去领悟其中非故事、非表演的元素的含义。而在招生考试中,我们也有意设置一些视听测试题,检验学生是否具有适宜于影视制作的潜在素质。《视听思维测试》这个考试科目,让许多前来考试的学生感到疑惑,因为从来没有任何一个影视院校设置这个科目。其实,《视听思维测试》并不复杂,其中大部分题目是一种素质测试。比如第一题就是先让学生看会图片,然后让学生在图片消失后通过选择或判断的方式回答图片中存在哪些视觉信息,其目的是检验学生的视觉观察力;第二题是让学生听声音和音乐,判断音高、声源、节奏、节拍和音色等,通过这种方式,考察学生耳朵的听辨能力;第三题是任意给定一组图片,让学生用讲故事的方式把这些图片有机地联系在一起。该题不但要考察学生是否能抓住图片中富有戏剧性的视觉信息,更重要的是从故事中了解学生的想象力是否丰富。最后一题是给定一个抽象的概念或题目,学生通过视听小品的方式表现出概念的意义。前三题都是素质测试题,对于有心报考艺术院校的的高中生来说,无须过多的准备。撰写视听小品在我们看来,应该也没有多大难度,因为参加考试的学生都出生于中国电视普及的八十年代,与作为文字一代的父辈相比,他们是在电视机前成长的一代,每天都处于电视广告的包围中(电视广告属于视听小品)。可是阅卷的情况却并不令人乐观,能达到及格水平的考生很少。我们在设计这一考题时,考虑到学生多年接受文字语言文化的教育,会情不自禁地运用文字或口头语言表达意义,因此明确规定只能写能够看到和听到的视听景象,不能使用解说词,不用或少用对话,结果许多学生仍然脱离不了文字思维的轨道。2005年,我们在湖南长沙的视听小品试题是"误会",可是有一个考生的答卷开头就是这样一句话:"唉!这世界还真是小啊!十年了,十年前我多风光啊!"这与"他是一个平凡的人,却有着不平凡的经历"的句子一样,是无法拍成镜头的。2007 年,我们在的云南考区视听小品题是"医疗保险",下面的答卷令人啼笑皆非:

"月有阴晴圆缺,人有旦夕祸福,祸从天降,福从行来,想把生活开心过,医疗保险帮你忙,医疗保险省操心,医疗保险让您全家老小笑哈哈!医疗保险让您开心享受生活,平安享受生活!"

这哪是视听小品,完全是口号。

有些考生答卷中也有具体的动作和画面,可是他们会情不自禁地往文学的方向上倾斜:

"两个孩子正在路边玩耍,两个孩子相互打闹,一个小男孩用木棒打到了另一个小孩的眼睛,正在流血,家长忙把孩子送往医院。

这时,他们都想到了购买'医疗保险'。"

文学的可以直接进入人的大脑,电影电视的镜头却不能直接进入人的意识、想象中。由此不难看出,文字语言的思维方式在一般学生之中是非常固执的,就是在明确提示的情况下,他们依然改变不了自己的思维定势。当然,我们不会接收这样的学生。[②]

影视剧作实际上是一种非文字的写作。文字只是把我们大脑中的视听构思记录了下来。电视小品的价值不是根据文字语言的文学性来衡量,而是看视听元素的构成是否能摄制成一个能清楚表现主题的视听形象或故事。从这个意义上说,优美的文学写作并不见得是一件好事。有些人文字思维较强,这些人可以去当作家,而我们需要的是具有较好视听思维潜质、未来可以在视听领域有作为的考生。

在我们的招生考试中,少部分学生表现出了令我们兴奋的视听想象力和表现力。同样的"医疗保险"试题,下面的答卷与上述答卷形成了鲜明的对比:

在一个非常炎热的下午,一位穿运动服,背着大背包的男人正在一条山间小路上走着。

男人的脸上不停的冒汗,走了一会,终于走到一个悬崖边上。他迅速地将包中的绳索与锤子拿了出来,并用锤子将绳索钉在了崖边的地面上。转身时,从他的衣服袋里掉出了一张塑料卡片。他将绳索扣在自己脚上早已绑好的扣子上,双手一张,便向崖下跳去。

这时,钉在崖边的绳索突然在缝中松动。周边的泥土块全被抛起,塑料卡掉进裂缝里。绳索迅速的朝崖下放去,钉在地上的扣子刚要脱落,塑料卡片的一角便死死的卡住了它。

等男人上来收拾东西时,他拔出那张塑料卡,卡上写着的是"医疗保险"。男人把它放回了口袋里,背起背包,迎着夕阳走向了来时的小路。

这位考生不仅注意了动作、细节和时间,而且还知道用光来表达意义。2004年山东青岛的一考生的答卷就更精彩,她还注意到了声音的作用:

半个月亮挂在天上,街两边的路灯散发着昏黄的光。一辆红色的出租车行驶在路上。

一个白衣少女站在路边,长长的黑发遮住了大半边脸,她伸手搭出租车。

后车门"嘭"的一声关上。车子又行驶在路上了。司机看后视镜,后视镜上映出白衣少女的一双眼睛。司机抖了一下,继续开车。

车子拐进了一条又深又长的小巷。刹车声、开门声、计价器打印出租车小票的声音。司机手拿小票回头,车后空无一人,一边的后车门开着。司机向车外看,整条小巷空无一人。

司机的手抖了起来,汗顺着脑门流下来。司机慢慢地走下车来关后车门。

车后门旁边有一个没有盖的下水道。

《影片分析》是大多数中国影视编导类专业招生必考的科目,我们云南艺术学院电影电视艺术系同样也有这个科目。所不同的是,我们强调从视听语言的角度分析。在我们看来,一切影片分析必须建立在镜头的基础之上。为了让考生不要把目光聚焦在脱离视听表达的故事、情节、思想的分析上,我们有意选择了那些情节性不强的短片作为分析的对象,而且要求学生看二遍。可是许多学生仍然习惯从主题、人物等文学性的层面来分析,由此也不难看出文字思维教育所产生的惯性之强大和顽固。

可是习惯并不是不能改变的,那些参加过我们的考前培训的优秀考生在《影片分析》考试中表现出的细致的观察和分析让我们看到了影视教育的希望。2007年《影片分析》云南考区的试题是短片《现代生活》。这部影片只有几分钟,以一对青年夫妻的家居生活为拍摄对象,视觉空间主要局限于两人的家里。《现代生活》是一部风格化的短片,它采取了不要人声的哑剧方式,影片的主要结构因素是几乎贯穿全片的爵士钢琴音乐。影片由两个不同影调、节奏的部分交织组成,第一部分是两人的现实生活景象,第二部分是梦幻、想象的生活。在第二个部分的音乐中,制作者有意在钢琴声中加入了老唱机转动时发出的自然音响。这个自然音响成为了一个语言符号,使得制作者的主观态度和影片的含义更加明晰。老唱机的声音象征着节奏缓慢的过去生活,但是现代生活就像老唱机一样,已经成为一种只有在想象空间中才能品位的历史。《现代生活》中,老唱机的声响只是一个背景,并不突出,我们的评卷老师估计考生很难注意到。但是,评卷时却令人兴奋——不仅不止一个的考生听到了这个声音,而且还做出了精彩的分析。

我们这些仅仅学习影视几个星期的高中生能听到的声音,那些高深的所谓电影理论家们是听不到的。不仅如此,他们还会以不屑一顾的态度说:"这有什么?这只不过感觉而已。要知道,理性才是最重要!"

脱离镜头、排斥从具体的视听元素出发分析电影电视的方法,不但忽视了用自己的感知器官去感应作品的原始基础,而且还把非本体的思维方式强加于影视作品。不论对观众,还是创作者,此种理论方法都是有害的。

文学式的电影电视理论、批评由来已久,危害广泛。要改变这种错误的理论格局,必将触动多少人的神经末梢,有多少所谓的理论家、评论家将颜面扫地。

因此,真正的符合视听本体的影视教育任重道远。

---

① 见阿恩海姆著《艺术与视知觉》中译本P1,中国社会科学出版社,1984年版。
② 但是,不少影视类院校招收学生时仍然主要考察考生的文学水平。

对传媒信息化教育的若干思考

刘 诚

【内容提要】高校传媒信息化教育是整个传媒教育的重要组成部分。强国富民,教育是关键;振兴教育,教师是关键;提高教育质量,教育技术是关键;教育技术能否优化教学,教师的现代教育技术素质和能力是关键。本文根据高校传媒教育的实际状况,作出了自己的思考。

【关键词】高校 信息化教育 教育技术 信息素养

【作者简介】刘诚,华东师范大学传播学院继续教育部主任

随着我国信息化建设的加快,教育信息化发展面临着新的发展机遇和挑战。对于高校传媒学生信息化教育的技术素养问题,理当引起高校教务部门的重视。我们现在培养的传媒专业学生,不论是新闻学专业、传播学专业,还是从事电影、电视、广播、网络、出版等各个专业的学生,在信息化教育的过程中,加大他们的技术素养,使他们毕业后,走上新的岗位能尽快得心应手,熟练操作,这在当前是传媒教育的一项紧迫的重要任务。

本文拟就这个问题作些理论上的思考和探究。

第一,要改变高校信息化教育仍然运行在传统教学轨道和模式的现状。

传媒院校担负着培养信息化人才的重要任务。教师在教学中必须应用信息技术,并与教学很好地整合,但目前的现状不容乐观。从总体上看,教学活动仍然是教师为中心的"满堂灌",即便是教师采用多媒体教学,也仍然离不开传统的那种以文本为主的电子幻灯片,在教学评价上,仍然是以记忆、理解、判断、综合及简单应用书本知识为标准,缺少教学上的实际操作,而事实上,学生的技术素养主要是依靠上机实际操作训练出来的。

其次,在我国当下,传媒院校教师使用教学软件来进行教学依然是一个薄弱环节,即使是在全国很有影响的新闻院校和高等学府,这个问题依然存在。特别是传媒院校绝大多数是从传统的文科发展演变而来,在日常的教学中,对人文素养的重视要远远超

过技术素养,信息技术课被作为是"业务"课,显得可有可无。此外,在一些高校,由于行政领导的不够重视,在信息技术教育的资金投入上也严重不足,使得信息技术教学机房设备配置比较落后,有些机房甚至无法正常的开展教学上机。因此信息技术教师,不得不花费大量的时间和精力在机器的维护和维修上。这在很大程度上不仅分散了信息技术教师的精力,也阻碍了信息技术教师业务水平的提高。

再次,教学内容过分强调"实用"。从计算机文化论到工具论再到现在的信息素养论,信息技术教育的内容在随着时代的发展而变化。我们的目标应该是"培养学生良好的信息素养"。但现在的现状是依然受工具论思想的支配。一说信息教育,就使人感觉我们信息技术教育过分强调"实用",似乎"办公软件+实用网络软件+基础编程语言"就占据了我们的信息技术课堂。传媒院校如果这样培养传媒学生,他们的技术素养不可能得到全面提高。我们的信息教育不应该只是培养大众软件的普通应用者,而是应该培养学生能够适应信息社会的信息素养。

第二,信息化教育对教育技术素养也提出了很高的要求。

《中共中央国务院关于深化教育改革全面推进素质教育的决定》指出:要大力提高教育技术手段的现代化水平和教育信息化程度,从事信息教育的教师要掌握必要的现代教育技术手段。这有利于提高传媒院校教师的职业声望。我以为以下几端是特别应该引起注意的:

1. 加强教育技术基本理论知识的普及和培训。属于应知方面的能力,包括教育技术(电化教育)的产生和发展,教育技术的定义和内涵,教育技术(包括网络)的教学、学习、传播理论基础知识,教育媒体及其发展等等;

2. 计算机和网络基本知识:属于应知应会方面的能力,并且应该熟练掌握;

3. 教学设计基本知识:包括教学设计的作用,教学设计的基本理论、基本方法和基本过程,教学设计在教学中的具体运用等等;

4. 软件开发基本知识:包括数字文化、视听、语言文字等方面的艺术基础知识,以及软件设计和制作的基本过程和方法等等。这是制作具有较高技术性、艺术性教学课件的基本保证;

5. 信息技术与课程整合基本知识;

6. 网络教学基本知识。

对传媒院校学生信息素养的能力要求,我想,不能是一般的泛泛之论,而应该有可以量化的操作指标。信息素养概念是从图书检索技能演变发展而来的,计算机技术、网络技术的发展,使这种能力同当代信息技术结合,成为信息时代的每个公民必须具备的基本素养,引起世界各国教育界的高度重视。曾经有学者将信息素养归纳为"6 A

(Ability)":

1. 获取信息的能力,包括高效地对信息发现、信息采集与信息优选的能力;
2. 分析信息的能力,包括熟练地对信息分类、信息综合、信息查错的能力;
3. 评价信息的能力,包括明确地对信息的评判和认定能力;
4. 加工信息的能力,包括有效地对信息的排序与检索、组织与表达、存储与变换的能力;
5. 利用信息的能力,包括运用多媒体形式表达信息、创造性使用信息的能力,以及如何有效地利用信息来解决学习、工作和生活中的各种问题的能力;
6. 输出信息的能力,包括自主地对信息发布、传送、转化和控制能力。

此外,还应包括认识信息的能力,能认识到信息对我们的学习、生活、工作的重要性,有较强的信息意识和敏感度的能力;遵守信息道德,对信息安全常识有所了解,并能积极维护信息安全。(见刘万年《信息化教育中高校教师教育技术素养与培训策略》,http://wnliu@nju.edu.cn)

第三,强化信息意识,着力培养教师和学生的信息素养。

在当代信息教育受到党和国家重视、在传媒院校如雨后春笋般涌现的大背景下,传媒院校的各级教学主管部门要强化学校领导和信息教育教师对信息技术课重要性的认识,从提高全民信息素养和科技强国这一高度来教育和要求,从培养传媒院校毕业生将来适应社会的需求出发,不是做表面文章,而是从信息教育的实际操作中,真正取得应有的成效。在从事信息教学的各个环节上,着重培养传媒院校学生的信息素养。

什么是信息素养?信息素养应包括:"具有较好的信息伦理道德修养、使用信息技术的积极的态度、较好地掌握信息技术知识、具有较好的应用信息技术的能力"(见桑新民《现代教育技术学基础理论创新研究》,《中国电化教育》2003年第9期)那么如何提高教师与学生的信息素养,笔者认为在信息技术的教学过程中教师可采用"任务驱动"教学法。"任务驱动"教学法是一种建立在建构主义教学理论上的教学方法,它适于培养学生的自学能力、相对独立的分析问题、解决问题的能力和与他人协作的精神。俗话说"教学有法,但教无定法",虽然"任务驱动"教学法在信息技术教学上有其优点,但也不是万能的,这就需要我们信息技术教师围绕"提高学生信息素养"这一根本目标采用灵活多样的教学法。

当然,在实践中提高从事信息技术教育的教师的科研能力,这个任务也迫切地摆在我们的面前。信息技术是一门比较新的课程,还有许多不成熟的地方,还存在比较多的问题,这都是值得大家研究探讨的。作为从事信息教育的教师,他们的科研能力必须得到提高。我认为,首先,只有视野开阔、基础扎实的教师才能带出训练有素的学生。在信息技术教育方面,教师自身水平的提高就显得非常重要,它要求教师具有科研意识,努力学习教育理论知识,不断提高理论素养,善于在教学中发现问题。其次,传媒院校的行政领导和具体工作部门及其他相关部门除了对教师进行信息技术专业技能培训外,还要加强对教师教学方法和科研能力的指导。最后,学校领导要对从事信息技术教育的教师的科研工作有足够的重视,千万不要再把信息技术教师当做实验室管理员、机器维修员、网络管理员、技术辅教人员等,让信息技术教师在科研方面有足够的时间。

以上笔者略陈管见,对传媒院校信息技术教育提出若干思考,希望能对中学信息技术教育和高校计算机教育有所裨益。

市场化进程中我国高教出版取得的成就和存在的问题

邓香莲

【内容提要】 本文从实证的角度分析认为,我国的高教出版在市场化进程中所取得的巨大成就主要表现在:市场主体规模的增长、市场主体整体实力的增长以及高教出版企业的改革逐步展开等方面;在此基础上,文章还探讨了目前我国高教出版存在的问题和不足,如:市场化进程的缓慢、不规范经营行为的存在以及库存的偏高等等问题。

【关键词】 市场化　高教出版　成就　问题

【作者简介】 邓香莲,华东师范大学传播学院讲师

1978年12月,党的十一届三中全会召开,随之开始了建设社会主义市场经济的进程,我国的高教出版事业也再次迎来了它的发展契机。自此,出版业实行了包括"一主三多一少"和"三放一联"等在内的一系列出版体制改革,这些出版体制改革冲破了原有的体制性障碍,为市场化进程中我国高教出版的发展提供了政策上的强大支持,使其在近三十年的发展中既取得了巨大的成就,同时也还暴露出一定的问题和不足。

一、取得的成就

总的说来,在全面建设社会主义市场经济的过程中,我国高教出版所取得的巨大成就主要表现在以下几个方面:

1. 高教出版市场主体规模的增长

从事高教出版的市场主体主要包括:高等教育出版社、各大学出版社、一些以专业教材教辅为产品的专业出版社以及民营图书工作室等等。

改革开放后,我国从事高教出版的市场主体规模增长非常迅速。

首先,以大学出版社的发展为例。1979年初,在原有的中国人民大学出版社和1977年恢复建社的高等教育出版社的基础上,国家出版事业管理局又批建了北京大学

等3家大学出版社;1980批建了5家大学出版社。为了满足国家高等教育事业发展的需要,在此后的10年间,我国大学出版社迅猛发展。根据国家发文批准统计,在1979~1989年间,我国新建大学出版社91家。在此基础上,1990~1999年间,国家新闻出版署又批建了10家大学出版社。①到目前,我国已有100余家大学出版社。这些大学出版社大致分布在4大类型的高等院校:综合性大学,师范类大学,文科类大学和理工农医类大学。

其次,由于相对来说市场化的步伐比较快,不少专业出版社在高校教材教辅的出版方面已经逐渐形成了自己的优势,并且拥有了自己的品牌,如人民卫生出版社、化工出版社、机械工业出版社、电子工业出版社等等,它们在专业教材领域品牌知名度比较高。

另外,自改革开放以来,我国民营书业的蓬勃发展,也使得从事高校教材教辅策划出版的民营书业异军突起,他们各自在自己的领域拥有着一定的市场占有率,如新东方、新航道、聚焦、高联、金版电子等等。

可见,经过近三十年来的发展,我国高教出版的市场主体规模已经取得了长足的进展,并逐渐在高校教材教辅的出版和发行,以及为高校教学科研服务等方面发挥着越来越重要的作用。

2. 高教出版整体实力的增长

改革开放以来,尤其是上个世纪末以来,无论是从整个高教出版的产品——高校教材教辅的数量、质量、品种规模和结构,还是从单个高教出版社的资产保值增值来看,高教出版产业的整体实力都获得了较大的增长。

这一点我们可以从整个高教出版的"领头羊"——高等教育出版社的发展中就可见一斑。

自改革开放后,高等教育出版社就进入了一个逐步恢复教材建设和出版理工科全国通用教材的时期。从1983年5月重新恢复建制后,高等教育出版社便迅速发展成为具有多学科、多类型、多层次、多品种、多媒体形式出版能力,出版图书、期刊、音像制品、电子出版物的教育部直属综合性出版社,其综合实力和竞争力不断提高,在教材出版领域引领着国内教育出版的潮流,并产生了一定的国际影响。作为规模最大的国内单体出版社,最近几年高等教育出版社在经济效益、社会效益、企业规模和经营实力等方面又有了较大的提高。早在2004年,高等教育出版社的销售码洋达到18.5亿元,净利润达到2.1亿元,销售图书超过1亿册,年出版品种6000多种,其中新书2000种,图书重印率达到80%,总资产20亿元,净资产13亿元。②该社出版的各类高等教育教材和职业教育教材,分别约占全国高等教育教材市场和职业教育教材市场的四分之一份额。③

另外,从总的趋势来看,大学出版社中的清华大学出版社、北京大学出版社、人民大学出版社、复旦大学出版社、北京师范大学出版社等等，民营书业中的王长喜英语系列、马德高星火系列、聚焦公司的陈文登系列等等，在逐步实行出版体制改革的进程中，不仅出版物品种规模不断加大，而且出版社（文化公司）的资产实力也在不断地上升，销售业绩不菲。

因此，一系列出版体制改革的逐步实行，极大地解放了高教出版的生产力，也使我国高教出版的整体实力获得了巨大的增长。

3. 高教出版企业的改革逐步展开

企业改革是我国经济体制改革的"中心环节"。高教出版企业的改革必须要适应社会主义市场经济体制改革的要求。

目前来说，在高教出版产业内，改革进行得比较深入且取得一定成效的企业尚且不多，高等教育出版社就是其中之一。概括地说，其企业改革主要表现在以下三个方面：

① 集团化管理和现代企业制度的尝试

为了实现集团化发展，高等教育出版社计划用十年左右的时间，在"一体两翼"的集团框架下，建设成为国际化的教育资源集团。所谓"一体"，就是高等教育出版社的发展目标——国际教育资源集团。而"两翼"，一翼是指高等教育出版社原有的教育出版业务，包括高等理工、高等文科、高职高专、外语、研究生与学术著作，以及中等职教等六大出版中心的编辑出版业务；另一翼则指其新发展的"经营性业务"。对于新成立的畅想传媒集团公司，高等教育出版社根据专业化分工和产业化协作的要求，将原有的经营性业务和多元化的项目、企业进行了系统整合，从而改变了原来经营性业务发展中的放任无序、弱而小、管理不到位的状况，形成了责权清晰、互相协作、专业化经营的事业部或子公司。在集团化经营的战略思维指导下，出版业务之翼将按照文化产业的规律和要求运作，而经营性业务之翼则按市场化的模式运作，从而建立起了集团化运作的业务框架与产业价值链，从整体上提升了整个集团的实力。④

另外，高等教育出版社还尝试建立现代企业制度。

由于我国目前尚处于经济转轨时期，出版产业作为文化产业，其市场化程度相当于其他行业来说更低。因此，就目前的情况来看，高等教育出版社建立现代企业制度的这一实践性探索，主要是在畅想传媒集团公司及其所属公司进行的。具体的做法是：采用公司制企业的方式建立新企业。以其分布在各大城市的子公司蓝色畅想发行公司为例，除了必须按照公司法的要求注册成立之外，每一家公司都由高等教育出版社控股，并分别成立了股东会、董事会、监事会，制定了公司章程。高等教育出版社的目标是，通过实践和不断总结经验，最终建立起激励与约束相统一的现代企业法人治理机构，使集团公司和下属公司成为产权清晰、政企分开、责权分明、管理科学的市场经济主体。

② 机构改革

为了更好地适应社会主义市场经济的发展,在出版体制改革政策的指导下,高等教育出版社分别在2002年和2004年进行了两次比较大的机构改革。这两次机构改革均以强化市场意识和现代企业管理理念为导向,根据市场环境发展的要求进行了较大的调整。通过机构重组,减少了重复设置,激活了经营机制,提高了工作效率。事实证明:新的组织机构更加企业化,也更富有弹性和活力。⑤

③ 人事制度改革

党的十六大报告强调指出,要"深化干部人事制度改革。努力形成广纳群贤、人尽其材、能上能下、充满活力的用人机制,把优秀人才集聚到党和国家的各项事业中来。"⑥而用人制度改革的最终方向是,要建立一个与社会主义市场经济体制相适应的、满足各项工作需要、科学合理、精简高效的现代企业组织体系。⑦对于国有企业的人事制度改革,2000年6月23日发布的《中共中央办公厅关于印发〈深化干部人事制度改革纲要〉的通知》(中办发[2000]15号)和2003年1月23日发布的《关于深化文化事业单位人事制度改革的实施意见》(人发[2004]14号)两个重要人事文件的出台,直接为深化我国高教出版企业的人事改革提供了政策上的指导。

与此相应,2002年高等教育出版社开始实行全员竞聘上岗。竞聘上岗使一批优秀人才脱颖而出,选拔了一批德才兼备的干部,其中还有4名社外招聘人员表现突出,被纳入到中层管理人员的行列。因此总的说来,竞聘上岗既加强了员工的责任心,使广大员工更加热爱本职工作,也使他们深刻感受到了来自市场经济建设、体制改革和知识技术提升等方面的巨大压力,在最大限度上激发了企业人力资源的潜能。

二、存在的问题

改革开放以来在全面建设社会主义市场经济的大背景下,一系列出版体制改革的实行在给我国高教出版的发展带来机遇的同时,也使其面临着前所未有的挑战。

1. 从市场主体的角度看,目前来说,除了高等教育出版社和一些专业出版社在市场化方面先行一步外,作为高教出版主要市场主体的大学出版社在市场化的进程中进展缓慢,改革的方向尚不十分清晰。这主要是因为:

首先是办社理念和方向的问题。大学出版社既肩负着教育、学术出版的使命,又必须跟上市场经济建设中出版体制改革的步伐。这其中的"度"不是短时间就能把握得好的。而且从大学出版社本身来讲,作为高等院校的附属机构,依托高校丰富的教学和科研资源,它长期处在一个相对隔绝的垄断的市场和利益相对稳定的系统之中。与其他类型的出版社相比,大学出版社普遍地受保护程度比较高、效益比较稳定,但市场化程度也相对较低,市场意识相对比较薄弱。目前来说,大学出版社的数量占全国出版社总数量的17%,而图书市场的占有率仅为13%。在总体上规模比较小、力量比较弱的情况下,大学出版社还存在着力量散、品种少、体制死、市场乱等问题。[⑧]因此,对大学出版社的改革首先需要一个转变观念和深化变革的过程,要有一个清晰、明确的发展思路和改革战略,从而使其真正面对市场来经营和发展。

其次就是管理体制和运行机制不够灵活。市场经济的一个比较典型的特征就是,以科学灵活的管理体制和运行机制应对市场的变化。而作为计划经济时代产物的大学出版社,计划经济的一些典型缺陷也在其发展中不能幸免。在高等教育改革的背景下,面对市场需求和生存形势的急剧变化,大学出版社原有的管理体制和运行机制,都显得比较的僵化,表现出与市场经济发展的不适应性,不能很好地适应市场环境的变化。大学出版社的资产是国有资产,国有资产的授权经营到目前为止还没有被提上议事日程。但是,从实践的发展趋势来看,无论什么性质的出版社最终都要面对市场进行经营,也必须面向市场才能找到自身的生存空间。对大学出版社来说,只有适时地建立起与市场经济相适应的企业管理体制和运行机制,使企业既不负文化教育和传承的历史使命,又使产品的选择与组合真正根据市场的需求来完成,才能实现更好的良性发展。

2. 从市场行为来看,在市场化的进程中,高教出版产业内出现了一些不规范的经营行为,例如:高教教材教辅的非法出版、高教教材营销过程中的权力寻租等等。众所周知,相对而言,教材的出版和发行存在着较大的利润空间,而在全面建设社会主义市场经济的过程中,由于初期各项法规制度的尚不健全和完善,这给不少的非法经营者、以及部分高教教材采购环节的责任人带来了投机钻营的机会。

就与高教教材教辅相关的非法出版活动而言,这种违法经营行为不但侵害了相关权利人如著作权人、出版社和广大读者的合法权益,直接造成了国家税收的严重流失,严重破坏和干扰了出版物市场的正常经营秩序,而且也造成了极其恶劣的社会影响,不利于整个高等教育事业的健康发展。因此,为了建立开放、竞争、统一、有序的出版物大市场,实现党的十六大提出的营造良好的文化环境和舆论氛围的奋斗目标,需要按照打防结合、标本兼治的原则,灵活运用法律、行政、经济、舆论等多种手段对包括高教出版物在内的出版物市场进行综合的治理。

就高教教材营销中的寻租行为来看,由于租——对某种教材选择与使用以及伴生的经济利益的存在,在出版社、教材营销公司、高教教材营销科、高教教师等所有与教材的决定与使用有关的单位和个人之间,都有可能滋生寻租行为。它的结果便是,妨碍了正常的对高校教材的选择和使用,或者存在更为严重的后果,那就是直接导致对低劣质量教材的选择和使用,侵害了教材的最终使用者——高教学生的合法利益,影响教学质量,不利于高等教育培养目标的实现。

3. 从市场产品的角度来看,在市场化的进程中,高教出版产业内不可避免地出现了整个出版业都普遍存在的库存偏高现象。图书的库存率过高,不仅造成出版社自身的人力、物力和财力的巨大浪费,也是对整个国家资源的一种浪费。

高教出版企业要有效地克服教材出版中的库存偏高现象,就既要在选题上严格把关,深入研究目标市场需求,严防盲目跟风现象的出现,又要全面管理教材的开发过程,从根本上杜绝低劣质量教材的出版;其次是要客观地估计市场容量,加强对于高教教材流通渠道的有效沟通和管理,提高货流能力,充分运用货物调剂,避免教材高库存的产生;另外就是,出版社要重视市场反馈信息的获取和采纳,通过各种渠道了解市场信息,以便在教材的修订再版时对症下药,改进教材的质量,提高教材的适用性。

总的说来,自改革开放以来,在市场化的进程中,包括出版体制改革在内的一系列文化体制改革的实行,对高教出版企业的发展已经产生了巨大的影响。这说明,"市场理论已经渗透到义化传播领域"。[9]因此,包括大学出版社在内的高教出版企业应该在全面建设有中国特色社会主义市场经济思想的指引下,在出版体制改革的框架中,积极地探索自身的改革和发展问题,以取得更大的成绩,并使得整个产业在市场化的进程中实现健康、稳定的增长。

---

[1] 龚维忠.我国高校图书出版业的现状与发展,文化行为与责任.长沙:湖南人民出版社,2001年5月出版,第19页。

[2] 高等教育出版社社长刘志鹏.坚持改革和创新,促进高教社更快发展.(内部资料)。

[3] http://www.hep.edu.cn/about/UntitledFrameset—1.htm.检索时间:2005—12—23。

[4] 高等教育出版社社长刘志鹏.坚持改革和创新,促进高教社更快发展.(内部资料)。

[5] 高等教育出版社社长刘志鹏.坚持改革和创新,促进高教社更快发展.(内部资料)。

[6] 杨开乔.深化用人制度改革,创新用人机制,提高办学效益和水平.高教探索.2005年第1期,第21页。

[7] 窦志进.深化事业单位人事制度改革的五点思考.中国人事报.2005—01—04。

[8] 贺耀敏.大学出版社的改革发展路在何方.中国图书评论.2003年第12期,第4—7页。

[9] [美]安德烈·希夫林著,白希峰译,杨贯山审校.出版业.北京:机械工业出版社,2005年1月出版,第89页。

"读图时代"谈新闻传播及新闻摄影教育

陈小德

【内容提要】 进入21世纪，有人说是跨进了"数字时代"，走入了一个新的"读图时代"。作为被广泛运用的社会传媒的新闻摄影，以其直观的图像传播着信息、报道着新闻。"数字化"带来的摄影技术的革命，更使新闻摄影以其独有的魅力和作用，引起新闻传播形式上的极大变革。新闻摄影教育要与时俱进，必须打破传统新闻摄影教育的思维与模式，构建起新闻摄影教育的"新平台"。

【关键词】 "读图时代" 新闻传播 构建新闻摄影平台

【作者简介】 陈小德，中国摄影家协会教育委员会理事，华东师范大学传播学院讲师

　　进入21世纪，有人说是跨进了"数字时代"，以数字三杰，即"数字相机"、"数字摄像机"和"扫描仪"等为首的数字产品以及不断推陈出新的图像处理软件正在以前所未有的速度进入平常百姓家庭，使普通的人都有可能获得许多难以想像的画面。更有人说，我们的社会已经走入了"读图时代"，用图像来表达我们当今社会的焦点新闻和民众的意愿将日益成为一种"时尚"。作为被广泛运用的社会传媒的新闻摄影，更是以其直观的图像传播着信息、报道着新闻。

　　据记载，一百六十多年前，法国创新发明家达盖尔成功地发明了摄影术，著名的画家安格尔目睹摄影术的逼真效果后，对摄影术进行了高度的赞赏。他说："摄影真是巧夺天工，我很希望能画得这样逼真，然而，这可能是任何画家都难以做到的。"可以说，将摄影技术用在以社会传媒为主体的新闻报道上，确实使摄影技术得到了空前的发展。今天，"数字化"带来的摄影技术的革命，更使新闻摄影以其独有的魅力和作用，引起新闻传播形式上的极大变革。它使得媒体新闻传播做到了图文并茂、两翼双飞、美观大方，并使人对传播媒体有着耳目一新的感觉。

　　一、"读图时代"对新闻传播的影响

　　自上世纪90年代我国第一次全国报纸总编辑新闻摄影研讨会确定"图文并茂、两

翼齐飞"的口号后,报纸打破了以文字为主的固有观念,图片已普遍受到各报家的重视。新闻的形象化、版面的形象化,已经成为当前新闻报道,特别是报纸、杂志的一个重要特点。据统计,当时全国47家大报中,每月采用新闻照片200张以上的报纸有15家,其中5家超过300张,4家超过400张,还有两家分别超过500张和700张。进入21世纪以来,我国报刊中采用图片的数量更是越来越多,图片版面越用越大,版面设计越来越美,不少报纸甚至在头版都常刊有大幅新闻图片。正如英国现代美术史学家贡布里希所说:"我们的时代是一个视觉的时代,我们从早到晚都受到图片的侵袭。"

近年来新闻图片的新变化以及新发展的走向,大致有五个方面:第一,新闻图片基本上从配角趋向主角,从过去文重图轻发展为图文并茂、两翼齐飞的格局;第二,新闻摄影从传真纪实,走向既传真纪实又表情达意,以情动人、令人回味的图片增多;第三,摄影记者观念不断更新,新闻照片从图解概念式,走向现场纪实和抓拍;第四,图片版面设计艺术化、个性化,新闻照片越用越大;第五,版面编辑敢于让图片担主角、上头版、占头条,图片的视觉冲击力发挥得淋漓尽致。

众所周知,新闻传播活动是一种有目的的系统工程,因此,读图所具有的超强的新闻传播优势必须依附于新闻摄影、图片编辑、网络科技和图片市场的四大传播手段与环境,才能得到充分发挥,才能为大众传播提供丰富的新闻图片,才能真正体现出读图时代新闻传播的特点。

1. 新闻摄影

社会发展的大量资料表明,当今社会用图像来表达当今社会的焦点新闻和民众的意愿已经成为一种"时尚"。作为一种运用广泛的传播手段的新闻摄影,以其独有的形象性、直观性、典型性、瞬间性和纪实性的魅力和特点,准确、真实、客观地反映现实社会中所发生的具有新闻价值的信息。但是,"读图时代"中的新闻传媒则又对新闻摄影提出了更新、更高的要求,它要求新闻摄影在传播新闻时效性方面更加快捷;所反映的事件也更真实、生动、贴切;图片形象更具典型性、艺术感染和视觉震撼力,这样才能使新闻摄影在"读图时代"的潮流中更具旺盛的生命力。

这个问题,笔者将在后面的"读图时代"对新闻摄影的要求中再详叙。

2. 图片编辑

现在的媒体新闻报道中新闻图片在版面的使用上已经实现了篇幅大、数量多、位置显赫的格局。不仅如此,一些新闻媒体已经清楚地认识到编辑图片的重要性,并在图片编辑方面开始展现自己的办报风格。因为人的眼睛是接受外界信息最重要的器官,抓住了受众的眼睛,就抓住了受众的心;而新闻图片便是报刊版面上的"眼睛"。《北京青年报》提出的要利用照片把版面设计得"浓眉大眼"或"眉清目秀"的原则、《钱江晚报》

提出的做亮新闻图片,头版做大"眼睛",专版做活"眼睛",各版做跳"眼睛"的版面设计原则是符合现代受众的视觉心理的。因此必须注重图片编辑在传播中的"点睛"作用。这就是从20世纪90年代后期一些早报、晚报、都市报在图片编辑方面下大力气的根本原因。

3. 网络科技

目前,报业已普遍实现了数字录入、数字编排、数字传递文字和摄影、数字化管理、报社内部联网,人人用电脑,时时处处用数字技术已成为新闻界的现实和新闻工作的真实写照。

计算机与网络通信技术为大众传播"读图时代"提供了物质技术基础,采用二进制编码形式表示的数字、文字、图画、声音和图像都可以由计算机进行处理(包括通信、转换及存储)。近几年来,微机与工作站处理图形与图像的能力显著增强。硬件方面,数码相机、扫描仪、绘图和打印设备的性能大幅提高,宽带网的建设使图形图像传输更为快捷;软件方面,彩色图像处理软件和绘图软件不断推陈出新。技术进步为新闻传播中图形与图像的广泛传播提供了有效手段。

4. 图片市场

随着媒体竞争的日益激烈、媒体对图片报道的日益重视,图片的需求量也将越来越大。用图片、用好图片,只靠本单位的摄影记者拍摄是根本不解决问题的。而图片公司是一种中介机构,它把众多摄影者手中的照片收集起来,代为储存、销售,或购买一些有版权的照片,以赢利为目的出售。图片市场架起了摄影记者与新闻图片用户的桥梁。随着互联网技术的发展,从网上搜集图片显得更为方便,因此,有的媒体专门成立工作小组负责采集图片。随着中国加入世贸组织,全球经济体系的完善,即使用快捷又方便的国际互联网传播新闻,但终归还有著作权和版权问题,不断完善的法律迟早要来"干涉"。因此,必须尽快建立与完善新闻图片市场机制,符合新闻图片报道在"读图时代"中的发展趋势。

二、"读图时代"对新闻摄影的要求

在当今"信息爆炸"的"读图时代",现代新闻传媒对新闻摄影提出了更高的要求。它要求新闻摄影在反映新闻时更具时效性,使其传播的速度更快,所反映的事件也更真实、更生动、更贴切、更具心灵的震撼力和视觉冲击力,同时也更具艺术性。

随着社会和科学技术的发展,现代新闻传播中的新闻摄影报道也将更借重于现代高新技术的相机,除了保持传统新闻摄影所有的特长之外,它还需要用更快捷、更真实准确、更典型和更艺术的新闻摄影作品来反映现实生活中的重大新闻。也只有这样，才能使新闻摄影在"读图时代"的形势下更具旺盛的生命表现力。

1. "读图时代"要求新闻摄影更具快捷性

利用传统技术条件下的相机所从事的新闻摄影报道，它往往需要借重于感光、显影等一系列的工序，还要对感光材料进行进一步的加工，才能将这些加工之后的新闻照片如实地反映到新闻媒体上。但在"读图时代"的新闻摄影却是借重于高速发达的数码相机，不仅可以在短短的几分钟内就将新闻事件的内容如实地反映出来，而且使摄影的图片质量和效果都有进一步的提高，从而使得现代条件下的新闻摄影本身就具备了更快捷的特点。

所以，"读图时代"的新闻摄影借助于现代相机，不但能"所见即所现"，更能提高其反映新闻的速度，在一个很短的时间内便能够使人们通过新闻摄影明白所报道的新闻事实。现代高速发展的相机为现代新闻摄影提供了一个发展的自由天地，它要求每一位从事新闻摄影的人员能充分地运用最为先进的相机，用最为快捷的速度和最简便的方法及最省事的手段来对新闻事件进行抓拍。

2. "读图时代"要求新闻摄影更具真实准确性

以社会生活为反映对象的新闻摄影，是通过对新闻事件的现场抓拍方式来进行创作的。众所皆知，具有历史价值的新闻照片可以作为文献长久地发挥社会功能，甚至年代越久，越显宝贵，其生命力是不朽的。然而，这种照片必须建立在事实依据之上，缺少事实基础的新闻照片即使外在形式再动人，内容再令人"震惊"，一旦被人识破公布于众，其"新闻"的生命与"形象"的价值便立即完结，取而代之的是鄙夷的目光，甚至招来作者人格与尊严的损毁，引发照片媒介的信任危机。总之，一张假新闻照片会产生连锁反应，多方受牵连。由于现代"数字化"的相机所生成的快捷图像极易在电脑中被轻松修改处理，所以新闻媒体可否使用现代的数码相机进行新闻摄影报道，数码照片有否新闻的真实性曾一度受到社会上一部分人的质疑。传统的胶片所生成的图像可以"有照为证"作为法律的依据，数码照片有此法律效应吗？这就是"读图时代"运用数码现代相机对新闻摄影提出的"真实性"挑战。真实是一切新闻的生命，对新闻摄影来说，真实性虽然是一种人为把握的"软素质"，却是每一张新闻照片必不可少的硬条件。所以，用现代相机进行新闻摄影的人们更应加强自身的职业行为规范，提高自我品行修养，一方面对新闻摄影在表现新闻时对新闻的时间、地点、人物、事件、发生、发展、结果等诸要素进行真实的反映，另一方面，要对所反映的新闻事件的本身或反映生活的再现进行恰到好处的准确反映，考虑一定的社会效果。

3. "读图时代"要求新闻摄影更具典型性

新闻摄影不仅是光影的艺术,更是生活再现的瞬间艺术。新闻摄影是靠相机对现实生活中的新闻事件进行如实地捕捉来反映生活的。所以,新闻摄影这种传媒的外部表现形式不同于运用文字或其他形式,它不能脱离新闻发生的现场去进行人为的任意发挥,它要求新闻摄影记者必须亲临新闻事件的现场,及时抓拍到第一手的新闻资料;否则便失去了利用相机进行新闻摄影报道的意义。另一方面,利用相机从事新闻摄影的报道,它所反映的瞬间必须具有典型性,即利用典型性的瞬间来反映新闻事件的本身,才能准确地对现实生活进行如实地反映。否则便是漫无目的的"乱拍"。

"读图时代"的新闻摄影不但要求新闻摄影作品对以新闻为主体的事件真实、准确地把握,而且还要求新闻摄影作品的瞬间更具有典型性,通过典型性的瞬间不仅反映出新闻事件的本身,还要透过事件的本身来透视生活,即利用"这一个"来反映出"那一个",利用瞬间的"个体"来反映社会上的共性,利用有限的摄影画面来概括新闻事件和社会生活,反映出生活中的带普遍规律性的东西,揭示出带普遍性的社会现象,使新闻摄影作品除了所应具有的新闻价值之外,更具有普遍的社会价值和社会意义。

4. "读图时代"要求新闻摄影更具艺术性

所有的摄影作品都是来自于现实生活的"母体"的,是以现实生活的存在为基本创作素材的。所以,新闻摄影更是来自于生活的。只不过,新闻摄影所反映的新闻对象首先是要以重大社会新闻价值为主要内容。新闻摄影不仅是真实的瞬间艺术,同时也应该是摄影的形象艺术。一幅新闻摄影作品价值的高低,它不仅仅取决于新闻摄影作品对新闻主体所反映的真实程度,也还表现在这幅摄影作品的艺术魅力的大小。新闻摄影作品所表达的新闻,不但要有一定的新闻价值,还要求其对现实生活有一定的概括性;这种对生活的概括性着重体现在新闻摄影对新闻主体内容的选择和提炼上。新闻摄影在表现新闻事件为生活题材的背后,一定能感触到摄影者自己的情感,新闻摄影作品的概括性是指能抓住事物的本质或规律性的东西。

一幅新闻作品只有准确地反映出真实存在着的带有新闻价值的客观存在,同时也能传达出摄影者的思想感情时,作品才会有更高的审美价值,才会产生出更为强烈的艺术感染力,才能将生活的再现与艺术的表现完美地结合在新闻摄影这一艺术形式表现之中。所以,从这一点上,我们可以说,一幅优秀的摄影艺术作品不一定是一幅优秀的新闻摄影作品,但一幅优秀的新闻摄影作品则一定是一幅优秀的摄影艺术作品。新闻摄影的艺术性是"读图时代"对新闻摄影所提出的更高要求,它要求从事新闻摄影的人员不但要善于运用自己的"第三只眼睛",还要"用心"来进行对生活的观察,来进行从事新闻摄影的创作。

三、开展"读图教育"模式,构建新闻摄影教育的新平台

图像有着不言而喻的优势,它可以超越时空、跨越地界,是人类都能读懂的一种共同语言。凡是有教学经验的教师都知道,任何的认知过程,都包含一系列复杂的心理活动,如动机、思维、知觉、记忆、情感、情绪和意志等等。在学习过程中,最重要的是认知的兴趣,而"读图教育"可以极大地激发起学生的认知兴趣,原本需要用很多语言与文字才能表述清楚的概念,用一幅图像,便可以一目了然。因为图像能让人产生极强的客观性、真实性和具体性,给学生以身临其境的感觉,从而产生积极的学习情绪。另外读图在教学的深刻性、形象性、生动性和内容的丰富性等方面也是其他教学形式无法替代的。它开拓了学生的文化视野,增加了学习的信息量,加强了学习的节奏感,进一步促进和提高了学生们的求知欲望与创新能力。

摄影教学活动是一种有目的、有组织、有内容的系统工程。科学地设置摄影教学结构在教学中起着重要的指导作用,而教学环境的选择、教学手段的运用决定着教学效果的优劣。"读图时代"对新闻摄影的影响是显而易见的,并对新闻摄影提出了更新和更高的要求,而新闻摄影教育要与时俱进,必须打破传统新闻摄影教育的思维与模式,构建起新闻摄影教育的"新平台"。

众所周知,现代教育多媒体技术作为摄影教学的主要手段,作为"读图时代"最强劲的教育媒体,是以多元的教学结构、丰富生动的形象信息和独特的审美视觉效果,给学习者留下了其他认知形式无法代替的印象,成为学生主动获取知识的重要方法,它是其他教育方法无法企及的。因此,"读图"所具有的超强的教学优势必须依附于现代网络科技环境和现代教育技术手段,才能得到充分发挥,才能真正体现出"读图时代"的新闻摄影教育特点。

1. 多媒体技术使新闻摄影教育有着广泛的教学素材和强大的教学优势

运用现代教育的多媒体手段进行"读图教学"有着丰富的教学素材和强大的教学优势。因为计算机与网络系统本身就是一个很好的读图"窗口",教师可以充分运用计算机、网络系统、扫描仪、录像机、数码照相机等多媒体手段,为新闻摄影的"读图教学"采掘大量教学素材。而在摄影教学过程中又可以运用多媒体的计算机、网络系统、投影仪、影碟机、录像机等技术手段,将"读图教育"的特性和魅力充分展现出来。特别是现代教育的多媒体技术与网络技术的"联姻",使新闻摄影的"读图教育"在传播过程中"更上一层"。互联网上有着丰富信息资源,是学生们获取信息和知识的重要手段之一,而丰富的信息资源中含有大量图片,在宽带网络的支持下使用

互联网进行图形图像传输更为快捷。另外,图像处理软件和绘图软件的不断推陈出新以及各类图像光盘的层出不穷,特别是微机与工作站处理图形与图像的能力显著增强等,都为教学中图形与图像的广泛传播提供了有效的手段,也为新闻摄影的"读图教育"奠定了物质基础与技术基础。网络多媒体的摄影"读图教育"丰富了教学内容,增强了教学的形象性,扩大了教学的信息量,拓展了学生们的视野,从而进一步提高了学生素质教育的"含金量"。

2. 多媒体技术下的新闻摄影教育可以改善教学环境和提高教学质量

运用现代教育的多媒体手段进行新闻摄影的"读图教育"可以改善教学环境,提高教学质量。目前,现代教育的多媒体技术是传播知识最具活力的综合性视听教学手段。多媒体教学提供的视听觉信息可以对学生进行多种感官的综合刺激,其中对视觉的刺激是最为丰富和主要的。而在教学的各种符号中,学生从图像中获取的知识量最大,学习的记忆保持最为长久。可见,在视听学习上,图像无论在视、听、读、讲方面还是图像与其他符号在内容与形式方面,其视觉的冲击力和教学价值始终处于教育的重要地位。另外,新闻摄影的"读图教育"有利于创立以学生为主体的现代教学模式,有利于创新人才的培养,同时也对教学环境与手段提出更高的要求。运用现代教育的多媒体手段可以改善教学环境,这是由于现代教育的多媒体技术可以综合处理文字、图像、动画和声音等信息。新闻摄影的"读图教学"课件实现了教学信息组织方式的非线化性,各媒体的教学信息之间可以根据教学的需要任意转换,从而营造出一个层次多元、立体交叉的教学情境,热烈欢快的互动交流,跌宕起伏的教学节奏,声情并茂的课堂气氛,身临其境的学习情境,使"读图教学"深入人心,学生乐于接受。

3. 多媒体网络技术可以扩大新闻摄影教育的应用范围

利用方便快捷的多媒体网络技术可以扩大读图教学的应用范围,进行远距离的"读图教育",并能充分发挥优秀教师的作用,既可达到教育资源共享的目的,又可解决教学师资不足的问题。不仅如此,远距离网络课程还提供了新颖、灵活、多样的交互学习方式,学生可以根据自己的兴趣与爱好,自主地选择和改变学习的方法与进度,从而激发起学生的学习主动性与创造性。现代教育多媒体技术在网络环境的影响下,极大地提高了新闻摄影教学效果和教学质量,并推动现代教育多媒体技术向更高的层次发展。

"读图时代"的到来是社会发展的必然,而新闻摄影教育与时俱进将有利于突破传统教育的思维"平台",提升现代摄影教育的层次与规模。

紧跟时代脉搏,积极探讨新闻摄影教育的形式和内容是"读图时代"新闻传媒教育工作者的又一重要任务。

HDV 与低成本高清数字媒体制作系统

洪登武

【内容提要】本文主要讨论了 HDV 的技术特征以及低成本高清数字媒体制作系统的建设方案,探讨了低成本高清数字媒体制作系统在高校传媒专业教学实践中的应用。

【关键词】HDV　数字媒体　高清制作　非编网络　SDI 接口　1394 接口

【作者简介】洪登武,华东师范大学传播学院讲师

　　随着视频和音频制作设备数字化、网络化的不断发展,数字媒体制作技术正在发生巨大变化,传统媒体与现代媒介的相互融合、相互吸收、相互借鉴已成大势所趋。许多高等院校根据人才市场需求相继开设了传媒专业,从人才培养目标出发,设计和建设一个实用的、高效的、多功能的数字视频制作系统,实现节目的低成本制作,创作出更多更好的数字媒体资源,这是具有重要意义的举措。

　　目前,数字视频制作设备正在向高清过渡,而高清制作也有两个发展方向,一是高端用户的高成本大投入制作,二是绝大多数中低端用户的低成本小投入制作,其中既有众多的中小型电视台和制作公司,也包括高等院校、科研机构等,它们的需求千差万别。针对这些用户的不同需求,Sony、JVC 和佳能推出了基于 HDV 格式的解决方案,而松下

和汤姆逊则在 HDV 阵营外,推出了各自具有高性价比的高清制作设备,以满足市场需求。HDV 格式由 Sony、Canon、JVC 和夏普四家公司在 2003 年 9 月共同推出,由于 HDV 格式支持在 DV 磁带上记录高清晰度的视频,因而大大降低了用户进入高清制作的门槛,受到了市场的普遍欢迎。现在已经有许多制作设备(包括后期编辑系统及周边设备)都支持 HDV 格式。

一、数字电视需求的多样性与高清记录格式的多样性

1. 在数字电视的范畴里,高清、标清、电影和其它显示媒体共存。高清的出现是为了提高电视收看的效果,提高电视画面的质量,图像逼真、色彩艳丽。在今天的多媒体时代,人们对电视显示的期待完全超出了传统电视,未来的电视将是一个多功能的信息显示屏。在这个基础上,人们开始制定数字高清的标准。数字高清电视是一个很大的范畴,它既要体现人对视觉的要求,也要体现人对信息资源利用的合理性。

2. 不同应用环境造成了数字电视的多样性。人的视觉感受是多方面的,清晰度是最重要的。标准清晰度电视为 625 行/50 场(PAL 制),宽高比 4∶3;而数字高清电视的标准为 1080/50i(隔行扫描)和 720/50p(逐行扫描),宽高比 16∶9,大大提高了电视画面清晰度水平。长期以来,电视使用隔行扫描技术以节约频带资源,同时也留下画面垂直细节闪烁和垂直运动图像模糊的问题,所以数字高清标准中采用了逐行扫描技术来改善这方面的问题。传统电视采用 25 帧 50 场/秒(PAL 制)的方式,观看的闪烁感是显而易见的,显示运动图像明显模糊,尤其在慢放和静帧时更加突出。数字高清则考虑解决这些问题,将帧频提高到 50 帧/秒。数字电视还要考虑到在电影与多媒体中的应用,所以数字电视出现了像美国标准 FCC 表中那么多项标准。我国的数字电视肯定不会那么复杂,但逐行扫描和提高帧频是应该要采用或兼容的。

3. 不同的方式各有优势,如果既考虑高清晰度,又满足逐行扫描和高帧频,把它们都包含在一种制式里(如 1920×1080/50p),那么对频带资源占用的效率就低,技术复杂,价格高,市场难以接受。所以,数字高清还是多种制式并存,针对不同的需求采用不同的制式。对我国的具体情况来说,就是标准清晰度的 720×576/50i,高清的 1080/50i(水平像素按宽高比 16∶9 推算上限为 1920),和 720/50p(水平像素按宽高比 16∶9 推算上限为 1280)。在众多的标准中,1920×1080/50i 无疑是清晰度指标最高的,也是我国的数字高清电视演播室标准;1280×720/50p 在清晰度方面介于 1920×1080 与标清之间,但采取了逐行扫描和 2 倍的帧频,观看效果在另一方面得到改善,总体的信息量与 1920×1080 相当。从信息的效率来说,1080/50i 对一般的电视节目效率较高,而 720/

50p 对特殊类电视节目和电影、多媒体则更有优势。

二、制式、格式、磁带格式

HDV 包含和涉及了制式、格式、磁带格式这三个问题：

1. 制式是电视的标准,包括演播室标准、无线地面播出标准、有线电视播出标准和卫星传输标准,是国家的权威机构规定的。电视制式包含了行频、场频、伴音载频和彩色副载波等具体的内容;数字电视也是一样,有垂直取样(相当于行频)、场频或帧频,隔行或逐行扫描(i 或 p,如 1080/50i),还有宽高比,伴音方式等。从技术上来说,不同的电视制式规定了不同的技术质量,也决定了电视所携带的信息量和显示质量,如我们现在熟知的 PAL 与 NTSC 制。下面我们计算一下数字电视各种制式所携带的信息量(以 4∶2∶2 作为色差取样标准和 8bit 量化标准,水平像素按制式规定的上限即方形取样)。1080/50i 原始信息的公式是:$1920 \times 1080 \times 2 \times 8 \times 25 = 829$ Mbps;对 720/50p 是:$1280 \times 720 \times 2 \times 8 \times 50 - 737$ Mbps。二种显示方式的信息量都大于当前标准电视的 166Mbps($720 \times 576 \times 2 \times 8 \times 25$)。实际应用中,为取得信息的相对平衡,1080 被赋予了隔行扫描(1080i),720 被赋予了逐行扫描和加倍的帧频(720p)。在 HDV 领域,综合其它技术因素,没有应用 $1920 \times 1080/50i$,而是以 $1440 \times 1080/50i$ 和 $1280 \times 720/50p$ 代替,这两种制式在信息总量相当的前提下(以 4∶2∶0 取样,信息总量分别为 467Mbps 和 553Mbps),各有不同的优势。

需要特别注意的是,电视制式对电视显示质量的影响实际体现在规定了电视质量

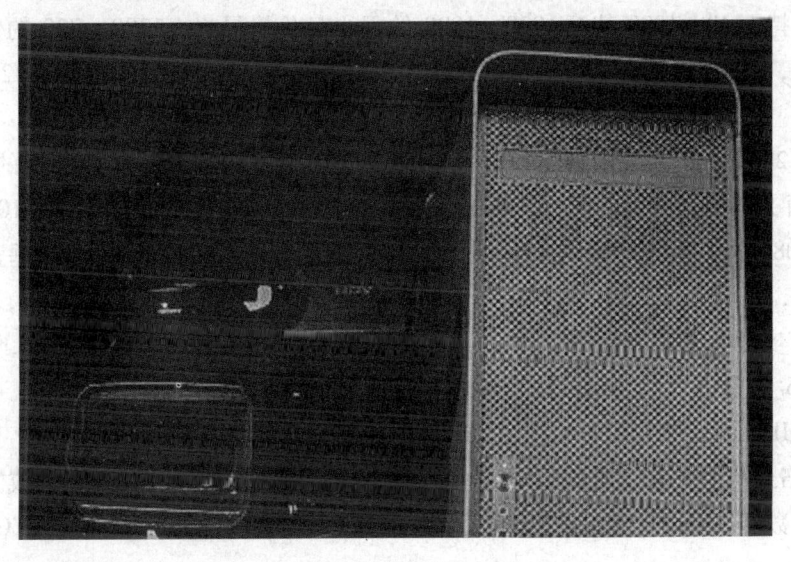

的上限,是一个范围。一方面,低质量的节目也可以变换成高质量的方式进行显示,而实际质量并没有提高;另一方面,只要满足了制式的规定,就能在制式的系统里运行。比如1080/50i制式,上限(方形取样)是1920×1080,但1440×1080,1280×1080也是同一制式;再比如电视机,能显示1080i制式的电视不一定就能达到1920×1080所要求的清晰度,对摄像机、录像机也是一样,虽然我国演播室高清制作标准是1920×1080/50i,但很多广播级数字高清摄像机也不能达到1920×1080的上限标准。

在我们现在使用的电视制式中,规定了行、场频率和频带宽度(6MHz),也是规定了电视质量的上限。当年的模拟复合录像机,有C格式、U-matic BVU和VO等,都符合广播制式的要求,但清晰度等指标却是不一样。只有C格式可以达到400线的标准,BVU和VO都只有不到300线。

HDV格式的1440×1080和1280×720也是规定了质量的上限(分别被命名为HDV2和HDV1),其中某一款机型能达到什么指标还要分析其它因素,如摄像机的像素和录像机的压缩。对于HDV格式选择以上哪一种方式也是普遍受到关注的问题,可以从几个方面分析。

A. 从它们所代表的原始信息总量上看,1440×1080i和1280×720p分别为467Mbps和533Mbps,基本相当。但它们所强调的信息密度分别在空间轴和时间轴。对电视显示,隔行扫描在一定程度上有更高的信息效率,同时也留下视觉的缺陷。

B. 在空间方面的信息量容易受到其它因素的影响,如摄像机和显示器,比如1440×1080要求摄像机CCD的有效像素在156万以上为好,虽然像素不足可以通过插值运算来弥补,但却是以牺牲图像质量为代价的。当前的显示器也普遍只支持到1280×768,支持1440×1080甚至1920×1080的很少且价格昂贵。1280×720的信息量偏向时间轴,比较容易获得摄像机和显示器方面的支持,从这方面说,1280×720的信息效率更高。

C. 1280×720真正体现了制式所规定的宽高比,每个像素都是方型的;1440×1080表面上不是16:9,实际上1080i由于是隔行扫描,不能表现垂直分辨率1080行,而应该是1080的1/2到1080之间。如果按水平像素1440和16:9去推算,垂直分辨率为787行,与720也没有多少差别了。所以只有当1080p逐行扫描的情况下,水平像素1920才有实际意义。在取样时,1440×1080方式的像素不是方型而是矩形,使整个图像还是16:9,这在以后编辑制作时还要转换到1920×1080。

D. HDV的压缩方式对二种制式的影响也不一样。

2. 格式与制式有本质的不同,数字压缩格式是把电视信号处理、压缩成方便记录和传输的数据,即取样、量化和压缩三个要素,如4:2:0取样,8bit量化,MPEG-2压缩。

高清信号与标清信号在压缩方式上是基本相同的。

  3. 磁带格式关系数据是如何记录在磁带上的,格式的内容有记录频率,磁带宽度,磁迹宽度,方位角,磁迹角度,磁带速度等。磁带格式原理上对信号质量没有影响,但会影响录像机的稳定性和工作性能,对图像质量产生间接的影响。HDV 使用了和 DV 一样的磁带格式,工作稳定性和操作性与 DV 是相当的。但因为 HDV 数据的压缩较 DV 更大,在发生同样问题时(如磁带产生误码),对 HDV 造成的图像损失比对 DV 更严重。所以 HDV 应配合更精确耐用的录像机和使用更高质量的磁带。

  在标清时代,产生了十多种数字格式录像机,在几乎同样的行场频率和取样、量化规格条件下,只是压缩方式、压缩比和色差信号取样不同就分成了如此多的不能互换的记录格式,那么在比标清大得多的高清领域里,由于制式不同,取样、量化和压缩方式不同以及记录媒体不同,HDV 同样可能产生多种记录格式。

三、HDV:高清领域的 DV

  我们把 HDV 比喻成高清领域的 DV,它们在技术上有相同点也有不同之处。标清 DV 的技术特点:减少色差取样(4:2:0),帧内压缩,较窄的磁迹(10μm)。25Mbps 码率是高质量原始数据 166Mbps 的约 1/6。高清的 HDV 的技术特点:减少色差取样(4:2:0),MPEG-2 帧间压缩,同 DV 一样的磁迹(10μm)。25Mbps 码率是高清原始数据的约 1/40。在取样和记录相同的前提下,压缩承担了提高成倍效率的主要任务。HDV 使用 MPEG-2 压缩实现了高得多的压缩比(约 20 倍),是否对图像有大的损伤呢?在标清领域,DVD 也是使用 MPEG-2 压缩,可以达到 5Mbps 甚至更低的码率,压缩比约 25 倍。所以,就压缩对图像质量的影响来说,HDV 对高清的压缩与 DVD 对标清的压缩相当。但是 HDV 所代表的原始信息比标清大得多,有 2 倍以上;HDV 的摄像机和编辑环境还不能达到高标准高清的水平;从信息效率角度看,HDV 肯定大于高档标清;HDV 目前还不能满足高级广播制作工艺的要求;压缩对图像造成的损失不仅取决于压缩方式和压缩比,还取决于图像本身。比较 HDV 和其它格式不能忽略图像本身的因素。

四、HDV 压缩方式与它的适用范围

  HDV 使用 MPEG-2 IBP 帧的压缩方式,这是专业录像格式中唯一使用这种方式的。如此之大的原始数据记录在如此小的磁带上,还要达到一小时的记录时间,也只有使用

这样的压缩方式。由于后期编辑的原因,专业录像机一般不宜使用 MPEG-2 IBP 帧的压缩方式。因为 MPEG-2 IBP 帧间压缩不能做到精确到帧的画面编辑要求。在电视节目制作中,编辑精度和多代复制后的画面质量是首要问题。在此基础上,希望码率尽量低。MPEG-2 IBP 帧方式由于采用帧间压缩,大大降低了码率,已在传输、播出中获得了广泛应用,并为国际所公认。其优越性对于节目制作也具有极大的吸引力。然而,MPEG-2 的研发目标本不是面向节目制作应用,而是面向传输、播出应用,若将 MPEG-2 IBP 方式用于节目制作,就会出现切换问题。目前的解决办法大体有三种:一是所谓的朴素方式,即将 MPEG-2 码流解码为基带信号,经切换或混合、特技处理后,再编码为 MPEG 流。此方法的缺点是经过多次解/编码后,图像质量损失太大。二是所谓的有限方式,即 Sony 用于 Betacam SX 数字录像机的 IB 帧方式,但效果尚难尽如人意。第三种被称为保留"历史数据"方式,即将第一次编码时的一些主要参数随主信号送出,供以后再次或多次解码、再编码使用,以减小质量劣化。采用这种方式,多次解码、编码的质量损失可以降低到 0.0002dB,几乎可以忽略不计。据悉,这种方案已进入实用阶段。

MPEG-2 是有损压缩,随着压缩次数的增加损失加大,但只要保持码率在一定水平以上,损失是较小的,我们称这个水平是透明图像的门限。比较公认的 MPEG-2 编码对标清图像(720×576,8bit 量化)保持透明图像质量(累计编码 8 次)的码率是:

对 4:2:2 MPEG-2 IBP 帧为 20Mbps;

对 4:2:2 MPEG-2 IB 帧(SX 方式)为 30Mbps;

对 4:2:2 MPEG-2 I 帧为 50Mbps;

对 4:2:0 MPEG-2 IBP 帧为 15Mbps;

如果考虑编码的累计次数不超过 3 次,则可以考虑码率降低为:

对 4:2:2 MPEG-2 IBP 帧为 12—14Mbps;

对 4:2:0 MPEG-2 IBP 帧为 8—11Mbps。

可以看出,GOP 越长,色差取样少,复制次数少,对码率要求就低。

HDV 使用 4:2:0 MPEG-2 IBP 帧编码方式,25Mbps 编码,比上面提到的对标清图像 8—11Mbps 的编码显然高了,但相对于比 DV 原始数据大近 4 倍的 HDV 原始数据来说,25Mbps 并不高,尤其是 HDV 采用了 6/12 帧的 GOP 结构,对码率的要求更高。采用什么方法可以再降低一点压缩对图像造成的损失呢?一般是采用预压缩,即在有损的编码之前,先对数据进行处理,降低参与有损编码的数据量,先去掉一部分不敏感的数据,如降低清晰度,采用 1440×1080 代替 1920×1080 的取样就是出于这样的考虑。对 HDV 而言,未必是取样越多越好,关键是如何采用预压缩技术。

同样的 MPEG-2 压缩方法对不同制式的影响是不同的，MPEG-2 对图像的压缩损失与图像的相关性有关，对同样内容的图像，帧的相关性越好则对图像压缩损失越小。也就是说，帧频越高则帧的相关性越好。再可以引申为，同样的 HDV 压缩方式，对 720/50p 的压缩损失要小于 1080/50i。从这个方面理解，720/50p 方式效果更好。

HDV 毕竟是高清，HDV 的第一代质量是不错的，3 代以内的编码也是完全可以接受的。对于后期编辑，考虑到 HDV 是 4:2:0 MPEG-2 IBP 帧间压缩方式，6/12 帧一个 GOP，对帧间的相关性要求高，不像 DV 是帧内压缩。这是与 DV 差别最大的。如果编辑点过于密集，在一个 GOP 内有多个，则帧间的相关性很差，HDV 压缩对图像的损失就很大。所以编辑的时候就应当注意，首先注意在什么文件环境下编辑，在 MPEG-2 IBP 帧环境下，编辑点尽量少；在下载为"中间"文件（当前 HDV 非编普遍采取的文件形式，AVI 格式）环境下虽然可以做连续单帧的编辑，但要注意编辑后的节目以什么方式输出，如果输出到高档高清的录像机或以帧内压缩的文件输出，则没有明显的质量问题；如果是回到 HDV 格式或到其它 MPEG-2 IBP 帧方式，对编辑点密集的图像是有明显损失的，可能出现的故障有马赛克、图像分裂、跳帧等。

五、HDV 的后期制作与周边环境

HDV 录像机不具备进行线性编辑的基本条件，所以 HDV 没有编辑录像机。HDV 的后期制作有其它的解决方案：

1. 解码下载到高档的高清编辑录像机再进行编辑，这种方法基本上保留了 HDV 的原始质量。这种方式要求 HDV 录像机具有 HD—SDI 信号的输出端口或者是 1394 到 HD—SDI 转换器。

2. HDV 摄像机的信号接口有 1394 接口和下变换的 Y/C 和复合视频输出接口，有些摄像机还具有模拟分量信号输出。目前，HDV 信号到非编只有依靠 1394 接口，HDV 磁带上的 MPEG-2 文件以 TS 流的形式下载到非编。非编通常把 TS 流转换成便于编辑的"中间"文件，从 MPEG-2 文件到"中间"文件的重要变化是从帧间压缩方式到帧内压缩方式，占用空间从 25Mbps 扩大到 100Mbps 以上，增加了约 4 倍。这样的"中间"文件的压缩水平是怎样的呢？我们可以对比标准清晰度环境下的 DV 文件（约 5 倍压缩）；100Mbps 的"中间"文件相对于 HDV 原始信号（467Mbps 和 553Mbps）也压缩了约 5 倍，如果考虑到 HDV 的高清信号进行了预压缩，压缩比可能小于 5，因此这样一个编辑平台比 DV 在标清的编辑平台略好。但不同的是，DV 格式非编可以以 DV 文件的形式输出到磁带，对文件质量是无损的，而 HDV 非编的"中间"文件输出到 HDV 录像机要经过再次的 MPEG-2 压缩到 TS 流,是有损的。所以,这样的转换不宜多次进行。

数字高清时代带有明显的多样性特征,像素从标清的 44 万(720×576)像素提高到高清的最大 200 万(1920×1080),在这个大范围中存在中间的状态和内容,而 HDV 正是这中间的某个部分,也是一个范围,它比标准清晰度电视规定的范围大大提高了。由于数字电视的多样性特征,在高清领域会出现比标清更多的数字格式。选择 HDV 格式的最重要的一个原因是 DV 的存在,由于记录数据都是 25Mbps,机芯的结构基本相同,减少了开发和生产的成本。HDV 相比广播级高清,价格的差别是非常明显的;而且 HDV 对 DV 向下兼容,有利于从标清到高清的过渡。第二个原因是非线性编辑技术的发展。在传统编辑时代,根本无法对 MPEG-2 IBP 帧方式文件进行编辑。计算机速度的提高使 MPEG2 IBP 帧方式编解码完全摆脱了依赖硬件的束缚,非线性无卡编辑已经成为现实。因为使用了 MPEG2 IBP 帧方式压缩,HDV 庞大的数据量可以压缩到和 DV 文件同样大小,记录到同样的 DV 磁带上。IEEE1394 接口使得 HDV 设备极易与 PC 组成低成本的数字制作系统,且 IEEE1394 还具有良好的扩展性能,可以传送 HD 信号。IEEE1394 作为串行数字接口,具有很高的传输速率,目前主要为 100Mb/s、200Mb/s 和 400Mb/s 三种规格,当传输码率达到 400Mb/s 时,可以满足 HD 信号带宽的需要。1394 接口成为 HDV 到非线性编辑的桥梁,数据流的传输对信号质量没有影响,保证节目传输质量。1394 接口还可以搭载 HDV 文件到 D-VHS 录像机或蓝光盘,作为节目保存和传播的媒介。IEEE1394 接口的出现,加快了广播电视设备和计算机网络的融合,也为专业市场开辟了另一个从拍摄到制作的全数字化环境。

HDV 作为低成本的高清,摄像机方面也与之同步,首先进入市场的是 3 片 1/3 英寸 CCD 的手持摄像机,像素在 130 万左右。这个水平与标清的手持摄像机相比,像素有所提高,可以达到 1280×720 的水平,但对满足 1920×1080 还明显不足,即使是对应 1440×1080 也略有差距。镜头方面,考虑到价格、摄像机重量与体积等因素,还没有应用真正的高清镜头,只是采用了 16:9 的规格。由于 HDV 摄像机的镜头和寻像器的体积较 DV 摄像机更大,当前手持 HDV 摄像机的体积和重量仍然较大,完全不是一个掌中宝摄像机。在保证高清图像的前提下,HDV 摄像机还有很多的上升空间,如采用真正高清规格的镜头,增加 CCD 的面积,提高像素达到 200 万左右水平等。这样的条件下,摄像机的体积和重量肯定会增加。HDV 摄像机也会发展成一个产品系列,有手持的,更多是肩扛式的产品,技术规格也会相应提高,直到与高标准高清摄像机衔接。

低成本节目制作并不是简单的设备低成本化,而是应该考虑整个节目制作工艺流程,通过提高制作效率、简化工艺流程,使综合成本降低,同时还要保证节目质量。在后期编辑设备方面,出于对整个工作流程的考虑,将传统的 AV 技术与越来越普及的 IT

技术相结合就是一种新的解决方案。目前市场上推出了多种满足低成本制作需求的产品，具有代表性的如 Turbo 多媒体工作站、infinity 媒体制作设备等。Turbo 多媒体工作站将 AV 接口与 IT 接口相结合，将传统的 AV 操作方式与 IT 操作方式相结合，实现了 AV 与 IT 的相互融合和补充，使视音频文件可相互转换，实现网络传输，采用硬盘作为记录媒体，实现三通道操作，完全替代了过去昂贵的磁带录像机等设备，建立了全新的工作流程，同时保持了广播级的图像质量。Turbo 支持三通道同步录放，其中一路录制，两路回放；支持高清和标清素材播放，自动上下变换；能提供全面的视音频输入/输出接口，包括 SDI、模拟分量、模拟复合、S-Video、模拟/数字 DVI，以及模拟音频、S/PDIF 数字音频等；具有全面的计算机接口，包括 100/1000Base-T 接口、IEEE1394 接口、USB2.0 接口等；可存储 10—40 小时(根据不同压缩比)的节目素材；操作更加简便，图像质量更加优异，性价比也更高。

我校传播学院目前采用的是成熟、安全、稳定的 SOBEY T—NET 非编网络进行节目后期制作与教学，这套低成本制作系统能满足各种制作需要，使用十分方便灵活。为满足一台教师用机、12 台编辑工作站同时工作，同时考虑经济承受能力，选用千兆以太网络作为传输介质，素材存储采用专门的磁盘阵列。系统中教师工作站带有 DV1394、S 端、复合接口等，可以用于素材的上下载，并通过千兆以太网存储到磁盘阵列(素材盘)中，然后进行编辑制作；非编网络中有 12 台编辑工作站(学生用机)，学生工作站属于纯软件结构，同时也具备 DV1394 接口，每台工作站可以利用素材盘中的素材或通过 DV1394 接口自行采集的素材独立进行节目编辑，能够完成各种特技、字幕的制作；另外，教师可以利用管理员权限检查学生的作业，学生通过自己的帐号可以在不同的编辑站点上对自己的节目进行编辑。由于学生不可能每次都在同一台设备上编辑自己的节目，要方便地对学生的帐号信息进行管理，以便他们在不同的工作站登陆时都能看到自己制作过的节目信息，系统配置了中心服务器来管理素材和帐号等信息，服务器采用安全性较高的商用电脑进行控制。所有的素材都放在磁盘阵列中，管理员可以设定素材的权限，方便对素材的管理。网络的中心存储系统是一个基于 RAID 磁盘阵列技术和以太网技术的存储系统。在 NAS 系统内部，存储控制一般采用 SCSI 或 SATA 总线，通过软件或硬件控制器实现各种级别的 RAID 冗余磁盘阵列技术，如 RAID 0、RAID 1、RAID 0+1、RAID 3、RAID 5 等。一方面，通过 RAID 的硬盘带区读写机制，多个硬盘共同担负数据的读写任务，数据读写被均匀的分配到多片硬盘上，大大提高存储系统的总体带宽，目前最快的内部 SCSI 传输带宽可以达到 190Mb/s；另一方面，通过 RAID 的数据存储冗余机制，在硬盘带区中存储额外的数据校验信息，当其中一片硬盘失效后，可以通过校验信息恢复失效硬盘中的原有数据，从而提高系统的安全性，实现在线的硬盘更换和维护。NAS 系统外部网络接口控制一般采用专用硬件系统或者高性能的服务器，并且大多使用 Windows XP Embedded 或 Linux Embedded 等嵌入式操作系统，或者采用经过精心剪裁的 Windows/Linux/Unix 系列操作系统。高性能的硬件系统和高效率的操作系统专用于完成磁盘阵列的数据读写、网络 TCP/IP 包处理和网络文件共享，因而使系统的性能得到最大程度的发挥。目前高性能的 NAS 外部千兆以太网端口的传输带宽可以达到 800Mb/s 以上。由于 NAS 系统在外部传输带宽远远突破了以太网 40% 利用率的限制，因此可以在普通的千兆以太网中提供超出一倍的传输带宽。因此，该系统功能完善，性能良好，具有足够的网络带宽和存储安全性，容错性和可扩充性强，在安全可靠的前提下有良好的系统开放性，易于维护和管理，具有很好的性价比。

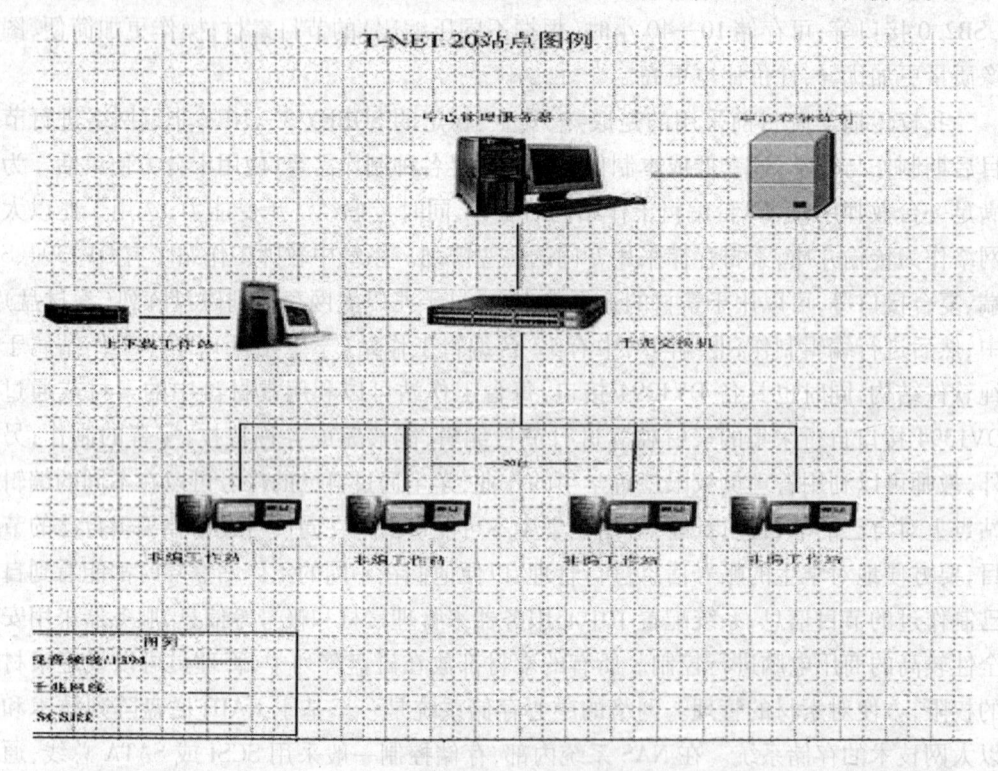

网络视频拓扑结构图

在设计思路上，我校传播学院通过数字化、网络化的改造，将传统的广播电视制作系统转变成开放的、适合市场上各种新媒体平台需求的多功能数字视频制作系统，基本满足了节目制作和教学科研需要。多功能是低成本高清数字媒体制作系统的核心，目的就是要改变传统的工作方式。按照数字化、网络化、信息化技术发展的需求，以数字特技切换台为中心，调度和使用演播室内的各种视频信号，达到多个设备的协同和互动,充分利用外来信号的扩充及内部系统与外部系统的共享联用,实现摄像机、录像机、字幕机、非线性编辑设备、网络视频、笔记本电脑等信号之间的相互切换,完成现场节目制作、后期编辑、光盘刻录和网络流媒体制作等多功能应用。整个系统按专业标准设计,输出信号可以满足不同的需求,并根据节目的需要输出成多元化的媒体形式。在考虑经济性方面,应把有限的资金用在最合理的地方,在保证节目质量的同时,以最低的资源成本、最高的优化配置支持高质量的媒体信息服务,以取得最大的效益。突出主要设备的性能,重视系统的主体完整性、开放性和运行效率;技术上要确保先进、可靠、配置灵活,不追求一步到位,更关注设备的使用率和扩展性,留有发展余地,避免重复投资;尽量保留可利用的旧设备,以节省资金。在实用性方面,建设数字媒体制作系统既要考虑先进性、适用性和经济性,又要避免盲目追求"大而全";既要考虑新旧设备的兼容性问题,又要考虑与外系统的交流和网络化的问题。在技术方案上,以构建数字化制作环境为目标,以摄录像系统、线性编辑系统、非线性编辑系统、光盘制作、音响制作和网络流媒体制作为主,数字与模拟兼容,硬盘、光盘、磁带等多种媒介相结合,线性编辑与非线性编辑并存,逐步升级,平稳过渡。根据系统的总体技术指标要求,综合考察图像质量、可靠性、可编辑性、兼容性、配套性、价格、运行及维护成本等多方面因素,我校传播学院数字媒体制作系统确定采用 DVCAM 和 HDV 格式。系统结构如下图。

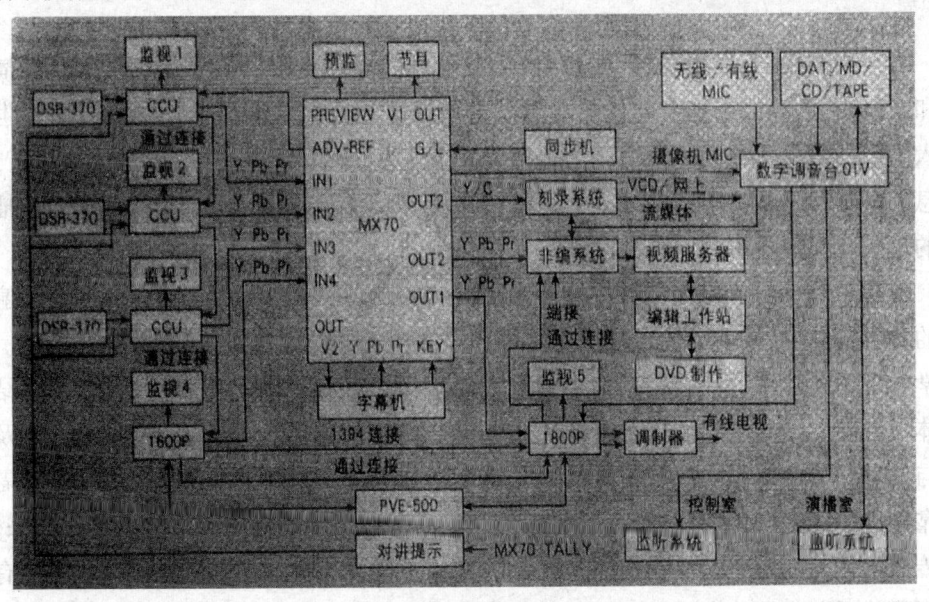

尽管目前 HDV 技术及低成本高清数字媒体制作系统在实际应用中还没有达到尽善尽美,但随着新技术、新产品的不断开发,可以预见它们将在节目制作和教学科研领域发挥更大作用。

传播实验教学中心建设的研究与探讨

张英岚

【内容提要】 信息时代对高校传播实验中心提出了全新要求:实验中心需要依靠先进的传播学理论指导,将反映时代潮流的传播人才、传播媒体以及传播技术装备集合起来,用于传播学理论的研究以及操作技术方面的实验教学。为使人才和装备发挥最大的效益,实验中心应有一套建设、布局与设备配置的整体思路,建立并完善自己的管理体制,确立中心运作的几个原则,以优良的服务意识实践"培养具有先进理论和善于实际操作的复合型传播人才"的庄严承诺。

【关键词】 信息传播 实验 技术装备 体制原则 服务意识

【作者简介】 张英岚,华东师范大学传播学院讲师

当今的时代,正经历一场以"信息"为推动力的社会革命,"信息借助于大众传播媒介和新技术,已经成了这个时代的真正财富和经济运行的主要因素,并且将把21世纪带入高度的信息化社会。"[①]信息与传播是一对孪生兄弟,密不可分,信息借助于传播,信息的多样化又推动了传播方式的更新,传播扩大了信息的社会价值和影响力,传播方式的现代化又催生了一门新兴学科——传播学。

传播学是一门依赖现代科技发展起来的新兴学科,着力研究如何选取人们普遍关注的重要信息,并将它尽快、尽好、更广泛、更清晰、更有针对性地传达给社会公众。传播学的理论构建来自社会信息传播的客观现状(如目前视觉媒体、听觉媒体、视听结合媒体三者并立主导人们的信息来源),传播学必将随着传播技术装备、技术手段以及人们与信息相关的观念的更新而发展。传播实验教学中心(以下简称实验中心)就需要依靠先进的传播学理论指导,将反映时代潮流的传播媒体与传播技术装备集合起来,用于传播学理论的研究以及操作技术方面的实验教学。因此,传媒实验中心必须拥有符合国际传播潮流的技术装备和技术人才。为使这些装备和人才发挥最大的效益,它应当建立并完善自己的管理体制和运行机制,形成具有中国特色的高校传播学专业的实验中心。

一、实验中心的整体思路

1. 高起点和正规化

应当承认,我国现代传播的理论构建起步较晚,表现在高等学校传播学专业的初起阶段,人才、设备配备等都相对不足。但是,借助于我国宏观经济的良好态势,和国家对信息产业的高度重视,高等学校的传播学专业近年来得到长足的发展。以华东师大传播学院为例,近年来引进不少学有专长的中青年人才,添置了150万元以上的传播设备,从软件到硬件都为学院的教学、科研营造了比较好的实验环境,为传播实验中心的建设打下了基础。目前,传播学院在学校的大力支持下,正规划和建设着新校区的传媒基础实验中心,作为学院的教学科研以及社会传播同行的实验平台。传播实验中心的建设起点必须要高,首先体现出传播装备、传播手段的现代化,这是培养适应世界传播潮流的复合型传播人才以及在实验基础上的理论研究获得国际领先地位的前提;同时,实验中心还应该正规化,从声音传播、平面文字图像传播,到影视传播以及网络传播等各种信息门类都应囊括,相关设备的配置都比较齐全;其次,要建立比较完善的实验中心运行机制,包括精简而有效率的人员配备,规范的实验流程,合理的规章制度,良好的服务意识,从而为传播学师生提供与信息传播相关的教学、科研的技术装备,提供了解、提高乃至开发信息技术的实验平台,进而培养具有现代传播理论和现代传播技术的公共传媒后备力量。这也是信息时代对传播实验中心的要求。

2. 合理的实验平台分布

我们知道,人们主要依靠听取有声语言和阅读书面语言、画面以及身临其境的感受等等来获取信息。传统的信息传播可以直接依靠语言和画面作为基本载体来实施,而现代信息传播的基本特点是应用电子、数字等技术手段将语言和画面等数字化来达到传播的迅捷、高效率、高清晰和更广的覆盖面,现代信息传播必须要依赖一定的技术装备;由于传播的职能不同,传播的专业分工也越来越细密,传播的技术含量和技术要求也越来越高。很多高校的传播学院或传播学系根据传播学原理和公共传播现状设置了相关专业,如:新闻学、广告学、广播电视学、播音主持艺术学、编辑出版学等等。传播实验中心就需根据高校传播类的相关专业安排若干实验区域,又由于相关专业在实验内容上的交叉,实验中心可以分成若干实验室,如:后期编辑实验室、演播实验室、平面与动画作品实验室、公共计算机实验室等,每一实验室根据需要可划分成若干工作区域,构成实验中心的实验平台。

3. 各实验室的任务与设备配置

（1）后期编辑实验室

后期编辑实验室主要针对新闻、广电、广告专业的电视作品课程。

以新闻学专业的新闻编辑为例，从全局看，新闻编辑是对新闻稿、新闻图片和新闻音像及影像资料等新闻素材的取舍、归类整理和储存。其中平面媒体的新闻稿和新闻图片的编辑适宜在做平面媒体的实验室进行，广播媒体新闻稿的编辑，适宜在拥有音频工作站的计算机上进行。而对于大量的视听结合的电视媒体的新闻编辑就需要配置比较专业的实验设备，如摄录像机、非线性编辑机等。后期编辑实验室建设侧重于对电视媒体设备的组建。而这一部分的实验内容从技术上说几乎等同于广播电视学专业的实验内容——电视片的制作，因此，视听新闻编辑教学的主要实验部分可以放在后期编辑室去完成，同样，广告学专业的一部分电视广告的制作也可以在后期编辑实验室进行。

后期编辑实验室的设备以编辑机为基本单元，与之配套的流动设备是摄像机、三脚架等。编辑机、摄像机等设备投入高、更新快，建设规模不宜过大，应当与所拥有前期设备与相关专业的学生数形成一定的比例。但是，以编辑机与摄像机的比例为依据有较大的不确定因素。如，制作一个约半小时的纪实类电视节目，某人用1台摄像机拍了3天得到了6小时的素材，在机房里编辑了6天，那编辑机与摄像机的比例似乎应该是2比1；但是，如果用30天拍6小时素材，（有些跟踪纪录可能耗时更长，占用摄像机的时间更久），那么摄像机就应该拥有更高的比例。根据笔者从几个电视台和一些专业人士那里调查得到的数据是，摄像机的数量比编辑机多一些，比例大约是3比1。因为拍摄往往需要同时、异地进行，受到时间地点限制，而后期制作可以持续进行，必要时可以加班加点。与相关专业的学生数形成一定的比例，可以有一个参考数值，它既与学校的资金投入有关，也与学校的办学思想有关。在资金充裕的前提下，为提高学生的实践能力，编辑机数与相关专业学生数的比例可以保持在约为1比15的比例，如300名相关专业的学生可以拥有20台后期编辑机，设备看上去数量不多，但只要保持每天80%使用率，并且每台机器每天使用4小时以上，就足够保证学生完成后期编辑任务。遇有紧急任务，可以延长开放时间，以充分发挥设备的效益。

从设备的层次上说，既要满足完成普通的教学任务，又要放远眼光，引进少量高端设备，以适应教师的科研以及指导学生制作一些高品质的作品，以此鼓励学生参加一些重要的影视作品比赛，来扩大学校和学院相关专业的影响力。

（2）演播实验室

演播实验室主要用于广播电视专业的教学实验，如电视、广播节目的主持，电视节目的摄录，小型的表演型节目排演和录制，也可用于新闻专业的新闻采访的录制等等，属于综合性的摄录、排演的实验场所。实验室一般面积较大，在100平米以上，对于实验室的层高、灯光、隔音、吸音等技术要求较高，一般分割成主持人工作区域和录制采访、表演节目的区域。通常要配置三台性能较好且互相连接的摄像机，其中至少有一台属于高清晰度摄像机，以让学生对高端摄像设备的使用效果有一个直观的感受，也可用于与电视台、其他高校作节目交流以及拍摄一些参赛作品等。演播实验室需要配置可以转换背景的虚拟演播系统，以适应电视传媒的现实需求，增强录制节目的实景感。本实验室还需要附设摄影棚（单独一间的名称）或摄影角（连成一体的名称），以供平面摄影实验的需求；另附设若干间供学生语音训练的配音室，室内配置一些语言实验专用的基本设备和器材，使学生训练有场所，实验有兴趣。

（3）平面与动画实验室

平面与动画实验室适用于传播学门类的广告与编辑出版专业。

广告从形式上讲可以分为平面广告和视听广告两大类。视听广告即为广播广告和影视广告（主要是电视广告）等，这一类广告从形式和制作技术上看与广电专业的广播与电视等没有很大的不同，它的实验操作可以放在后期编辑实验室进行。而平面广告和动画广告的制作则在设备上有自己独特的要求。由于平面广告需要吸引消费者，一般需要配以醒目亮丽的照片或电脑合成的画面等，需要配备高清晰度的照相机和能够处理这类画面的配置较高的计算机，以及打印这类画面的专用打印机等，原理上与编辑出版专业的书籍的装帧印刷的要求相似，所以这两个专业的这一类实验可以归入同一实验室。而动画广告只需要在该实验室的计算机上安装相应的三维图像制作软件就可以编辑制作。

（4）公共计算机实验室

公共计算机实验室姓"共"，通用性是它的基础。由于它隶属于传播学大概念之下，所以在应用时也会有自己的特点。表现在软件的配置上，较多安装或下载与传播概念相关的软件。如影像作品编辑软件，包括 Premiere Pro、After Effects、SOBEY T2、Light Wave、Combustion 等；平面图像的编辑软件，包括 Photoshop、Illustrator、CorelDraw、Pagemaker、Flash、Dreamweaver、Fireworks；三维动画制作软件，包括 MAYA、3DSMAX 等等，适用于传播学多种课程的基础教学和课后训练。考虑到教学和实验的双重需求，公共计算机房可以安排两间，一间主要用于教学，一间主要用于学生实验，每一间分别拥有 50 个左右的机位，以满足实验人多方面的需求。

二、实验中心的管理体制

1. 实验中心在学院中的位置和任务

实验中心隶属于高校的相关学院，直接对学院的实验类教学设施的建设、设备的完备和实验人的实验效果承担责任。

2. 实验中心的人员构成和职责

实验中心的人员配备由主任和2—3名专业技术人员组成,以保证中心的正常运作和实验员的精干(笔者从上海一些高校传播实验室了解到,这些实验室的管理人员均由3—5人组成)。中心主任负责实验中心的全局,包括人员的管理,工作的安排,设备的引进,制定各实验室的开放计划。专业技术人员负责对相关实验室的维护和日常开放,协助教师开展实验教学,指导学生熟悉并正确操作设备。从专业技术人员的合理配备上来说,最理想的情况是主任与三名技术人员协调工作,一人负责与电视影像作品有关的实验室(包括后期实验室和演播实验室),他的专业是摄像及后期编辑,同时对实验中心所有的摄录设备负有维护保养的责任;一人负责与平面影像和动画相关的实验室(包括平面与动画实验室、摄影棚和摄影暗房),他的专业是摄影、电脑绘制与后期编辑,同时负责对实验中心所有的照相设备的维护和保养;一人负责公共计算机实验,他应当比较擅长计算机的维护保养,熟悉计算机软件,同时对实验中心的其他计算机也负有维护的责任。人员不足时,中心主任担负某一专业技术人员的工作,如负责后期编辑实验室的开放和相关设备的养护。

3. 实验中心应有的规章制度

实验中心应当建立比较健全并且行之有效的规章制度。

它包括《实验中心管理制度》,这是实验中心管理制度的总则。此外,还应有《实验中心安全制度》、《实验中心学生守则》和《实验员条例》,这些是实验中心正常运行的基本规范,这些制度应当体现"以人为本"的原则。此外还应该为每一实验室和某些基本措施制定一套操作规范和注意事项等。如《外借小型设备的管理规定》、《后期编辑室使用须知》、《演播室使用注意事项》、《暗房使用注意事项》、《公共计算机房使用规定》、《实验中心设备登记制度》等。对实验室原有相关被实践证明行之有效的制度可以借鉴使用,并力求完善,以适应新条件、新形势的要求。

三、实验中心运作的几个重要原则

1. 先进与节约并重原则

先进与节约并重可以落实在实验中心运作的好多方面,但是主要针对新设备的引进和老设备的淘汰。实验设备是指除了实验场所以外的所有实验技术装备,它是衡量实验技术水平高低的极其重要的客观指标,除了实验中心人员配备以外,它在实验中心占有最重要的地位。要保证实验设备的高起点和正规化,除了对设备的精心维护和正常使用以外,设备的更新和旧设备的淘汰就成为一项常规的运作过程。

采购新设备动则几万、十几万、几十万甚至上百万,这些钱严格说来都是人民的血汗钱,如何用好这笔钱是对实验员(尤其是中心主任)的政治素质和业务素质的考验。虽然重要设备的购入都有上级部门的严格把关,但是总体意向是由基层单位决定的。所以,实验员尤其是中心主任必须要有长远眼光,要非常熟悉业务,善于虚心学习,了解传播行业的专业动态,了解国际潮流的前沿背景,并与中国的国情结合起来,分析我们所采购的设备所要达到的近期目的和长远目标。同时,新增设备应当分出层次,高端的要有少量并且要经常使用,使用比拥有更为重要。中等设备要有适量,而且普遍用于教学;低端设备也要有更多的数量,以让学生有充分的实验机会。笔者曾在一份调查报告中将它描述成上尖底宽的三层金字塔形状。这样,实验中心设备就会有比较大的使用群体和比较高的使用效率,这就是坚持先进和节约并重原则。

对于剔旧而言,慎重和果断并举。传播设备,价格昂贵,应予以十分珍惜,爱护使用;对许多电子类产品而言,使用它就是爱护它,不用它,就是糟蹋它;但是使用久了必有一个损坏以至报废的问题。这有两种情况:一是设备使用坏了。任何设备都有一个使用寿命,真正是高效运作,使用坏了,那就是物有所值,它培养了人才,就应该让它光荣退役。另一情况,设备没坏,但是已经被社会淘汰了,传播界里已经没有人用它了,这就需要看它还有没有剩余价值,是否可以利用它说清某些传播原理,说明某些传播的历史。就好比某些老式的模拟摄像机,如能说清模拟摄像机的基本原理,还可以让学生动手操作实践一番(操作上与数码摄像机没有大的区别)。保留一两台可用的是需要的,其他的则应该坚决淘汰。

2. 实验人员岗前培训原则

实验人员分两个方面,实验室工作人员,即实验员;借用实验室开展实验的人员,即实验人。这两方面的人员在上岗之前都应该进行常规培训。

对实验员的培训应当形成制度,实验员上岗之前,不论他是否已经具有较高的有关传播实验的专业理论知识,都需要进行培训。培训可以外出培训,内部培训和自我培训。培训涉及的面相当广泛,如专业知识培训、专业技能培训、职业道德培训等。

实验人的培训主要在中心内部完成,但在实验人上岗之前必须进行。它包括操作技能培训,设备知识及养护培训等,通过实践来熟悉掌握。培训合格,才允许实验人独立上机操作。

不培训不上岗,这应当成为实验中心运作过程中的第二个原则。

3. 各实验环节的服务原则

传播实验有别于传统的理工科实验,比如化学实验,它一般必须在实验室进行;而传播学是一门社会科学,它相当多的实验环节是在社会上进行的,比如对社会新闻的拍摄、采访,这属于信息的采集,是传播的一个环节,它主要是在实验场所以外进行。但是,它同样需要实验设备,它需要摄像机、照相机、三脚架、采访机、设备灯光等等。实验中心就要根据实验人的需求,为他们提供必要的实验器械装备。对于初次使用这类设备的学生也需要进行适当的培训或指导。这是对"走出去"实验形式的服务。

但是,实验中心更多地是面对走出去以后回来进行实验的学生和社会同行的实验人,那就要热情地将他们"请进来"。请进来就需了解实验人的实验目的,为他们准确提供实验的场所和设备,帮助他们熟悉初次使用的设备、软件、操作程序等。所以,实验中心的职责是为实验人提供周到和热情的服务,服务意识是实验员必备的基本素质、其次是良好的业务素养,什么实验需要什么器材、设备、软件,怎么使用,实验员都应该烂熟于胸,并善于简明扼要地传达给实验人。

在实验人实验方式的转换过程中,在多种多样的传播实验门类中,唯一不变的是实验员对实验人热情周到的服务。可以说,服务意识是实验中心之成为中心的立足点。

中心工作人员有了渗到骨子里的服务意识,他就会悉心钻研业务,就会向世界传播潮流的前沿目标看齐,就会少花钱多办事,就会提高工作效率,提高设备的利用率,就会使"传媒实验中心拥有符合国际传播潮流的技术装备和技术人才,为培养具有先进理论和善于实际操作的复合型传播人才发挥最大的效益"这一目标成为实验中心的庄严承诺。

---

① 邵培仁《传播学》,高等教育出版社,2000年6月第1版,第102页。